사이버상담

이론과 실제

임은미 저

cyber counseling

학지사

머 리 말

『사이버상담의 이론과 실제』라는 책의 제목은 마치 예전부터 있었던 것처럼 필자에게 익숙하다. 필자가 전주대학교에 옮겨 온 직후인 2001년 후반부터 이미 책의 집필을 계획했었기 때문이다. 그러나 집필 작업이 당초 예상처럼 쉽게 이루어지지 않아 만 4년이 넘어서야 책이 나오게 되었다.

'사이버상담' 은 이미 세간에 아주 익숙해진 상담 실무의 영역인 데 반해 사이버상담에 지속적으로 관심을 가진 전문가는 많지 않다. 우리나라 상담기관의 대부분에서 사이버상담이 진행되고 있지만 그에 대한 체계적인 논의나 연구가 지속되지 못하고 있다. 실무자는 실무에만 바쁘기 때문에 사례발표 이외의 전문적인 연구를 진행할 여력이 없고, 연구자는 실무가 뒷받침되지 않아 문제의식을 지속적으로 갖기가 쉽지 않다. 특히 사이버상담 실무 감각을 유지하기 위해서는 사이트의 개설과 운영이라는 '거대한' 전초작업이 있어야 하기 때문에 연구자가 실무를 지속하기가 어렵다.

언젠가 연구와 실무를 병행할 수 있는 진정한 사이버상담 전문가가 이 영역의 책을 더 훌륭하게 집필해 낼 것이라고 믿는다. 그러나 기다리는 시간이 다소 길어질 것 같아 더 훌륭한 책이 나오는 데 도움이 될 수 있는 중간다리를 놓는다는 생각을 가지고 이 책의 출간을 결심하게 되었다.

이 책은 그야말로 사이버상담의 이론과 실제를 접하는 기본적인 입문서로서 집필되었다. 사이버상담의 역사가 일천함에도 불구하고, 국내에서 실무 면에서의 양적 팽창에만 의존하는 동안 서기 2000년을 기준으로 미국에서는 여러 권의 단행본이 출판되었음을 최근에 알게 되었다. 의지할 이론적 배경과 선행연구를 찾던 필자에게 매우 반가운 일이었지만, IT 산업의 발전과 더불어 사이버상담의 실무가 미국 못지않게 왕성하게 이루어지고 있는 우리나라의 현실에도 불구하고 체계적으로 정리한 자료가 그동안 전혀 없었다는 데 자책감도 들었다. 이런 여러 가지 다급한 마음에 서둘러 정리한 책이기에 미흡한 점이 많다.

부족하기는 하지만 이 책에서는 사이버상담의 개념과 역사, 사이버상담의 이론적 배경, 사이버상담의 기법, 사이버상담의 효과와 전망 등에 대한 기존의 논의들을 두루 다루고자 시도하였으며, 책은 크게 4부로 구성하였다.

제1부 '사이버상담 개관'에서는 사이버상담의 개념과 특징, 역사를 다루었다. 1부를 통해서 독자는 사이버상담의 개념과 특징을 대면상담과 비교하여 이해하고, 컴퓨터 공학의 발전과 사이버상담 발전의 관계를 이해할 수 있을 것이다.

제2부 '사이버상담 이론' 에서는 사이버상담을 위한 이론이 별도로 존재하지 않는 현실에서 사이버상담의 실무와 특성을 같이하는 접근들을 정리하였다. 사이버상담에 대한 국내외 연구 및 기법들도 정리한 2부를 통해 독자들은 사이버상담에 관한 논문을 쓰거나 실무를 시도할 때 사이버상담의 이론과 기법에 대한 기존의 작업과 탐구자료들을 소개받을 수 있을 것이다.

제3부 '사이버상담 실제' 에서는 사이버 세계에서 이루어지는 다양한 상담 메뉴들을 소개하고 각각의 특징과 활용방안을 제시하였으며, 사이버상담의 대표메뉴인 이메일과 채팅상담의 단계를 제시하고, 사이버상담의 사례를 논평과 함께 수록하였다. 3부를 통해 독자들은 사이버상담 실무에 대한 더욱 구체적인 아이디어를 얻고, 자신이 실시하는 사이버상담의 특징을 정리할 수 있는 기회를 가질 수 있을 것이다.

제4부 '사이버상담의 효과와 전망' 에는 사이버상담의 효과를 기존 연구결과들을 중심으로 정리하고, 사이버상담이 발전하기 위한 상담자의 과제, 연구과제, 운영상의 과제를 제시하고, 사이버상담의 전망을 정리하였다.

이 연구는 국내 사이버상담 분야의 초고로서의 의미를 갖는다. 어렵게 집필하였지만, 그 어려움의 일부는 이 분야가 갖는 독특한 특성에서 비롯되고 일부는 분명히 필자의 역량의 한계에서 비롯된 것임을 인정한다. 앞으로 미비한 점은 계속해서 수정하고 보안해 나가도록 노력할 것이다.

1998년에 이미 사이버문화 시대의 도래를 예견하고 한국청소년상담원에 '사이버청소년상담센터'를 개설하여 필자를 배치시키고 공부할 기회를 주신 박성수 선생님과 필자의 실무경험을 인정하여 사이버상담학회 발족 및 적극적 활동을 권유하셨던 김계현 선생님 두 분은 어려운 가운데서도 이 책을 집필할 수 있게 힘을 주신 분들이다. 더욱 양질의 책을 출판하여 두 분께 못다 한 학생의 역할을 완수할 수 있게 되기를 소망하였지만, 마음의 빚은 여전히 남아 있는 듯하다. 그리고 지난한 작업이 되었던 이 원고를 열심히 읽고 교정하며 실무경험을 통한 조언을 아끼지 않은 장선숙 박사에게 지면을 빌려 고마움을 전한다.

끝으로 출판을 약속한 이후 5년이라는 긴 시간 동안 원고를 완성하지 못하였음에도 오랫동안 묵묵히 기다려 주신 학지사 김진환 사장님과 편집과정에서 많은 도움을 주신 관계자분들에게도 감사의 인사를 드린다.

2006년 8월

저자 임은미

차 례

Part 1 사이버상담의 개관

Part 2 사이버상담의 이론

Part 3 사이버상담의 실제

제1부

사이버상담의 개관

- 1장 사이버상담의 개념 및 특징
- 2장 사이버상담의 역사

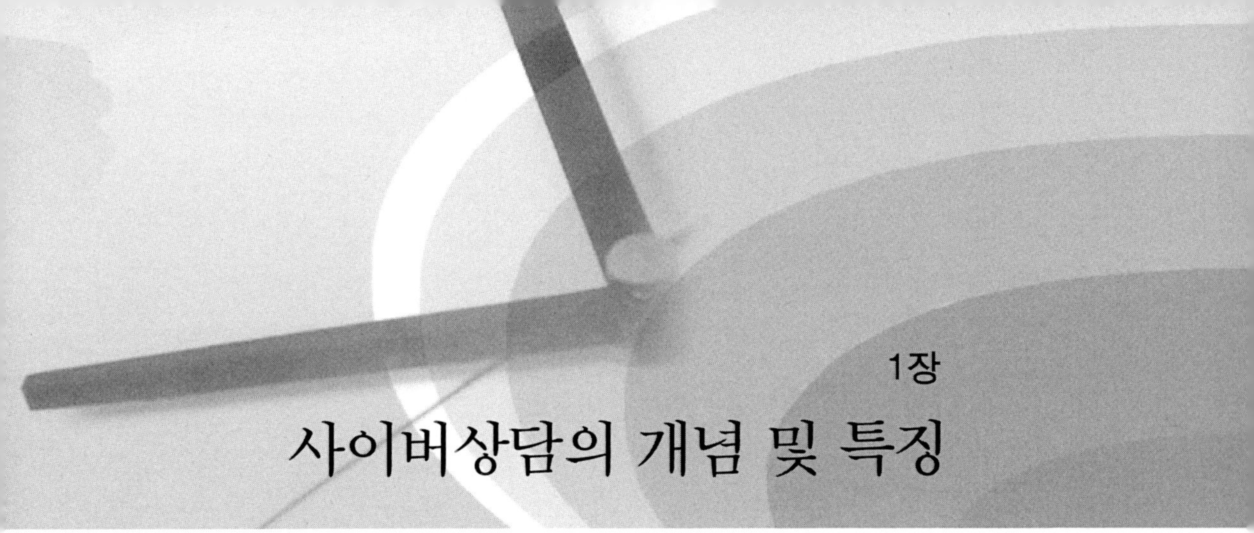

1장

사이버상담의 개념 및 특징

이 장에서는 사이버상담의 개념과 특징에 관하여 살펴본다.

사이버 매체의 발달로 인한 사이버세계의 탄생과 더불어 가능해진 사이버 상담의 정의와 대면상담과의 관계가 논의된다. 사이버 세계가 일상생활 전반에 깊숙이 침투하여 상담활동에도 사이버매체의 활용이 일상화되었기 때문에 그들 중 어디까지가 사이버상담인지를 규정짓기 모호하다. 이 장에서는 나름대로 사이버 상담의 범위를 한정하였다.

그리고 사이버상담의 제반 특징을 정리한다. 사이버상담은 상담을 컴퓨터와 인터넷을 통해 진행하다 보니 상담공간과 시간, 의사소통 수단 등이 대면상담과 차이가 난다. 상담자와 내담자의 관계 또한 익명적으로 문자를 통해 맺어지게 되며, 상담의 구조화 측면에서 대면상담과 다르다. 인터넷을 통하여 상담자와 내담자 간에 상담 내용을 주고받으며, 대개 서버에 저장되기 때문에 비밀보장에도 각별히 유의해야 한다. 이 외에도 사이버 상담을 유능하게 해내기 위한 치료자의 능력은 대면상담에서 요구하는 치료자의 능력과 차이가 있는지, 사이버 매체에 적절한 내담자나 문제의 유형은 내방상담과 어떤 차이가 있는지 등에 대하여 소개한다.

1. 사이버상담의 개념

> 1982년 컴퓨터를 처음 샀을 때, 난 온라인에 접속하는 것이 게임을 하기 위해 다른 사람과 연결하는 것일 뿐 그 이상의 의미는 없다고 생각했었다. 그러나 온라인 세계에는 서로 연결된 수백, 수천 명의 사람들이 존재하고 있어 아주 놀랍고도 행복한 경험을 할 수 있었다.
>
> (Ainsworth, 2002: 195)

'사이버상담'에서 '사이버(cyber)'는 인공두뇌라는 뜻을 가진 접두어다. 컴퓨터가 두뇌활동을 가상적으로 모의하는 실험에 사용되고 컴퓨터로 인해 고도로 정밀한 기능까지 자동화되면서 컴퓨터의 활동과 인공지능은 밀접한 관련을 갖게 되었다. 컴퓨터를 통해 이루어지는 활동에 대하여 '사이버'라는 용어를 자주 사용하게 되었고 사이버상담은 가상공간에서 컴퓨터를 사용하여 실시하는 상담활동을 지칭하게 되었다.

사이버세계는 컴퓨터와 통신기술이 결합되어 의사소통과 정보교환의 새로운 공간을 형성하게 된 세계다. 즉, 컴퓨터를 매개로 한 의사소통이 이루어지는 가상의 공간을 말한다. 이러한 가상의 공간을 사이버공간이라고도 하는데, 사이버 공간은 컴퓨터 시스템을 활용해 연출해 내는 현실과 같은 상상의 3차원 세계 또는 컴퓨터 통신망이 만들어 내는 가상사회를 말한다.

사이버 공간의 특성도 시간에 따라 변화를 거쳐 왔다. 1998년 이전까지는 인터넷보다 PC 통신을 통한 사이버 공간이 주를 이루었다. 그러다가 우리나라에 www 체계의 사용이 대폭적으로 확산되던 1998년에 들어서 인터넷이 PC 통신의 기능을 빠르게 흡수하게 되었다. PC 통신 사용자들이 점차 자신들의 활동공간을 인터넷으로 옮겨 가게 되었다. 당시 통신사에서 제공하는 정보를 수용하는 것을 기반으로 하던 PC 통신의 활동과 달리 이용자 스스로가 그래픽을 사용하여 다양한 이미지를 만들어 낼 수 있고 멀티미디어를 사용한 표현을 가능하게 하는 인터넷은 사용자들의 관심을 급속도로 끌게 되었다.

가상의 공간이 아닌 현실의 세계에서 이루어지던 전통적인 면대면상담이 '내담자의 문제를 해결하고 내담자 스스로 성장을 이루어 나갈 수 있도록 돕는 것'이라면, 컴퓨터가 만들어 낸 가상의 공간에서 행해지는 사이버상담은 '내담자의 문제해결능력을 증진시키고 자기성장과정을 촉진하는 데 컴퓨터와 네트워크를 사용하는 것'으로 정리할 수 있다. 즉, 자신에게 문제가 있음을 인지한 내담자가 그 문제를 가상의 공간 속에서 해결하고자 인터넷에 접속하여 상담자와 대화를 통해 서로 신뢰관계를 형성하는 가운데 문제해결의 방안을 모색하고 통찰을 얻고 동시에 문제해결을 위한 정보를 얻는 과정이 진행된다면, 이는 사이버상담이라고 할 수 있다.

사이버상담은 상담활동을 현대 정보화 사회의 산물인 컴퓨터가 만들어 내는 가상공간에서 행하는 것으로서 상담자의 근본적인 역할이나 목적이 전통 상담과 다르지는 않다. 사이버상담도 전통적인 면대면상담과 마찬가지로 상담자와 내담자의 만남을 통해 내담자의 문제를 해결하며, 내담자의 성장을 돕는 전문적 활동이다. 그러나 사이버상담은 상담자와 내담자의 만남이 현실 공간에서 이루어지는 것이 아니라 컴퓨터를 통해 만들어진 가상의 공간에서 이루어지기 때문에 대면상담과 여러 가지 차이를 보인다. 따라서 사이버상담의 현상을 체계적으로 이해하기 위한 별도의 노력이 필요하게 되었다.

사이버상담에서 상담자는 내담자의 문제나 감정, 생각, 행동상의 특징을 직접 관찰하지 못하고 단지 컴퓨터 모니터에 올려진 문자나 영상을 통해서만 내담자의 내면세계에 접근할 수 있다. 내담자도 상담자의 모습이나 표정을 보지 못한다. 물론 동영상의 발달로 사이버상담에서도 시각적인 단서를 어느 정도 보충할 수 있게 되었지만 아직은 사이버상담에서 이루어지는 의사소통은 문자기반인 경우가 대부분이다. 이것이 사이버상담과 전통적 면대면상담의 차이를 유발시키는 핵심적 현상이다.

사이버상담의 현장에서 컴퓨터와 네트워크는 다양하게 활용된다.

첫째, 정보탐색용으로 활용할 수 있다. 상담을 진행하기 위해 필요한 자료를 인터넷을 통해 검색하는 것을 말한다. 특히 진로상담이나 성상담을 하려면, 상담자의 전문적 태도와 상담기법뿐 아니라 진로와 성에 대한 다양하고 구체적인 지식이 필요하다. 두 분야 모두 활용 가능한 정보가 시간에 따라 변화하며, 새로운 지식이 계속적으로 보충되고 있기 때문에 상담자가 그 모든 지식을 가지고 있기란 불가능하다. 따라서 컴퓨터와 네트워크를 활용하여 내담자를 오래 기다리게 하지 않고도 양질의 다양한 정보를 검색하여 그 정보를 필요로 하는 내담자에게 제공할 수 있다.

둘째, 다회기 대면상담의 과정에서 부분적으로 사이버상담회기를 운영할 수 있다. 내담자나 상담자가 부득이하게 실시간으로 대면하기 어려운 상황에 놓일 때 사이버상담 회기로 대치할 수 있다. 접촉이 없는 것보다는 상담자와 내담자의 유대감을 증진시킬 수 있다. 또는 문제의 특성에 따라 사이버상의 의사소통이 더욱 효과적이라고 판단되는 경우도 있다. 하루하루의 금연 상황이나 영양섭취 상황의 보고, 하루 동안 대인관계에서 느꼈던 점을 정리하기, 상담자에게 받은 과제의 수행결과에 대한 중간보고 등을 대면상담회기 사이사이에 첨가할 수 있다.

셋째, 상담자와 내담자의 상호작용을 사이버 상에서만 해 나가는 것이다. 한 내담자와 한 상담자가 여러 회기 동안 만나는 경우에는 이메일이나 채팅이 주로 선택되고, 단회기 상담에서는 이에 더하여 게시판상담이 선택되기도 한다.

사이버상담의 범위는 위의 세 가지 활용방법을 포괄한다. 개인이나 집단을 대상으로 한 상담 진행을 위해 사이버매체를 활용하여 정보를 탐색하고 제공하는 것, 대면상담 중간에 온라인상담을 실시하는 것, 온라인상담으로만 진행하는 것 세 가지 모두 사이버상담에 포함된다.

2. 사이버상담의 특징

> 난 정말로 전화할 준비가 되어 있지 않아요. 전화로 이야기하는 데 익숙하지 못하거든요. 그건 나를 너무 의식하게 만들어요. 글쓰기로만 계속 상담할 수는 없을까요? 몇 주간 혼자서 여행을 가려고 합니다. 컴퓨터를 가지고 갈 거예요. 밤에는 타향의 호텔에 외롭게 앉아 있겠죠. 이메일이 내 생명줄이 될 거예요.
>
> (Ainsworth, 2002: 199)

사이버상담과 대면상담의 차이는 상담의 목적에 있는 것이 아니다. 그보다는 상담의 목적을 달성하는 과정에서의 여러 가지 요인들에서 차이가 난다. 그 차이에는 상담시간과 공간, 상담자료, 익명성 정도, 상담구조화, 비밀보장, 상담자의 행동, 다뤄질 수 있는 문제의 특성 등이 있다.

1) 상담시간

사이버상담 서비스는 많은 경우 시간의 제약을 받지 않고 제공될 수 있다. 서비스를 제공하는 상담기관의 서버에 이상이 없는 한 하루 24시간 언제나 접속하여 실시간 상호작용이 요구되지 않는 서비스를 받을 수 있다. 상담자가 근무하지 않는 심야시간대 또는 상담소가 운영되지 않는 공휴일이나 명절에도 이용할 수 있는 서비스들이 있다. 이러한 시간제약의 초월성은 상호작용적 상담활동의 활성화에 큰 도움이 된다. 상담센터를 방문하여 상담을 받으려면, 상담자가 서비스를 제공할 수 있는 시간이 대개 내담자의 학업 또는 근무시간과 겹쳐서 현실적으로 상담을 받을 수 있는 기회가 많지 않았었다.

그러나 사이버상담의 여러 메뉴 중 비실시간 상담메뉴를 이용할 경우 내담자는 자신의 근무시간 외에 상담내용을 올리고 상담자는 상담실 근무시간에 상담을 실시할 수 있다.

이메일상담, 게시판상담, 데이터베이스 등이 비실시간 메뉴의 예다. 이들은 어느 시간에나 내담자에게 상담서비스를 제공할 수 있게 해 준다. 사이트에 올려놓은 상담사례나 문제해결에 도움을 받을 수 있는 다양한 원고, 음악파일, 동영상 등은 비실시간 메뉴로서 내담자가 상담을 원하는 순간에 상담자가 접속하고 있지 않아도 서비스 제공이 가능하다. 비실시간 서비스는 상담자가 근무하지 않는 시간에도 내담자에게 제공될 수 있다. 내담자가 상담을 받고 싶을 경우 자신이 편리한 시간에 도움을 요청하는 내용을 전자메일로 상담실에 띄우면 상담자는 근무시간에 답장을 작성해서 이메일 주소로 발송할 수 있으며, 내담자는 자신에게 편리한 시간에 답장을 열어볼 수 있다. 비실시간 메뉴에서 시간구조화는 상담자료들이 얼마 만에 최신화되는지, 내담자가 상담을 요청한 뒤 얼마 만에 응답을 받을 수 있는지를 명확하게 지시하는 것이 주를 이룬다.

사이버상담의 주요 메뉴들 중 상담자와 내담자가 동시에 접속해야만 상담이 진행되는 메뉴는 실시간 서비스인 채팅상담과 영상상담이다. 채팅상담이나 영상상담 같은 실시간 상담메뉴에서도 내담자들이 상담자를 만나기 위해 오가는 시간을 절약할 수 있기 때문에 실제 상담에 들일 수 있는 시간이 많아졌다.

사이버상담의 시간적 특징 중에는 단회기 상담이라는 것을 빼놓을 수 없다. 시간적으로 볼 때 사이버상담은 전통적인 대면상담과 달리 다회기를 전제로 한 약속이 이루어지기 어렵다. 논리적으로는 채팅상담을 다회기의 계획 속에서 수행하는 것이 가능해 보이며 실제로도 다회기로 진행되는 사례가 많이 있다. 그러나 현실적으로 사이버상담에서 상담자는 내담자의 문제를 전체적으로 진단하고, 그 문제를 해결하기 위해 몇 회기가량의 상담이 필요하다는 식의 장기적인 시간구조화를 하기는 어렵다. 내담자가 장기상담에 성실하게 응하리라고 기대하기에는 이용자들의 태도가 상당히 즉흥적인 면이 있기 때문이다. 따라서 전통상담에서와 달리 다회기를 계획하고 초기 회기들을 관계형성이나 문제탐색에 집중하는 방식으로 임하면 문제를 드러내기만 하고 개입은 하지 못하는 위험이 따를 수 있다. 즉, 내담자가 접속하지 않으면 다음 회기가 이뤄질 수 없고 익명성을 특징으로 하는 사이버상담에서 내담자의 신원을 확보하여 전화나 편지를 띄우는 일 등은 특별한 경우 이외에는 시도하기 어렵다. 그래서 결과적으로 다회기로 진행되는 사이버상담의 사례가 많이 발견된다 해도 구조화는 단회기로 하며, 한 회기에 다룰 수 있는 구체적인 문제에 대한 집중적 작업이 이루어져야 한다.

또한 사이버상담에서 내담자의 문제를 이해하는 것은 내담자가 표현한 문자메시지에 의존하게 되고, 문자메시지는 내담자의 전인적인 모습이나 내담자가 겪고 있는 문제를 전체적으로 담아내기 어렵다. 내담자가 문자나 문투로 표현한 문제만이 상담의 문제로 다뤄질 수 있다. 그러다 보니 사이버상담에서는 해당 회기에 내담자가 명백히 진술한 한두 개의 문제들이 구체적, 집중적으로 다루어지고 완결되는 경향이 있다. 여러 가지 문제들을 정리하여 회기별로 진행계획을 짤 수가 없다.

이와 같이 장기상담으로의 구조화가 어려운 사이버상담의 특징은 상담의 방향을 단회기 내지는 단기상담, 해결 지향적 상담으로 이끌게 한다. 따라서 성격구조의 변화와 같은 장시간을 요하는 상담이 사이버상담에서 이루어지기는 어렵다. 또한 대인관계로 고민하는 내담자가 현재 경험하고 있는 부정적인 정서를 해결하고 문제해결전략을 세운 후 그 전략이 어떻게 활용되는지를 검토하며 내담자의 전략을 수정 · 보완하는 훈습과정까지 계획하고 상담을 진행하기는 어렵다.

2) 상담공간

사이버상담에서의 상담공간은 실제적인 공간이 아니라 가상공간이다. 대화가 이루어지고 있는 각자의 단말기를 통해 상담자와 내담자는 상호작용을 하고, 실제로는 존재하지 않지만 일종의 가상적 공간에서 자신들이 대화를 나눈다고 생각한다. 사이버상담에서는 내담자의 거주지와 상담실이 지리적으로 멀리 떨어져 있다 할지라도 내담자는 상담을 받을 수 있다. 사이버상담은 내담자가 상담을 받기 위해 공간적인 이동을 하지 않아도 되기 때문이다. 내담자의 개인방에서, 학교에서 또는 사무실이나 PC방 등 어디서든 상담이 가능하다. 컴퓨터가 놓인 장소가 바로 상담실이 된다. 사이버상담센터가 어디에 위치해 있건 간에 해외나 산간벽지에 거주하는 내담자들도 상담을 받을 수 있다. 이로 인해 내담자가 필요로 하는 특정 분야 상담 전문가가 지리적으로 먼 곳에 거주하더라도 사이버 매체를 통한 만남이 가능해졌다. 사이버상담이 시간과 공간의 제약을 극복하여 이루어질 수 있는 장점으로 인해 하루 종일 학업이나 작업에 매달려야 하는 학생들과 직장인들도 상담을 받을 수 있게 되었다. 또한 거동이 불편한 장애인들도 상담에 용이하게 접근할 수 있는 길이 열리게 되었다.

대개 상담자는 내담자가 사용한 것과 동일한 방법을 사용하여 내담자의 요청에 응대하며 서로 상호 작용하는 방법이 사이버상담의 공간 내지는 환경이 된다. 이메일로 요청한 내담자에게는 이메일 답장을 보내고, 게시판으로 요청한 내담자에게는 응답메시지를 게시해 주며, 채팅으로 요청한 내담자에게는 채팅 응답을 해 준다. 현재로서는 단말기 너머의 내담자가 상담과정에 집중할 수 있도록 프라이버시 침해가 우려되거나 소란스러운 장소에 위치한 컴퓨터, 고장이 잦은 컴퓨터는 피하라는 정도의 조언이 사이버상담의 공간구조화에 해당된다.

사이버상담의 메뉴가 더욱 발전되어 한 회기 내에서 상담 방법상의 융통성을 발휘할 수 있게 되면 공간의 구조화가 매우 중요한 작업이 될 수 있다. 예컨대 채팅상담을 진행하는 중에 내담자가 상담자가 제안한 정보사이트로 이동하여 정보를 탐색한 후 다시 상담자와 대화를 시도하는 것이 필요할 수도 있으며, 상담 도중 획득한 정보를 자신의 이메일로 전달하여 보관하는 등의 시도 또한 필요할 수 있다. 이러한 시도들이 가능해진다면 상담자는 내담자가 풍부한 자료에 유연하게 대처하면서도 상담 과정에서 이탈하지 않도록 하는 공간구조화에 많은 관심을 기울여야 할 것이다.

공간 선택의 자유로 인해 사이버상담은 내담자에게 면대면으로는 활용하기 어려운 전문가의 치료를 받을 기회를 준다. 전문가와 내담자 각각이 거주하는 지리적 위치가 상담진행에 제약 조건이 되지 않는다. 우울을 경험하는 내담자가 온라인으로 치료받을 수 있다면 www를 검색해서 우울 치료 분야에서 탁월한 능력을 발휘하고 있는 전문가를 찾아내어 접촉을 시도할 수 있다.

사이버상담에서는 인터넷이 연결된 컴퓨터가 놓여 있는 곳이 상담실 환경이 된다. 내담자가 사이버상담 직전에 방문했던 사이트 또는 사이버상담 도중 화면에 열어놓은 다른 창들도 사이버상담 과정에 영향을 미칠 수 있으므로 사이버상담의 환경으로 볼 수 있다. 내담자 자신의 집, 학교, PC방이나 게임방 등도 상담실 주변 여건에 포함된다. 컴퓨터가 어디에 놓여 있건 상담을 하는 동안 외부의 방해나 간섭 없이 대화 내용에 집중할 수 있는 장소를 갖추는 것이 중요하다.

3) 문자기반의 상담자료

상담의 과정은 서로 대화를 하면서 진행된다. 대화는 언어적 대화와 비언어적 대화로 나눌 수 있다. 오프라인 상담에서 상담자들은 내담자의 언어적 대화뿐 아니라 제스처나 표정으로 전달되는 비언어적 대화를 통해 상담에 중요한 단서들을 이끌어 낸다. 그러나 사이버상담에서는 상담관계가 전체적인 인간 대 인간의 만남으로 이루어지기보다는 상담내용을 중심으로 하여 이루어지고 있다(황상민, 1997). 사이버상담에서는 내담자의 감정, 사고, 행동이 문자를 통해 상담자에게 전달되고, 내담자에게 보내는 상담자의 배려, 경청, 이해, 설명 등의 메시지가 문자를 통해 전달된다. 문자중심의 의사소통은 전달하려는 내용이 간단하거나 명확한 경우에 매우 효과적이다. 내담자의 외모나 태도, 표정에서 나타나는 맥락적 단서의 영향을 받지 않고, 오로지 메시지에 집중할 수 있다. 내담자가 보내는 메시지에 집중하여 이루어지는 의사소통은 내담자에 대한 상담자의 판단을 유보시키고 내담자의 의도를 이해하는 데 집중하게 해주는 장점이 있다.

그러나 전달하려는 내용이 모호하거나 애매하고 다양한 내용을 담고 있을 때는 표현과 이해에 제한을 받는다. 사이버상담에서는 문자언어가 주요 자료가 되어 상담이 진행되다 보니 내담자의 외모나 목소리 및 표정을 볼 수가 없다. 음성상담 시스템이나 화상상담 시스템이 구축되면서 이러한 한계들이 극복될 전망이지만 아직까지는 문자를 활용한 대화가 사이버상담에서 의사소통의 주류를 이루고 있다. 이메일이나 채팅, 게시판 상담 등 주요 상담방법들이 문자를 기반으로 하여 이루어지기 때문에, 상담자는 내담자와 내담자의 문제를 이해하는 데 있어서 내담자가 명백히 표현한 문자 언어적 메시지만을 주로 활용한다. 이로 인해 상담자는 내담자가 표현해 주는 부분적인 자료만으로 내담자를 이해해야 하는 한계도 지닌다.

4) 익명성

사이버상담에서는 내담자의 신원에 대해 실제적으로 파악하기가 어렵다. 내담자의 목소리도 듣지 못하기 때문에 내담자의 진짜 성별이 무엇인지도 모르는 채 상담을 진행하기도 한다. 상담진행에 필요한 경우 상담자가 내담자에게 인적 사항을 물을 수는 있으나 그에 대한 대답을 할 것인지, 어느 정도 깊이로 자신을 개방할 것인지, 어느 정도 솔직하게 자신에 관한 정보를 알릴 것인지에 대한 결정은 내담자가 내린다.

이러한 익명적인 의사소통은 상담관계의 형성에 긍정적으로 작용하기도 한다. 긍정적인 측면으로서 사이버상담의 익명성이 갖는 특징은 대화의 외적인 요인들에 주의를 분산시키지 않고, 대화의 내용에 집중할 수 있도록 해 준다는 것이다. 오직 ID로만 구분되는 내담자와 상담자의 관계는 상담자나 내담자가 가지는 사회적 지위나 기타 가치 판단적 요인들이 제거되고, 직위/연령/재산 등 대인 커뮤니케이션에 영향을 가지는 요소들이 배제되며, 누구나 ID를 가지고 평등한 정보제공력과 선택/피선택권을 갖게 된다(조영신, 1998).

이로 인해 사이버상담의 내담자들은 내방상담에서보다 훨씬 더 개방적이고 솔직해질 수 있다. 얼굴을 맞대고는 공개하기 어려운 성적인 문제나 부도덕한 면까지도 부담 없이 얘기하고 해결책을 찾아볼 수 있게 된다. 특히 상담실을 찾는다거나 상담자와 직접 대면하기를 꺼리는 소극적이고 예민한 내담자가 좀 더 편안하게 상담서비스를 이용할 수 있고 상담자 또한 상담내용에 집중하는 데 유리한 조건에서 상담을 실시한다(임은미, 김지은, 박승민, 1998). 상담내용에 집중하다 보면 내담자는 자신의 문제를 더욱 쉽게 개방하여 상담자의 개입행동을 빠르게 유도할 수도 있다.

그러나 서로의 신분에 대하여 알지 못하고 상담 내용에만 의지해서 상담관계를 형성하다 보니 상담자와 내담자 간의 라포가 견고하게 형성되기가 어려운 면도 있다. 예컨대 상담을 받다가 내담자가 아무런 이유 없이 바로 접속을 끊어 버리거나 상담자에 대한 불만을 예의를 갖추지 않은 채 노골적으로 왜곡되게 표현하기도 하는 것은 내방상담에서는 찾아보기 어려운 일이다.

또한 내담자들이 책임의식이나 윤리의식 없이 즉흥적인 욕구표출 형태로 왜곡된 정보나 배설적 게시물들을 작성하여 유포할 우려가 있다(김봉섭, 1998; 조영신, 1998). 임은미, 김지은, 박승민, 서진숙(1998)의 연구에서는 사이버상담에서 내담자들이 장난으로 상담을 받으려고 하거나 대면상담에서보다 약속된 상담시간을 무단으로 어기는 경향이 있음을 밝히고 있다. 심지어는 성인이 청소년으로 또는 청소년이 성인으로 행세하며 치료서비스를 받으려 할 수도 있다.

이에 내담자의 신원에 대한 이슈는 사이버상담에서 최대의 관심거리다(Childress, 1998; Gross, 2000). 사이버상담에서 내담자의 신원 파악에 활용할 수 있는 유일한 자료는 아이디와 내담자가 사이트에 등록할 때 밝힌 프로필 정도다. 내담자가 밝히는 신분이 정말 그의 신분인지, 그가 밝힌 인구학적 정보가 실제로 그러한지를 알기 어렵다. 그럼에도 스토플(Stofle, 2002)은 내담자들이 자신의 신분을 숨기거나 가장하는 이유를 생각해 보면, 성인으로 가장한 청소년과 상담하는 것은 의미 없는 일은 아니고 단지 힘든 일일 뿐이라는 것이다. 신분을 속이는 것 자체로 내담자는 자신이 지닌 의미 있는 문제를 노출하고 있다는 것이다. 또한 내담자들이 사이버상담에서 신분을 속이는 일이 있기는 해도 대부분의 내담자들은 자신의 나이를 속이기보다는 자신이 청소년임을 알린 채로 도움을 요청해 왔음을 밝혔다.

물론 내담자가 상담자를 선택할 수 있듯이 상담자 또한 내담자를 선택할 수 있다. 보수적인 상담자일수록 완전한 인구학적 정보를 내담자들에게 요청하고, 치료 시작 전에 정보를 확인하려 할 것이다. 이는 매우 안전한 방법으로 신분을 스스로 밝히지 않으려는 내담자에게 서비스를 제공하는 것은 위험한 일임을 알아 두어야 한다. 그러나 사이버상담이 아니고서는 상담에 접근하기 어려운 내담자들에게 서비스를 제공해야 한다는 윤리적인 측면을 생각해 보면, 신분을 알리지 않은 채 익명으로 상담을 받으려는 사이버상담 내담자를 거부해도 괜찮을지는 신중히 판단하여야 한다.

5) 상담자와 내담자의 역할

사이버상담에서 내담자는 자신에 대한 정보를 선택적으로 표현할 수 있고, 접속과 종료에 대해 주도권을 지닐 수 있다. 또한 이메일상담, 게시판상담, 채팅상담에서는 자신의 얼굴을 상담자에게 보여 주지 않을 뿐 아니라 상담자의 표정을 볼 수 없기 때문에 분위기나 상황을 고려하지 않고 거리낌 없이 자신의 고민을 공개할 수 있다.

이는 사이버상담이 상담실제에서 상담에 비협조적인 경향이 짙은 청소년들로 하여금 자발적이고 주도적인 내담자로서 자신의 문제를 해결해 가도록 도울 수 있다는 가능성을 시사한다. 많은 비자발적인 내담자들이 자신을 보호하는 데 치중하기 때문에 이러한 내담자들이 자기를 있는 그대로 개방한다거나 솔직하게 개방하기를 기대하고 요구하는 것은 매우 비효과적이다(김혜숙, 공윤정, 박한샘, 1996). 이러한 상황에서 사이버상담의 익명성으로 인한 안전감은 전통적인 내방상담에서 자발성 · 주도성을 보이기 어려운 청소년 내담자들을 적극적인 참여자로 변화시키는 대안적 방법이 될 수 있다.

그러나 내담자에게 주도성과 자발성을 허락하는 사이버상담의 조건들이 상담과정에 미치는 부정적인 영향들도 고려하여야 한다. 예컨대 상담의 구조화 측면에서, 내담자가 상담시간을 일상적인 대화시간과 구별하여 자신의 문제를 풀어 가는 목적지향적인 대화시간으로 활용하도록 유도하는 데는 그만큼의 한계를 갖게 된다. 많은 내담자들이 자신이 원하는 대화를 원하는 방식으로 진행하고, 자신들이 원하는 이야기를 듣고자 하는 경향이 강해서 상담자 주도적인 대화를 이끌어 내는 데는 상당한 노력이 필요하다.

또 사이버상담에서는 상담자의 임상적인 판단에 의하여 이루어지는 구조화 작업을 본격적으로 진행하기가 어렵다. 대개는 접속하자마자 곧바로 자신의 문제를 털어놓고는 해결책을 마련해 줄 것을 요청한다. 자신이 원하는 정보를 얻고 나면 즉시 고맙다는 인사와 함께 대화방을 떠나기도 한다. 경우에 따라서는 상담자가 알 수 없는 돌발적인 사태를 만난 내담자가 접속을 끊어 버리면 대화가 진행되는 중간에도 얼마든지 상담이 끝나게 된다. 구조화 과정이 자신의 문제해결에 직접 관련되지 않는다고 느끼거나 딱딱하고 지루하다고 느낄 때 상담자와의 접속 여부를 내담자가 결정할 수 있어서 사이버상담에서의 구조화 작업은 반드시 필요한 일임에도 불구하고 각별한 주의를 기울여서 진행해야 한다.

이 외에도 통신 회선의 안정성이나 비용 등의 문제로 인해 내담자와 접속하고 있는 시간 중에 구조화를 위한 시간을 충분히 할애하기가 어려울 수 있어서 사이버상담의 구조화는 간결하고 명확한 문장표현으로 이루어져야 한다. 상담은 문제해결과 자기성장이라는 분명한 목표를 가진 활동이라는 것, 해당 회기에 달성해야 할 목표를 구체화하는 것, 비밀보장을 위한 장치가 어느 정도 마련되어 있는지를 알리는 것, 기기장애 발생으로 인한 접속중단이 있을 수 있음과 그 대책을 알리는 것 등을 포함해야 한다.

6) 비밀보장

사이버상담에서 비밀보장이 위험에 처하게 되는 데는 네 가지 시점이 있다(Childress, 1999). 첫째는 파일을 전송하는 중에 노출될 위험이고, 둘째는 치료자의 컴퓨터에 저장되어 있는 것이 공개될 위험이며, 셋째는 내담자의 컴퓨터에 저장된 내용을 가족이나 다른 사람이 보는 것, 넷째는 법정에 소환되었을 때다. 미국의 경우 내담자와 상담자 사이에 주고받은 이메일이 법정 소환으로부터 면책될 수 있는 것인지를 결정하지 않았기 때문에 이메일 자료도 소환될 가능성이 높다. 우리나라는 아직 상담자가 법정에 소환되는 상황은 아니다. 그러나 상담이 전문화되고 제도화되면서 상담자의 활동이 법적 책임으로 연결될 날이 다가오고 있다. 예컨대 전문상담교사 자격증을 갖고 학교에서 활동하는 학교 상담자들의 경우 교사들이 학생지도에 법적 책임을 지게 된 사례가 있었듯이 다양한 장면의 상담자들에게도 책무가 주어지게 될 것이다.

이렇게 보면 사이버상담의 내용에 대해 비밀을 보장받는 것은 전통적인 대면상담에서보다 더 어려워질 것으로 보인다. 그러나 에인스워스(Ainsworth, n.d.)는 치료자에게 온라인으로 말하는 것은 면대면으로 말하는 만큼이나 안전하다고 말한다. 이는 둘 다 비밀보장을 지켜 주려는 의도는 있지만 동시에 둘 다 100% 안전하지는 않다는 점에서다.

사이버상담과 면대면상담의 비밀보장 침해 가능성을 비교한 연구에 따르면(Grohol, 1999) 사이버상담에서는 파일 전송과 전자저장 과정에서 비밀보장 침해 요소가 더 높은 것이 사실이지만 이러한 위험성이 현실 세계에서의 대면상담에서 이미 있었던 문제보다 본질적으로 의미 있게 더 큰 것인지는 쉽게 결정하기 어렵다.

7) 상담자의 능력

면대면상담에서 유능한 상담자가 온라인에서도 유능할 것이라고 단언하기는 어렵지만 면대면상담 경험과 훈련이 사이버 상담자의 기능을 증진시키는 데 필수적이다(Stofle, 1997). 질문, 공감, 해석, 긍정화 등 대면상담에서 요구되는 많은 상담기법들이 사이버상담에서도 필요하다.

한편 머피(Murphy, 1999)는 온라인상담을 하면서 대면 상담자로서의 능력이 좋아지기도 한다고 주장하면서 그 이유를 네 가지로 제시하였다.

첫째, 유능한 상담자가 되기 위해서는 사람들에 대한 판단과 가정을 유보하는 것이 매우 중요한데, 사이버상담을 통해 이 부분을 훈련받을 수 있다는 것이다. 대면상담에서는 내담자가 피부색, 말투, 옷차림, 행동 등을 통해 상담자가 나름의 판단을 하고 나서 정작 그가 누구인지를 알기 위한 질문을 덜하는 경향이 있다. 하지만 이와 달리 사이버상담에서는 내담자가 표현하는 모습에 주의를 기울이는 대신 내담자에 대한 선입견을 유발하는 여러 가지 단서에서 자유로울 수 있다.

둘째, 이메일상담에서는 상담자가 행동하기 전에 그 행동이 내담자에게 미칠 영향에 대해 검토해야 하며, 글을 쓰고 나서 전송하기 전에 검토할 수 있는 시간이 있다. 이러한 과정에 습관이 들면 대면상담에서도 말하는 방법을 미리 계획하는 노력을 하게 된다는 것이다. 대화할 때 스스로의 생각을 정리하기 위해 침묵하는 시간을 갖는 경향이 있다. 이 점이 글을 쓸 때 매우 유용하며 또한 대화에서도 동일하게 유용하다.

셋째, 이메일상담을 하면서 현시기법(presence techniques)을 사용하면 대면상담에 적용할 수 있는 기술을 갖게 되어 대면상담 내담자와도 더 깊은 생각과 감정을 공유하게 된다. 상담의 세계에서는 아직도 상담자가 상담과정을 오염시킬지도 모른다 두려움 때문에 지나치게 자신의 모습을 드러내지 않으려 하고 개방적인 태도를 취하지 않으려는 경향이 있다. 그러나 자신에 대해 더욱더 진술해질수록 그 과정이 내담자에게 더 효과적이다.

넷째, 상담에서 교육을 더욱 많이 하게 된다. 상담에서의 교육이란 내담자가 상담자의 도움 없이 스스로 유용한 기법을 사용할 수 있도록 상담자의 생각이나 행동을 내담자에게 알려 주는 것이다. 상담자가 현재 무엇을 하고 있는지, 왜 하고 있는지, 현재 있는 곳에서 내담자가 원하는 방향으로 가기 위해 어떻게 해야 하는지에 대하여 많이 설명한다. 대면상담에서는 내담자가 상담자를 보고 관찰하고 모방함으로써 문제에 더 잘 대처하는 방법을 배울 수 있다고 가정했으나 이메일상담에서는 좀 더 많은 설명이 가능하게 되었고, 그것이 더욱 효과적이었기 때문에 동일한 방법을 대면상담에도 적용한다.

결론적으로 온라인 상담에서 유능한 상담자가 되는 것은 대면상담에서 유능한 상담자가 될 가능성을 높여 주는데, 온라인 상담기법을 습득하려는 사람이 배워야 할 점은 다음과 같다.

첫째, 온라인상담을 해 본 사람이나 어느 정도 성공을 거둔 사람과 의사소통을 하는 것이다. 둘째, 내담자의 복지를 우선시한다. 따라서 이를 위해 뭔가를 하기 전에 상담자가 하고 있는 작업의 윤리성을 검토해 보아야 한다. 셋째, 테크놀로지를 알아야 한다. 공감에 익숙한 것만큼 컴퓨터에 익숙해져야 한다. 넷째, 사이버상담자는 변화의 시기에 준비할 수 있어야 한다. 앞으로는 대면상담에서 해 왔던 것과 같은 방법만으로는 상담 진행이 어려울 수 있다. 어떤 경우에는 내담자의 변화 과정에 대한 상담자의 전체적인 지각이 흔들릴 수도 있다. 온라인에서 상담을 하는 것은 많은 겸양을 요구하며, 유능한 상담자가 되기 위해서는 상담자 스스로 변화하겠다는 의지와 자청하여 학생이 되겠다는 마음자세가 필요하다(Murphy, 1999).

온라인상담이나 대면상담이나 치료의 목적은 동일하다. 내담자와 그들의 문제를 이해하기 위한 패러다임은 온라인에서 상담할 때도 달라지지 않는다. 그보다는 개입 방법이 의사소통 방법에 맞게 변화되어야 한다. 이런 면에서 같은 상담자라 할지라도 면대면상담에 대한 훈련경험이 축적되어 있을수록 사이버상담에서도 유능성을 발휘할 가능성이 높다. 면대면상담을 제공하는 경험과 능력에 더하여 채팅 상담자는 온라인에 대한 편안한 태도와 박식함, 타이핑 능력 그리고 문자로 의사소통하는 능력, 변화의 시기에 대한 인식을 새롭게 하려는 유연함을 가질 수 있어야 한다.

8) 사이버상담에 적절한 내담자

상담자는 온라인으로 치유가 가능한 사람이 어떤 사람들인지에 대해 심사숙고해야 하며, 어떤 상황에서 그들을 치유할 것인지에 대하여도 결정해야 한다. 예를 들어 온라인상담에서 자살 경향이 있는 내담자를 만나는 것은 상담자를 매우 무력하게 만든다. 만일 자신에 대한 사적 정보를 내놓지 않으려는 내담자와 관계를 맺기 시작했다고 가정해 보자. 이메일이나 채팅으로 내담자와 접속했는데, 어느 날 내담자가 자살을 시도하겠다는 메일을 보낼 경우 온라인으로만 접속했던 상담자는 무력감을 경험하게 된다.

사이버상담의 경험을 가진 대부분의 상담자는 자살 경향성이 짙은 내담자를 온라인상에서 만나는 일이 매우 위험하다고 생각한다. 이런 성향을 보이는 내담자가 자살을 시도하지 않도록 보호하기 위해서는 온라인상에서 상담자가 내담자에 대한 정보를 알기 위해 좀 더 적극적으로 행동하는 것이 필요하다. 실제로 내담자가 위험에 빠졌을 때 상담자가 직접 개입하거나 가족 및 주변 자원과 연결시키려면 내담자의 신분과 환경에 대해 정확한 정보를 가지고 있어야 한다. 이런 점 때문에 사이버상담은 특정 문제나 이슈를 가진 내담자에게만 적용할 수 있는 수준의 상담 방법으로 여겨지기도 한다.

대면상담의 내담자가 자살 가능성을 보일 때 치료자가 내담자에게 정신의학적 평가와 입원을 제안하는 것과 마찬가지로 사이버상담 내담자에게도 동일한 과정이 가능하도록 조치를 취해야 하며, 이러한 조치가 가능한 수준까지 사이버상담자의 역할이 점차적으로 확대되어야 한다.

온라인상담에 적합한 내담자가 어떤 내담자들인지 명확하게 정리된 바는 없지만 스토플(Stofle, 2001)이 다음의 〈표 1-1〉에 나타난 기준으로 온라인상담이 가능한 내담자를 분류한 바 있다.

● 〈표 1-1〉 증상과 수준에 따른 치료적 접근 가능성

문제	자살/살인	타인과의 관계	세상에의 참여	현실검증	감정/이슈
〈수준 5〉 면대면 외래 또는 온라인치료	간헐적으로 발생하는 수동적인 자살생각. 자살유발 사고와 살인유발 사고는 없음	디스트레스를 유발하는 관계문제(예, 개방과 친밀에 대한 어려움, 타인을 비난함)	세상에 적극적으로 참여함	자기에 대한 잘못된 신념을 가지고 있음(예, 무가치감, 자존감 저하)	감정, 관리능력 결여. 불안정한 감정이 계속됨
〈수준 4〉 심화된 면대면 외래 또는 온라인 치료	지속적인 수동적 자살생각. 안전을 위해 접촉은 가능. 구체적 계획이나 액팅아웃 의도는 없지만 타인에 대한 분노감정이 있음	심한 디스트레스를 유발하는 문제를 갖고 있음	세상에 적극적으로 참여하는 데 약간의 어려움이 있음	일시적인 손상을 야기할 만큼 세상에 대한 잘못된 신념을 가지고 있음	큰 디스트레스를 유발하는 감정
〈수준 3〉 낮 치료	수준 4와 동일	심하게 불안정한 관계를 맺고 있음	가족, 소수의 친구, 부적절한 지원체제와만 접촉함	혼란된 생각과 만성적인 문제를 가지고 있음	몇몇 측면의 생활을 방해하는 감정을 가지고 있음
〈수준 2〉 부분 입원	수준 4와 동일	수준 3과 같음	치료자와의 접촉 이외에는 세상으로부터 단절됨	혼란된 생각으로 인해 다양한 생활이 방해를 받음	다양한 측면의 생활을 방해하는 감정을 가지고 있음
〈수준 1〉 입원	극심한 자살 또는 살인 충동 경향	관계를 회피함	세상과 단절됨	기본 기능을 손상시키는 혼란된 생각을 가지고 있음	기본 기능을 손상시키는 감정을 가지고 있음

자료: Stofle(2002), pp. 98-99.

요 약

1. 사이버상담은 가상공간에서 컴퓨터를 사용하여 실시하는 상담활동이다.
2. 사이버상담은 내담자의 문제해결능력을 증진시키고 자기성장을 촉진하는 과정에 컴퓨터와 네트워크를 사용하는 것으로 정의할 수 있다.
3. 온라인상에서 상담의 전 과정을 이해하는 것, 대면상담 회기 사이에 온라인 회기를 첨가하는 것, 대면상담과정에서 사이버매체를 사용하여 정보탐색을 실시하는 것도 사이버상담의 범위에 포함될 수 있다.
4. 사이버상담에서 상담자와 내담자는 컴퓨터 단말기를 사이에 두고 상호 작용한다. 이로 인해 사이버상담은 대면상담과 다른 여러 가지 특징을 가지게 되었다.
5. 사이버상담은 상담 시간에 제약을 받지 않으며, 상담을 받기 위해 내담자가 공간을 이동할 필요가 없다. 많은 내담자들이 분주한 가운데서도 상담을 편리하게 이용할 수 있다.
6. 사이버상담에서 내담자는 익명성을 보장받을 수 있어서 자기노출을 자유스럽게 행할 수도 있다. 그러나 내담자가 신원을 밝히지 않아도 되기 때문에 생기는 여러 가지 부작용들도 있어서 드문 예이기는 하지만 자기의 성, 나이 등을 속이고 상담을 받는 내담자들도 있다.
7. 사이버상담에서 상담자와 내담자는 문자를 주고받으면서 의사소통한다. 문자기반의 의사소통은 메시지 중심적이고 상담관계의 평등성을 확보하게 하는 등의 순작용도 있다. 이에 비해 비언어적 단서가 배제됨으로써 생기는 여러 가지 한계들도 있다.
8. 사이버상담의 익명성과 비언어적 단서의 배제 등은 내담자의 자발성을 높여준다. 그림에도 사이버상담의 구조화 측면에서 상담자는 해당회기에 상담성과를 달성하기 위해 상담관계를 능동적으로 통제해 가야 한다.

9. 사이버상담은 익명으로 진행됨에도 불구하고, 상담내용을 기록하고 영구 저장하기가 쉽다. 이에 내담자 보호를 위한 상담내용 보관방법들이 다각적으로 논의되어야 한다.

10. 유능한 사이버상담자가 되기 위해서는 유능한 대면상담자가 되는 것이 유리하다. 응답하기 전에 검토해 보기, 비언어적 단서로 인한 의사소통의 한계를 극복하기 위한 방법 찾기, 테크놀로지에 익숙해지기 등의 사이버상담의 특성에 맞는 몇 가지 능력을 갖추어야 한다.

11. 사이버상담은 만병통치약이 아니다. 사이버상담에 적절한 내담자들은 어떤 내담자들인지 계속 연구되어야 한다. 현재로서는 현실검증력을 가진 내담자가 사이버상담에 적절하다고 논의되고 있으며, 직접적인 자살시도나 관계회피, 세상과의 단절, 극도의 불안정한 감정 등을 가진 내담자들에게 사이버상담을 시도하기 위해서는 응급조치 방침을 별도로 마련해 놓아야 한다.

과제

1. 사이버공간에서 맺은 대인관계와 현실 생활에서 맺은 대인관계의 특성을 비교해 보자. 상대방에 대한 신뢰감과 정서적인 경험에서 어떠한 차이가 있는가?
2. 이메일, 게시판, 채팅 이외에도 블로그 등의 다른 방법으로 맺은 사이버상의 대인관계 경험을 기술해 보자. 각자가 선호하는 방법을 공개하고 그 방법을 선호하는 이유에 대하여 이야기해 보자.
3. 사이버상담이 활성화되면 내담자들에게 어떤 혜택을 줄 수 있을지, 상담 분야의 발전에는 어떻게 기여할 수 있을지에 대하여 토론해 보자.
4. 자신의 진로준비나 고민해결을 위해 인터넷 자료를 활용해 본 적이

있는지, 있다면 어떤 과정에서 어떻게 활용하여 어떤 효과를 보았는지 공개해 보자.

5. 컴퓨터로 상호작용적 행동을 할 때, 주변의 소음에 의해 상호작용이 원활히 이루어지지 않았던 적이 있는가? 사이버 상담에 집중하기 위해 사이버상담실의 물리적 환경은 어때야 한다고 생각하는지 설계해 보자.
6. 사이버 상담의 익명성으로 인한 장단점을 본인이 사이버상에서 맺은 대인관계 체험을 바탕으로 하여 추론해 보자. 상담과정에 장점과 단점이 어떻게 개입될 것인지 상담자는 이들에 대하여 어떻게 대처할지를 토의해 보자.
7. 유능한 사이버상담자를 길러 내기 위해 어떤 교육이 필요할지를 정리해 보자.
8. 사이버상담이 단회상담이라는 데 대한 찬반 입장을 정하고 그 이유를 정리해 보자.
9. 사이버상담이 탁월한 효과를 발휘할 수 있는 내담자의 유형이나 문제 영역에는 어떤 것이 있을지 탐구해 보자.

2장

사이버상담의 역사

사이버상담은 컴퓨터 매체와 통신수단의 개발 및 발전에 의해 탄생된 새로운 상담방법의 산물이다. 이 책은 사이버상담의 시작점을 컴퓨터가 상호작용적 교수 프로그램을 만드는 데 활용되었던 1950년대로 잡고, 그 이후부터 10년 단위로 사이버상담의 역사를 정리한다. 최초의 상담반응 프로그램인 엘리자(Eliza)가 출현한 1960년대, 정부가 관리하던 알파넷이 민간 분야로 개방되면서 생겨난 컴퓨터를 통한 진단과 온라인 자조그룹의 탄생한 1970년대, 컴퓨터와 사람 간의 상호작용이 본격적으로 진행되고 연구되기 시작한 1980년대 그리고 www의 출현과 확산으로 컴퓨터를 통한 대인관계가 본격화된 1990년대, 사이버 매체가 생활 수단을 넘어서서 문화를 형성하고 사고방식과 생활 방식에 깊숙이 자리 잡게 되는 21세기의 사이버상담 현실 등을 차례로 다룬다.

컴퓨터 공학은 상담에서 여러 가지 방식으로 적용되어 왔고 컴퓨터와 교육 및 상담의 관계는 수십 년 동안 지속되어 왔다. 컴퓨터 공학이 상담에 미치는 영향의 정도와 내용은 시대에 따라 약간의 변화가 있었다. 정보화 시대에 접어들면서 상담자들은 사이버상담을 통하여 컴퓨터공학의 단순한 소비자가 되기보다는 그것을 인간에게 유익하도록 적용하는 데 능동적인 역할을 할 수 있게 되었다. 이 장에서는 사이버상담의 역사를 컴퓨터와 상담 관련 활동이 인연을 맺은 1950년대부터 시작하여 최근의 상황까지 구체적으로 살펴본다.

1. 1950년대

초창기에는 대형 슈퍼 컴퓨터였던 메인프레임(mainframe)을 회사, 대학, 정부기관에서만 소유하였다. 메인프레임은 크기가 커서 개인이 소유하고 사용하기 어려웠을 뿐 아니라 사용법도 복잡하여 개별상담에 컴퓨터가 직접적인 영향을 미치는 것은 매우 어려운 일이었다. 그럼에도 불구하고 스키너(B. F. Skinner), 크로우더(N. A. Crowder)와 같은 상담이론가들은 1950년대에 컴퓨터의 작동 논리에 착안하여 프로그램화된 교수법에 대한 아이디어를 발달시켰다.

그중에서도 스키너의 프로그램 학습(programmed instruction)에 관한 아이디어는 현대에 유행하고 있는 컴퓨터 보조 수업과 웹기반 원격교육의 역사적 출발점이 되었다(Niemiec & Walberg, 1989). 프로그램 학습의 기본 원리는 다음과 같다(허운나, 유영만, 1995).

- 학습목표와 목표기준을 구체적인 용어로 진술한다
- 학생들이 학습목표 수준에 도달할 수 있도록 교수-학습자료를 논리적인 위계를 가지고 제시한다
- 학생들의 지속적이고 적극적인(가능하면 행동적인) 참여 기회를 제공한다.
- 학생의 성과에 대해 피드백을 지속적으로 제공한다.
- 지속적인 강화를 제공한다.
- 학생들 스스로의 학습속도로 진도를 나갈 수 있게 허용한다.
- 교수-학습내용은 학습목표의 성취에서 요구되는 대로 각종 매체를 활용하여 전달될 수 있다
- 교수-학습자료는 학생들이 주어진 목표를 성취할 수 있을 때까지 검증되고 수정된다

위에 제시된 프로그램 학습의 여덟 가지 원리 각각에 학생 대신 내담자를, 학습 대신 상담을 대입하여 문장을 진술하면, 메시지 중심적, 내담자 주도적으로 이루어지는 사이버상담의 과정에도 프로그램 학습의 원리가 적용될 수 있다.

이러한 원리로 시작된 프로그램 학습은 스키너의 교수기계를 시발점으로 시작되었다. 그러나 그 당시의 교수기계는 학생의 응답과 이에 대한 확인 사이에 오랜 지체현상이 일어나는 등 기계가 안고 있는 근본적인 제한점 때문에 프로그램 학습의 기본원리를 효율적으로 실행하지 못하였다.

2. 1960년대

1960년대에는 최초의 인터넷인 알파넷(ARPANET)이 만들어졌다. 인터넷은 미 · 소 간 냉전의 산물이다. 1960년대 미국 국방성에서 네트워크는 매우 중요한 정보교환의 수단이었다. 그러나 물리적인 충격에 매우 약했다. 컴퓨터 연결 선로가 끊기면 네트워크에 연결된 어떤 컴퓨터도 사용할 수 없었다. 이에 국방성의 고위 관리들은 핵폭발에도 끄떡없고 네트워크에 연결된 컴퓨터 한두 대쯤이 부서지더라도 전체적 정보교환에는 큰 영향이 없는 네트워크를 제작하였는데, 그것이 바로 최초의 인터넷인 알파넷이다.

1962년에는 디지털 장비회사(Digital Equipment Corporation, DEC)가 만든 소형컴퓨터인 미니(Mini)가 등장하였다. 이 기계들은 통합 회로를 사용하였고 부품들을 소형화하였다. 그리고 컴퓨터 용량이나 기능은 더욱 풍부해졌고 베이직, 파스칼, 플라토, 일리악과 같은 비교적 쉬운 프로그램 언어를 사용하였다. 이는 더욱 많은 사람들이 교육과 상담에서 컴퓨터를 활용하도록 흥미를 유발시켰다.

1959년에 IBM이 수학 교수 프로그램 개발을 지원하면서 컴퓨터 조력 수업(Computer Assisted Instruction, CAI)이 처음으로 이루어졌다. 1963년에 IBM은 스탠퍼드 대학과 협력하여 수학 수업을 위한 최초의 프로그램인 코스라이터(COURSEWRITER)를 출시하였다. 이는 컴퓨터 조력 수업을 위해 특별히 고안된 최초의 프로그램 언어였다.

컴퓨터 조력 수업을 이끌었던 또 하나의 선두 주자는 컴퓨터교육연구실험실 서얼(Computer Education Research Laboratory, CERL)이었다. 서

얻은 데이터 통제 회사와 함께 자동화된 수업 프로그램 논리인 플라토(Programmed Logic for Automatic Teaching Operations, PLATO)를 개발하였다. 그 후 플라토는 미국에서 가장 널리 사용되는 교수 프로그램이 되었고, 대학 수업에 직접 적용되었다.

1966년에는 프로그래머들이 컴퓨터를 상담반응에 직접적으로 이용하려는 시도를 한 결과 엘리자(ELIZA)가 탄생하였다. 엘리자는 와이젠바움(Weisenbaum, 1966)이 제작한 치료자의 의사소통을 흉내 내는 프로그램이다. 이는 매우 단순한 형태의 치료적 반응을 사용한 최초의 컴퓨터 매개 상호작용의 예다.

프로그래머들은 인간 중심적 접근의 치료자들의 반영적 반응을 엘리자에서 구현하려고 하였다. 엘리자는 인간과 기계 사이에서 일어나고 있는 피상적이고 의미 없는 의사소통을 밝히기 위해 공학자가 만든 조악한 컴퓨터 상담 프로그램으로, 로저스(C. Rogers)의 인본주의적 접근을 취하고 있었다. 그런데 놀랍게도 상당수의 사람들이 엘리자가 인간이 아님을 전혀 의심하지 않고 엘리자에게 깊이 있는 이야기를 털어놓았고, 엘리자가 보이는 기계적이고 무의미한 반응들을 마치 치료자가 자신의 이야기를 이해하고자 하는 것으로 인식하였다.

엘리자에 의해 컴퓨터가 내담자에 대해 기대 이상의 역할을 해낸다는 것이 처음으로 입증되었다. 엘리자는 기계적이고 일방향적인 개입 행위에서도 치료 효과가 가능함을 보여 주는 사례로서 컴퓨터화된 심리치료의 개발에 상당히 고무적인 역할을 하였다. 엘리자 프로그램 중 한 버전은 아직도 www에서 이용할 수 있다(www-aj.ijs.si/eliza-cgi-bin/eliza_script).

하지만 곧 엘리자와 같은 프로그램들은 자연언어를 해석하는 데 심각한 장애가 있음이 밝혀졌고, 컴퓨터가 치료자를 대치할 수 있다는 아이디어는 그 시대에는 공학적 기술의 한계 때문에 실현되지 못하였다.

CD-ROM의 사용 또한 정신건강 분야에서 컴퓨터를 사용했던 중요한 발달과정 중의 하나로 기록될 수 있다. CD-ROM에 저장된 채 보급되는 프로그램을 활용한 심리 진단, 인지적 재활, 인지-행동치료(CBT)와 바이오피드백 등은 컴퓨터가 불안과 우울을 관리하고 감소시키도록 돕는 데 사용될 수 있게 해 주었다. 컴퓨터 프로그램들은 내담자가 면대면 인지행동치료적 과정인 문제 초점화, 목표설정, 정서를 활성화시키는 사건에 대한 반응의 검토, 대응 기술의 훈련 등을 할 수 있도록 고안되었다(Anthony, 2003).

심리학적 개입 영역에 컴퓨터가 들어서기 시작한 것은 정보처리의 문제와 관련되면서부터다. 롬(Rome, 1967)은 컴퓨터를 사용한 정보처리의 자동화는 정신장애에 대한 피넬(P. Pinel)의 인간적이고 친절한 접근, 프로이트(S. Freud)의 정신분석적 접근, 약물을 활용한 접근에 이어서 심리치료 분야의 네 번째 변혁기를 가져오게 될 것이라고 보았다. 그는 정신건강센터, 병원, 지역사회공동체를 연결해 줄 수 있는 사이넷(Psi-net)과 같은 컴퓨터 네트워크의 보급이 필요할 것이라고 제안하였다.

이러한 컴퓨터 네트워크는 종단적 연구나 비교연구를 용이하게 하며 문화비교 연구도 실시할 수 있는 충분한 표본을 확보할 수 있게 할 것으로 보았다. 결과적으로 정신장애의 근원을 밝히는 데 중요한 기여를 할 수 있을 뿐만 아니라 정보를 효율적으로 관리할 수 있게 하여 방대한 정신건강 서비스 활동의 흐름을 원활하게 하는 데 큰 역할을 하게 될 것임을 예견하였다.

3. 1970년대

1970년대 알파넷을 관리하던 미국 정부는 이 새로운 네트워크가 교육기관에도 유용하게 사용될 수 있다는 사실을 발견하였다. 이때부터 정부는 교육기관에 알파넷을 적극 보급하였다. 1970년대에도 컴퓨터의 역할은 여전히 심리학자의 치료과정을 보조하는 데 국한되어 있었지만 이전과는 달리 좀 더 전문적이고 구체적인 역할을 컴퓨터가 담당하게 되었다. 그리고 온라인진단(Greist, Klein, & Erdman, 1976), 온라인면담(Greist, Klein, Lawrence, Cura & Madusin, 1973; Lucas, Mullins, Luna, & Mclnroy, 1977)에 대한 연구들이 나타나기 시작하였다. 이 연구들은 내담자와 심리학자의 상호작용보다는 둘 중의 어느 한쪽만을 선택적으로 주목하였기 때문에, 심리학자와 컴퓨터의 상호작용 혹은 내담자와 컴퓨터의 상호작용만을 다루었다.

이 무렵에 현재의 인터넷 프로토콜인 TCP/IP(Transfer Control Protocol/Internet Protocol: 목적지까지 찾아가도록 하는 규약, 주소)가 정착되고 인터넷이 비약적으로 발전하였다. 연구기관에서 공부하던 학생들과 교수들이 인터넷에 관심을 가지기 시작하면서 이들 손에 의해 현재까지도 많이 사용되는 인터넷 서비스인 전자메일(E-mail), 파일전송 프로토콜(FTP) 그리고 원격접속(Telnet)과 같은 것들이 만들어졌다. 인터넷이 발명되자마자 심리치료적 의사소통의 잠재력이 명백해졌다. 인터넷을 사용한 심리치료의 최초의 시범작업들 중 하나는 1972년 10월에 열린 컴퓨터 의사소통에 대한 국제회의(International Conference on Computer Communication)가 진행되는 동안에 스탠퍼드에 있는 컴퓨터와 UCLA에 있는 컴퓨터 사이에 있었던 모의 심리치료 회기였다.

그라이스트 등(Greist et al., 1976)의 RDC(research diagnostic criteria)는 임상가가 중요한 임상적 결정을 내리는 데 소요되는 과정을 단순화시키면서도 결정의 정확성을 향상시키고자 하였다. 또 내담자와 컴퓨터와의 상호작용을 시도하기도 하였다(Greist et al., 1973; Lucas et al., 1977). RDC는 자신의 증상에 대해서 컴퓨터 화면에 정보를 입력하도록 하였는데, 응답에 조금 더 시간이 많이 걸리기는 했지만 컴퓨터는 최소한 사람만큼은 정확한 반응을 해 준 것으로 평가받았다. 인간은 다른 사람과 얼굴을 마주하고 있을 때는 상대방 또는 사회가 용인하는 방향으로 자신의 행동을 수정하려는 자연스러운 경향성을 지니고 있다. 이에 비하면 사람들이 컴퓨터 화면에 마주해서는 좀 더 꾸밈없고 정확하고 솔직하게 자신의 정보를 털어놓을 수 있었다.

1970년대에는 오늘날의 사이버상담 활동의 전조가 되는 온라인 자조그룹들이 생겨나기도 하였다. 이 그룹들은 지속적으로 유지되고 있는데, 이 때문에 컴퓨터 매개 의사소통이 개인의 민감한 이슈를 논의를 할 수 있게 해 준다는 잠재력이 증명된 셈이다.

4. 1980년대

1980년대에는 우리나라에서도 인터넷이 사용되기 시작하였다. 1982년 인터넷이 보급되기 시작되면서, 데이콤은 1985년에 간단한 형태의 생활정보 서비스를 전용단말기를 통해 각 우체국에서 제공하였다. 한국경제신문사는 1988년에 통신 서비스인 케텔(Ketel)을 시작하였고, 그 후 케텔은 한국 PC 통신에 인수되어 1992년부터 유료화된 서비스로 하이텔(Hitel)을 제공하게 되었다.

1980년대에 들어서는 컴퓨터가 본격적으로 임상가와 내담자 사이에 들어서기에 이르렀다. 이 시기부터 사람들은 컴퓨터를 통해서 심리평가를 받을 수 있게 되었을 뿐 아니라 심리치료까지 받을 수 있게 되었다. 1980년대에 마이크로컴퓨터가 등장하면서 깊이 영향을 받은 상담 분야는 진로지도였다. 오늘날에도 진로지도와 성격검사를 위한 주요 측정들이 컴퓨터로 시행되고 채점되고 있다. 전문적인 온라인 심리상담이 언제부터 행해졌는지를 정확히 추적하기는 어렵지만, 최초의 정신건강 웹사이트로 추정되는 서비스는 코넬대학교에서 1986년부터 시작한 '에즈라 아저씨에게 물어보세요(cuinfo.cornell.edu/ Dialogs/EZRA)'라는 무료 서비스 사이트다(Ainsworth, 2002).

사람들이 이런 형태의 서비스를 받는 과정에는 두 가지 접근이 있다. 첫째는 임상가가 설문지나 치료 프로그램을 개발하여 내담자에게 배부하면, 내담자가 임상가와 상호작용 없이 컴퓨터 프로그램과만 메시지를 주고받는 것이다. 이러한 형태의 프로그램은 적은 수의 임상가가 수많은 사람들에게 손쉽게 심리적 개입을 제공할 수 있기 때문에 무척 효율적이다. 문성원(1998)에 따르면 컴퓨터로 시행되는 바이오피드백을 포함한 행동의학에의 응용(Russo, 1984), 컴퓨터화된 우울 치료 프로그램(Selmi, 1983), 체중감소 및 비만 조절과 관련된 자동화된 자기-조절 프로그램 등이 이에 속한다(Reynolds, 1987).

더욱 진보된 두 번째 접근방법은 상담자와 내담자가 컴퓨터를 사이에 두고 쌍방향적 의사소통을 하는 것이다. 이것은 컴퓨터와 네트워크 기술의 진보를 통해 이루어진 방법이다. 테크놀로지의 발달은 컴퓨터에 쌍방향적 네트워크 기능을 부여함으로써 심리학자와 내담자가 물리적으로 동일한 공간에 위치하지 않더라도 적어도 전통적인 개입에서 얻어 내던 것만큼의 효과가 가능하게 만들었다. 컴퓨터 매개 의사소통(Computer Mediated Communication, CMC)은 오늘날의 사이버상담 서비스와 동일한 논리로 상담자와 내담자 간 상호작용을 가능하게 하였다.

컴퓨터 매개 의사소통(CMC)의 효율성이 심리학적 서비스 영역에 처음으로 고려되기 시작한 것은 온라인 설문의 유용성에 관한 연구들이 대두되면서부터다. 온라인 설문은 비용이 저렴하고 쉽게 표준화가 가능하며 피검자의 비밀도 보장되었다(Sproull & Kiesler, 1986). 또한 컴퓨터 네트워크 안에서 실시 가능하기 때문에 더욱 편리하여 설문지가 쉽게 피검자에게 전달되고, 외진 곳에 거주하는 피검자에게도 전달이 가능하여 피검자가 편리한 시간에 응답할 수가 있었다. 온라인 설문에 대한 반응은 질도 더 높은 편이었다. 편집된 문자의 형태로 전달되기 때문에 문서 설문에 대한 반응과 비슷하게 나올 것이라는 일반적인 기대가 있었지만, 실제로는 온라인 설문은 인터뷰와 같이 상호 반응적이므로 피검자의 통제감과 주의를 증가시켜서 피검자가 설문과정에 더 몰입할 수 있게 해 주었다. 사회 맥락적 정보가 배제되어 있기 때문에 피검자로 하여금 사회적 규범과 다른 사람에 대한 인상 관리에 신경 쓰지 않고 자기중심적으로 응답하게 만들었다. 따라서 문서 설문보다 사회적으로 바람직하지 않은 반응도 많은 것으로 나타났다. 개방된 질문에 대해서도 온라인 설문을 하는 피검자들은 좀 더 내용이 길고, 자기에 대하여 더 많이 기술하였고, 자기중심적인 반응을 했다(문성원, 1998).

컴퓨터 네트워크를 이용한 전자 설문의 결과는 질의 손상을 가져오지 않으면서도 비용-효율성을 증대시켜 주는 새로운 접근 방법이 심리적 개입에서 시도될 수 있도록 해 주었다.

컴퓨터화된 심리치료는 자동화되어 제시되는 일방향적 치료임에도 불구하고 면대면치료만큼의 효과를 보여 줌으로써 컴퓨터가 매개된 형태의 개입이 효과적일 수 있다는 가능성을 입증해 주었다. 이 시기에 행해진 사이버상담과 대면상담의 몇몇 비교연구에서 사이버상담은 대면상담 못지않은 효과를 보여 주었다. 이에 대한 구체적인 사례들은 이 책의 4장(사이버상담 연구)에 제시되어 있다. 컴퓨터에 의해 매개되는 개입에 관한 초기 연구는 일반인에게 컴퓨터 네트워크가 충분히 보급되지 않은 상태에서 시행된 것이었기 때문에 실제로 개입이 널리 행하여지고, 이에 따른 경험적 결과가 보고되기보다는 몇몇 소수의 연구자들이 나름대로의 의견을 내놓는 쪽에 더 가까웠다. 구스타프슨 등(Gustafson, Bosworth, Chewing, & Hawkins, 1987)은 비록 경험적 자료를 첨부하고 있지는 않지만 학제 간 연구를 시행하여 사이버 개입을 시행할 수 있는 이상적인 모델을 구체적으로 그려 내고 있다.

1980년대에는 치료, 상담자 훈련 그리고 상담 분야에 미치는 공학의 윤리적 결과들에 관한 적용 논문들도 나왔다. 1980년대에 개발된 것 중 두 가지 재미있는 프로그램은 플라토 DCS(Dilemma Counseling System, PlatoDCS)와 모톤(MORTON)이다. 플라토 DCS는 두 가지 부정적인 결과 중 하나를 선택해야 하기 때문에 막막함을 느끼는 내담자를 돕기 위한 프로그램이다. 이 프로그램은 딜레마를 풀기 위한 구조화된 모델을 사용자에게 제시하였다(Wagman & Keber, 1984). 모톤은 경미하거나 중간 정도의 우울을 가진 내담자를 돕기 위해 고안되었다(Selmi, Klien, Griest, Johnson, & Harris, 1982). 이 프로그램은 우울을 유발하는 사고를 확인하는 인지치료 원리에 초점을 둔 심리교육적 접근을 사용하였다. 1984년 학술잡지인

『상담자교육과 슈퍼비전(*Counselor Education and Supervision*)』이 상담자와 컴퓨터의 관계에 관한 특별 이슈를 제기했을 때, 상담 분야에서 컴퓨터를 사용하는 주제에 관한 관심이 정점에 이르렀다. 이후로 원격 슈퍼비전 모델을 개발하고 효과를 검증하는 연구들은 지속적으로 이루어지고 있다(Criesti, 2002).

그러나 상담 분야가 치료와 훈련상의 목적을 위해 컴퓨터를 광범위하게 적용하는 것이 어렵다는 점이 지적되면서 상담과 컴퓨터의 관계에 관한 논의는 줄어들게 되었다. 그 이유는 훈련된 교수요원이 부족하다는 것과 교육 소프트웨어를 만드는 데 많은 비용이 든다는 것이었다.

5. 1990년대

1990년대에 들어서면서 컴퓨터 네트워크를 이용하는 사람들의 수효가 기하급수적으로 증가하였고, 연구자의 의도보다는 이용자의 필요에 의해서 심리학적 서비스들이 컴퓨터상에 나타나기 시작하였다. 그러나 이러한 형태의 개입을 원하는 대중의 폭발적인 수요증가에 비해, 사이버 공간에서의 심리적 서비스에 대한 체계적 관심이나 연구를 시도하는 노력은 오히려 줄어드는 경향이 있었다.

1990년대 초에는 상담학술지에서 컴퓨터에 관한 학술적 논문들이 줄어들면서 상담자-컴퓨터 관계에 대한 관심도 현저하게 감소되었다. 그러나 인터넷과 www의 확산으로 공학적 변화가 다시 일어났다. 인터넷과 사용하기 편리한 프로그램 제작 방법들은 컴퓨터와 상담의 관계를 다시 부흥시켰다. 초기에는 주로 테크놀로지를 사용할 줄 아는 상담자, 훈련생 그리고 교수요원만이 컴퓨터를 사용한 상담을 할 수 있었다. 그들은 소수였지만 엘리트 군단이었다. 그러다가 갑자기 전문 상담기관들이 웹 페이지를 갖게 되었고 상담자 교육 프로그램이 온라인으로 실시되었으며, ICN이나 COUNSGRADS와 같은 리스트서브(listserv)들이 전문적인 의사소통을 위해 도입되었다.

우리나라는 1990년에 외국의 컴퓨터에 처음으로 접속하게 되었고, www를 도입하였다. 우리나라에서 사이버상담은 1990년대 초부터 자원봉사자들에 의해 수행되었다. PC 통신이 성장하여 천리안, 하이텔, 유니텔 등 대형 통신회사가 탄생하였다. 등대 BBS(1991)와 사랑의 전화상담실(1993)은 PC 통신상에 개설된 이 시기의 대표적인 사이버상담 사이트다. 이들이 사용하던 주요 메뉴는 이메일이었고, 전문상담가가 사이버상담의 가능성을 인정하는 데 매우 소극적이어서 상담자가 작성한 자료들을 찾아볼 수 없었다. 게다가 이 시기에는 PC 통신 이용이 유료로 등록한 회원에게만 제한되는 한계를 가지고 있어서 사이버상담이 소수의 컴퓨터 이용 선두주자에게만 보급되었다.

1995년 이후에는 우리나라 인터넷 보급이 전국으로 확산되었다. 인터넷의 무제한적인 개방성으로 인해 누구나 자신의 홈페이지를 개설하고, 다른 정보 사이트들과 링크를 할 수 있게 되었다. '상담소'라는 실제적인 공간 없이 '사이버'라는 가상공간만을 가지고 상담소를 운영하는 것이 적어도 기술적으로는 가능해졌다.

이 시기에 미국에서는 인터넷으로 유료 정신건강 서비스를 제공하는 사이트가 많아졌다. 대부분은 적은 요금을 받고 정신건강에 대한 이용자들의 질문에 대하여 조언을 해 주는 형식이었다. 이 분야의 개척자는 홈스(L. Holmes)인데, 그는 1995년 중반 도움이 되었을 경우 상담료를 지불하는 후

불제 형식으로 질문에 대한 답변을 시작하였다(www.leonardholmes. com). 홈스에 따르면 웹사이트를 열고 광고를 하자마자 도움을 요청하는 이메일이 도착하기 시작하였다. 이용자들은 이미 인터넷을 통한 심리치료를 받을 준비가 되어 있었던 것이다. e-테라피(e-therapy)의 선구자인 소머스(D. Sommers)는 유료 인터넷 상담서비스에서는 처음으로 묻고 답하기 이상의 수준을 시도하였다. 더욱 길고 지속적인 조력관계를 수립하고자 했으며 인터넷만으로 의사소통하였다. 그의 고객은 국내뿐 아니라 해외에도 있었으며, 그는 암호화된 이메일, 실시간 채팅, 비디오 컨퍼런스 등 다양한 메뉴들을 사용하였다. 1995년 8월에는 니드햄(E. Needham)이 인터넷 채팅서비스를 개시하였다(www.win.net/cyberpsych). 그는 인터넷 채팅만으로 상호작용을 하였다(Ainsworth, 2002 재인용).

위기상담 훈련을 받은 자원봉사자들에 의해 운영되는 사이트 사마리탄(www.samaritans.org.uk)은 1994년부터 절망과 우울에 빠진 사람들이 보내 온 이메일에 익명으로 무료 이메일 응답을 실시해 왔다. 그들의 '구출작업'은 점점 널리 알려져서 1999년에는 한 해 동안 2만 5,000명에게 이메일 응답편지를 보냈다.

1998년에는 우리나라 청소년대화의광장에서 '사이버청소년상담센터'를 개설하였다. 사이버청소년상담센터는 공개 게시판상담, 이메일상담, 채팅상담을 비롯하여 다양한 문자상담자료, 그래픽 음악파일, 더 나아가서는 이용자들이 직접 참여할 수 있는 낙서장 등 당시 인터넷에 구현 가능했던 방식들을 최대한 활용하여 사이버상에 상담실을 구축하고자 하였다. 그 이듬해인 1999년에는 청소년상담종합정보망 '유코넷'이 개통되었다. 유코넷은 사이버청소년상담센터의 기능을 확대하고 체계화하였다. 청소년을 위한 코너는 물론 학부모, 전문가를 위한 코너도 개설하였다. 유코넷에 포함된 자료들은 당시로서는 어마어마한 규모로서 '고민해결백과' 라는 상담문자자료 코너에만 6,000개의 원고가 한 해에 등록되었다. 그 밖에 전문가 연결 시스템과 상담전자도서관 등의 혁신적인 네트워크 작업도 유코넷에서 시도되었다. 유코넷 개통 직후에 사설 사이버상담 전문 사이트인 카운피아닷컴(www.counpia.com)이 개통되었다. 카운피아닷컴은 청소년뿐 아니라 전 연령대의 내담자를 사이버상담으로 초대하는 역할을 담당하였다. 이러한 움직임들에 힘입어 인터넷상에 다양한 상담콘텐츠들이 선보이게 되었고 인터넷이 보편화되고 사용료가 저렴해지면서 사이버상담의 공간은 PC 통신에서 인터넷으로 급격하게 변화하였다.

사이버상담 발달의 중요한 이정표 중의 하나는 정신건강을 위한 국제온라인 협회(International Society for Mental Health Online, ISMHO, www.ismho.org)의 창립이다. 이곳은 에인스워스 등이 1997년에 온라인 의사소통을 이해하고 발전시키며 정신건강을 위한 공학 발전을 기하기 위해 창립하였다. 정신건강을 위한 국제온라인협회(ISMHO)는 회원들만을 위한 공간 이외에도 개방된 토론의 광장을 제공하고 있으며, 인터넷에서 발달하는 새로운 임상적 이슈와 개입 형태들에 대하여 가치로운 통찰을 제공하는 임상 사례 연구를 지원하고 있다.

6. 21세기

21세기에는 대규모의 상업적인 e-클리닉들이 생겨났다. 미국의 경우 벤처 사업가들은 독자적인 사이버상담자들이 감당할 수 없는 강한 온라인 보안 장치, 신용카드 지불 서비스, 임상적 스크리닝, 적극적인 홍보전략 등을 소개하면서 사이버상담을 위한 좀 더 좋은 환경을 제시하였다. 치료자들은 얼마 되지 않지만 소정의 급여와 개인 e-테라피가 가능한 웹페이지를 제공받고 이 사업에 참가하기도 하였다. 사이트에 방문한 이용자들은 웹 페이지에 제시된 상담자들의 목록을 보고 치료자를 선택할 수 있었다(www.helphorizons.com & e-therapyhelper.com).

이러한 발전에도 불구하고 상담 분야 전체를 통틀어 볼 때는 상담과 컴퓨터의 관계에 아직도 많은 제한점들이 있다. 인터넷으로 치료를 하는 것과 원격으로 학생을 훈련할 때 일어나는 복잡한 문제들에 대처하는 전문가들의 능력이 충분하지 않은 것도 그 이유다. 아직은 전문상담자들이 컴퓨터를 사용할 잠재 가능성은 개인적인 선호와 컴퓨터 활용능력에 의존하고 있다. 케이스 시뮬레이션을 하기 위해 인공지능 프로그램을 사용하는 것이나 정신적·정서적 장애를 치료하기 위해 가상현실공학을 사용할 가능성은 과학적인 허구 같다. 그러나 사이버상담의 역사는 우리에게 우리가 상담과 컴퓨터의 관계가 지속적으로 발전되고 성장할 것임을 일깨운다. 특히 이동통신의 발달로 인터넷상의 많은 활동들이 모바일 매체에서 구현이 가능해지고 있다. 사이버상담의 시공간적 제약도 이와 함께 더욱 극소화될 것이다. 내담자가 휴대폰만 소지하면 어디에서나 상담자 또는 상담자료와 접촉 가능한 시대가 열리고 있다. 이러한 현상이 사이버상담의 역사에 미칠 영향은 매우 클 것으로 쉽게 예측할 수 있다.

요 약

1. 사이버상담의 역사는 컴퓨터 공학 및 네트워크의 발달과 관련이 매우 깊으며, 가깝게는 교육공학적 접근들이 매체와 학습자의 상호작용을 시도해 준 것도 사이버상담의 출발에 도움을 주었다.
2. 1950년대에는 대형 슈퍼컴퓨터가 있었다. 개인과는 거리가 멀고, 기계와 개인 간의 상호작용이 활발하게 이루어지기 어려웠다. 그러나 이 시기에 스키너의 프로그램 학습에 관한 아이디어는 인간의 심리적 학습에 컴퓨터를 활용할 수 있는 가능성을 열어 주었다.
3. 1960년대에는 첩보용이기는 하지만 알파넷이라는 최초의 인터넷이 미 국방성에 의해 사용되기 시작하였다. 한편 컴퓨터가 소형화되면서 교수 프로그램에 사용되기 시작하였고, 최초의 상담자 언어반응 프로그램인 엘리자가 탄생하였다. 엘리자는 인본주의 상담의 반영적 반응을 내담자에게 제공하였다.
4. 1970년대에는 미국 국방성이 알파넷을 교육 기관에 보급하기 시작하였다. 온라인진단과 온라인면담에 관한 연구들이 등장하였고, 내담자와 컴퓨터와의 상호작용을 시도하였으며, 사이버상담 발달의 전조가 되는 온라인 자조그룹들이 생겨났다.
5. 1982년 서울대학교 전산소를 통해 우리나라에도 인터넷이 연결되었으며, Ketel이라는 통신서비스가 시작되었다. 컴퓨터가 임상가와 내담자 사이에 들어오게 되었으며, 컴퓨터를 활용한 의사소통(CMC)에 관한 연구가 활발하게 수행되었다. Plato DCS, Morton 등의 심리교육 내지는 상담 프로그램들이 개발되었고, 상담자 교육과 슈퍼비전에 컴퓨터와 네트워크가 활발하게 활용될 것으로 전망되었다.
6. 1990년대에는 인터넷이 대중에게 알려지고, 특히 1990년대 말에는 인터넷 수요가 급증하였다. 많은 상담기관뿐 아니라 교육기관, 사설 사업기관에서도

사이버상담에 큰 관심을 보였다. 국내외에 상담사이트가 다수 생겨났고, 상담 건수도 급증하는 호황을 누리게 되었다.

7. 21세기는 컴퓨터와 인터넷이 생활에 활용되는 정도가 아니라 사고방식과 생활문화에도 영향을 미치게 되었다. 사이버상담의 존재가 자연스럽게 받아들여질 정도로 내담자들과 사이버상담은 친근하게 되었다.

과 제

1. 컴퓨터 공학의 발달은 사이버상담의 발전에 어떤 영향을 미치는지 논의해 보자. 상담 분야에 컴퓨터 공학을 원활하게 도입하여 더 나은 사이버상담 프로그램들을 개발하기 위해서는 어떤 요건들이 선결되어야 할지 논의해 보자.
2. 엘리자 프로그램을 제공하는 사이트에 접속하여 체험해 보자. 엘리자 프로그램에서 문자를 올려 주는 사람이 상담자라고 여겨지는가, 기계라고 여겨지는가?
3. 본문에 소개된 사이트인 '에즈라 아저씨에게 물어보세요'에 접속하여 이용자로서 사용해 본 후 그 체험을 나누어 보자.
4. 그 외의 국내 상담 사이트를 방문하여 상담 체험을 해 보자. 사이버상담이 내담자에게 어떤 경험을 줄 수 있다고 여겨지는지, 어떤 면들이 더 보완되어야 상담으로서 더욱 큰 역할을 할 수 있을지 논의해 보자.
5. 사이버상담의 역사에 비추어 볼 때 앞으로 사이버상담은 어떤 방식으로 발전해 갈 것으로 예상되는지 토론해 보자.

제2부

사이버상담의 이론

3장

사이버상담에 도움이 되는 상담접근들

사이버상담은 사이버매체를 통해 벌어지는 또 하나의 상담세계다. 컴퓨터 분야의 발전과 인간의 대인관계 욕구에 의해 빚어진 역사발전의 산물이다. 사이버상담을 위한 이론이 별도로 존재하는 것은 아니지만 그럼에도 불구하고 사이버매체만의 독특한 특성이 있기 때문에 대면상담에서의 상황을 그대로 가정하고 사이버상담을 진행하는 데는 무리가 따른다. 대면상담과 달리 사이버상담에서는 상담자와 내담자의 관계가 얼마만큼의 기간을 가지고 얼마나 자주 만나게 될지를 예측한다는 것이 불가능하다. 이에 단회성을 염두에 두고, 짧은 시간의 상호작용 속에서 간명한 메시지 교환을 통해 문제의 해결을 도와줄 수 있는 상담 접근들을 많이 익혀 두는 것이 사이버상담의 수행에 필요하다.

> 사이버상담의 장점은 편리성, 프라이버시, 시간적·공간적인 융통성, 약속된 상담일까지 기다리지 않고 감정과 생각을 의사소통할 수 있는 가능성, 상담자와 내담자 간에 힘의 균형을 맞출 수 있는 잠재력 등이다.
>
> (Murphy, 1999)

상담의 어떤 접근이 사이버상담에 도움이 된다는 것은 그 접근이 사이버매체가 상담에 유용하게 활용될 여지를 인정하는 것을 의미한다. 사이버상담의 특성이 그 접근에서 추구하는 상담 목표의 달성에 도움이 되거나 그 접근에서 제시하는 상담기법의 구사에 도움이 되는 것 등이 이에 해당한다.

온라인상담은 이론도 아니고 치료 양식도 아니다. 그보다는 상담자가 내담자를 치료할 때 사용할 수 있는 하나의 매체가 가미된 상담이라는 견해가 보편적이다(Derrig-Palumbo & Zeine, 2005). 사이버상담은 곳곳에서 시행되고 있지만 사이버상담만을 위해 만들어진 독특한 이론도 없고, 그렇다고 사이버상담이 어떤 이론에 근거하여 생겨난 것도 아니다. 그래서 사이버상담의 기초가 되는 이론이 어떤 것들이냐를 결정하는 것은 쉽지 않다. 사이버상담에서 주로 논의되는 내용이 점차 다양화되고 있을 뿐 아니라 사이버상담을 활용하는 대상과 문제의 폭이 넓어지고 있다. 더욱이 컴퓨터 통신 기술이 빠른 속도로 발달하기 때문에 사용 매체와 각 매체에 대한 접근 용이성이 시시각각 변화해서 어디에 초점을 두고 사이버상담의 근간이 되는 이론을 결정해야 할지는 더욱 복잡한 문제다. 그럼에도 불구하고 사이버상담이 상담 수요의 양적 증가에 맞추어 그 사용상의 타당성을 확보하기 위해서는 사이버상담의 여러 가지 측면에 대한 전문적인 논의와 연구가 필요하다. 사이버상담에 관한 전문가 간의 논의를 촉진하기 위해서는 기존 상담이론들과의 연계성을 짚어 볼 필요가 있다.

필자 또한 2004년도부터 2005년도까지 사이버상담의 이론적 배경을 정리하다 역량 부족으로 원고 진행을 중단했었다. 사이버상담은 전자기술의 발달과 현실적 수요에 의해 이론보다 실제가 먼저 시작되었고, 상담자 나름대로 사이버상담을 시행하면서 유용한 기법들을 그때그때 차용하는 실정이기 때문에 딱히 어떤 이론에 의존한다고 단언할 수 없다. 또한 소개하고 싶은 각 이론에 대한 필자의 이해가 정확하다는 확신을 갖기도 어려워서 집필 작업을 진행하기가 어려웠다. 필자 혼자만의 생각인 것 같아 이론적 배경이라는 제목을 붙이기에도 용기가 나지 않아서 "사이버상담에 도움이 되는 상담접근들"이라는 제목을 붙이고, 해결중심 단기상담, 이야기상담, 목적성 단기상담, 단회상담, 이야기상담 등의 소제목별로 초고들을 정리한 채였다.

사이버상담은 진행과정이 짧고, 문자 매체를 통해 내담자와 접촉하며, 메시지 중심적이라서 문제나 진단 및 탐색에 많은 시간을 할애하기 어려운 것이 현실이다. 위와 같은 접근들로 내용을 정리하면 크게 무리가 없을 것으로 여겨졌다. 그러던 중 2005년 중반기에 『Online Therapy: A Therapist's Guide to Expanding Your Practice』(Derrig-Palumbo & Zeine, 2005)를 발견하였다. 그 책에는 온라인 치료를 위한 임상-이론-연구 상의 근거로 합리적 정서적 행동적 치료(rational emotive behavior therapy), 인지-행동적 치료(cognitive behavioral therapy), 해결중심적 단기치료(solution-focused brief therapy), 단기 가족치료(family brief therapy), 이야기치료(narrative therapy), 내담자 주도-성과 정보적 임상적 작업(client-directed, outcome-informed clinical work), 이마고치료(imago relationship therapy), 초월영성치료(transpersonal therapy) 등의 내용이 정리되어 있었다.

여기에서는 저자가 진행하던 작업에 데리그팔럼보와 자이네(2005)가 소개한 바를 추가하여 사이버상담에 도움이 되는 접근들을 정리하고자 한다. 각 접근의 내용을 정리할 때는 이미 국내에 소개되어 널리 읽히고 있는 번역본과 저서들도 참고하고 인용하였다.

1. 해결중심 단기상담

해결중심 단기상담은 습관적인 언어사용 패턴에 관심을 둔다는 점에서 문자를 의사소통의 주된 매체로 사용하는 사이버상담과 연결된다. 습관적인 언어 사용 패턴은 개인의 감정 · 사고 · 행동에 스며 있어서 평소에는 인식되지 않는다. 경우에 따라서는 사람들이 외부에서 그들의 일상적인 참조체제를 들여다보지 않는다면 새로운 해결책을 발견하는 데 방해가 된다. 해결 중심 치료자들은 의미와 지각이 언어에 스며들어 있기 때문에 언어가 변화의 매체가 된다고 믿는다. 대면상담에서처럼 온라인 해결중심 단기상담에서도 삶에 대한 옳고 그른 태도를 판단하지 않는다. 그보다는 내담자의 자원을 부각시키고, 문제 상황에 대입함으로써 궁극적으로 한 개인이 상황을 다른 각도에서 보고 적응적으로 행동하도록 한다(Derrig-Palumbo & Zeine, 2005).

해결중심상담은 문제와 문제의 잠재적 해결방법에 대한 내담자 자신의 생각을 존중하며 활용하는 것이 개입방법을 이끌어 내는 가장 확실한 방법이라고 믿는다. 내담자는 상황을 호전시키는 데 필요한 자원과 강점을 이미 가지고 있다고 가정하며, 효과적인 상담은 그들이 이러한 자원을 발견하고 적용하도록 돕는 것이라고 여긴다. 문제를 풀어 가는 과정에서 내담자의 강점과 자원을 발견하고 활용하는 데 역점을 두는데, 이는 해결중심상담은 정체성과 독립성을 추구하는 청소년에게 매우 적절한 것으로 보인다(Murphy, 1997). 듀란트(Durrant, 2001)가 밝힌 해결중심 접근의 가정들 중 단회기를 염두에 두고 간명하게 진행해야 하는 사이버상담과 잘 어울리는 것들은 다음과 같다.

1) 해결중심 접근의 가정

여기에 소개된 해결중심 접근의 가정들에서는 해결중심 상담이 갖는 내담자를 향한 긍정적 인간관, 긍정적 변화 가능성에 대한 강한 믿음, 그리고 능률적이고 절약적인 상담 과정에 대한 추구 등이 잘 드러나 있다. 이러한 해결중심 접근의 기본 가정들은 매체의 특성상 내담자 주도적이고 단회기적인 사이버상담에 큰 시사점을 준다.

- 문제와 해결 사이에 항상 논리적인 관계가 있는 것은 아니다.
- 내담자가 치료목표를 정의해야 한다. 내담자는 자신이 원하는 바에 관한 한 전문가이거나 전문가가 될 수 있다.
- 내담자는 자신의 경험 속에서 이미 많은 기술들을 가지고 있다. 알려진 것도 있고 알려지지 않은 것도 있을 뿐이다. 내담자가 이미 존재하는 자신의 강점과 역량 또는 해결 지향적 행동을 인식하지 못하는 것은 현재 겪고 있는 문제에 몰두해 있기 때문일 수 있다.

- 문제가 병리를 의미하는 것은 아니다. 문제는 상황을 진술하는 한 가지 방법일 뿐이다. 병리는 설명을 함의한다. 행동과 정서를 다룰 때는 우리가 가진 모든 것이 기술이지 설명은 아니다. 내담자 자체가 문제인 것은 아니다. 문제는 오로지 그 문제를 표현하는 언어 속에만 존재한다.
- 문제가 발생한 이유를 이해하려고 하거나 통찰을 증진시킬 필요는 없다. 이유는 존재하지 않는다. 문제는 구성될 뿐이다. 문제는 유용성 여부와 정도에 따라서 평가되어야 한다.
- 변화는 일어날 수밖에 없다. 변화는 삶의 중요한 부분이기 때문에 사람들은 변화를 막을 수 없다.
- 변화는 스스로를 유능하고 성공적으로 경험하는 사람들에 의해서 일어난다. 변화는 이유를 이해하는 데서 오는 것이 아니라 스스로를 다르게 보는 데서 온다. 그렇기 때문에 치료는 성공이나 차이를 경험하고 인식할 수 있는 기회를 최대화하도록 해야 한다.
- 동기는 내담자가 스스로를 유능하다고 보고, 힘 있는 존재로 경험할 때 가장 강하게 유발된다. 우리가 사람을 유능하게 보면, 그들은 그런 방식으로 행동하려고 한다. 저항은 상담자-내담자 상호작용에서 구성된다. 내담자의 입장은 상황을 바라보는 자신의 견해에 대한 반응이다. 변화가 불가능하다고 느끼면 힘이 없어지고 동기가 유발되지 않는다.
- 변화를 위해 기울이는 현재의 노력에 효과가 있다면 바꾸지 말고, 효과가 없다면 다른 것을 시도해야 한다. 효과적이지 않은 것은 덜하게 하고, 효과가 있는 것을 더하게 하도록 격려하는 것이 변화를 만드는 지름길이다. 내담자가 자신에게 효과가 있다고 말하는 것이 중요하

다. 상담자 생각에 그래야 한다고 생각하는 것은 중요하지 않다.

- 가능하고 변화할 수 있는 것에 초점을 두는 것이 압도적이고 통제 불가능한 것에 초점을 두는 것보다 유용하다. 가능하고 변화 가능한 것은 현실 속에서(예외 상황으로) 또는 미래에서(가정적 상황으로, 미래지향적 질문으로) 명백히 존재한다. 과거 사건들에 초점을 두는 것은 상황을 압도적으로 느끼게 하므로 도움이 되지 않는다.
- 문제가 복잡하다고 해서 반드시 복잡하거나 긴 해결책을 필요로 하지는 않는다.
- 문제가 없는 미래에 초점을 두는 것은 문제를 가진 과거에 초점을 두는 것보다 도움이 된다.
- 내담자는 외상적인 경험에 대하여 말할 필요가 있는지, 얼마나 말해야 하는지를 가장 잘 결정할 수 있다.

2) 해결중심 상담의 기법

드종과 버그(De Jong & Berg, 1997)는 해결 중심 상담의 기법으로 문제의 진술, 잘 수립된 목표의 형성, 기적 질문, 예외상황 탐색, 회기 피드백, 진전상황에 대한 평가를 들었다.

(1) 문제의 진술

그들로 하여금 상담에 찾아오게 만든 문제를 간략히 진술하도록 내담자에게 요청한다. 행동적인 기술을 얻어내기 위하여 다음과 같은 질문을 사용할 수 있다.

'그것(문제진술)이 문제라는 것을 어떻게 알게 되었니?'
'대개 언제(~일 때) 그 문제가 일어나니?'
'~가 일어날 때, 그곳에는 대개 누가 있니?'
'네가 ~를 느낄 때 너는 무엇을 하니?'

(2) 잘 수립된 목표의 형성

'상담을 받은 결과로 무엇이 변화되기를 원하니?' 와 같은 질문을 사용할 수 있다. 이 질문은 문제가 해결된 후에 무엇이 달라질 것인지, 즉 상담목표가 무엇인지에 대하여 기술하도록 내담자를 도울 수 있다.

때로 내담자의 목표는 다른 사람이 다르게 행동하는 것에 대한 진술로 이루어질 수 있다. 이럴 경우 내담자 관심의 초점을 자신의 행동을 변화시키는 것으로 옮겨야 한다.

내담자가 해결책을 만들어 내는 데 있어서 자기행동과 자기역할에 초점을 맞추도록 돕기 위해 상담자는 상황이 좋아졌을 때 다른 사람들이 지각하기에 내담자가 무엇을 다르게 행동할지를 묻거나 다른 사람이 문

'남들이 보기에 네가 어떻게 달라져 있을 것 같니?'
'남들이 너에게 ~하지 않도록 하기 위해 네가 어떻게 하면 될 것 같니?'
'부모님이 너에게 잔소리하지 않으시도록 돕기 위해 네가 어떻게 하면 될 것 같니?'

제가 되는 행동을 하지 않도록 하기 위해 내담자가 그들을 어떻게 다르게 도울 수 있을지를 묻는 것이 좋다.

(3) 기적 질문

기적 질문에서 기적은 내담자가 원하는 상태로 변화가 이루어진 것을 말한다. 내담자가 자신에게 일어날 기적의 상태를 구체적으로 묘사하도록 함으로써 목표를 더욱 분명히 설정하도록 도와준다.

'밤사이 네가 잠자는 동안에 기적이 일어났고, 문제가 다음날 아침까지 해결되어 있었다. 네가 잠을 잤기 때문에 기적이 일어났다는 것을 너는 몰랐다고 가정해 보자. 너는 처음으로 무엇이 좋아졌음을 알아차리게 될까? 너는 어떤 행동이나 표정을 통해 네가 달라졌다는 것을 다른 사람에게 알려 줄 수 있을까?'

(4) 예외상황 탐색

문제가 발생하지 않거나 덜 심할 때를 중심으로 질문과 토의를 하는 것이다. 누가 그 예외 상황들이 일어나게 했는지, 어떻게 그것이 일어나게 되었는지에 대한 정보도 이끌어 낸다. 조금이라도 예외에 가까운 일이 일어났던 적이 있었는지를 물어본다. 예외상황을 탐색하는 이유는 내담자가 문제가 심각하지 않았던 때를 확장시킴으로써 변화를 이루도록 돕기 위한 것이다.

'기분이 조금이라도 좋았던 순간이 언제였니?'
'그때의 기분을 좀 더 이야기해 보자.'
'그때 네 기분을 좋게 하는 데 도움이 되었던 사람은 누구였니?'
'무엇이 또는 누가 도움이 되었지?'
'그때 네 기분을 좋게 해 준 상황은 어떤 거였어?'

(5) 진전상황에 대한 평가

만족스러운 해결책에 도달하기 위해 내담자가 하고 있는 일들을 검토하기 위해 척도질문들을 실시한다. 척도질문들은 회기 전의 변화, 작업하고자 하는 의지, 회기 간 변화를 일으키고 유지하는 것에 대한 자신감 등을 포함할 수 있다. 척도질문에 이어서 내담자가 척도에서 더 높은 점수를 받기 위해 행할 필요가 있는 것이 무엇이라고 생각하는지, 그리고 상담을 종료하기에 충분할 만큼 문제가 해결되었음을 그들이 어떻게 알 수 있는지를 묻는 질문이 이에 해당한다.

'네가 한 일에 10점 만점으로 점수를 매긴다면 몇 점을 줄 수 있을까?'
'1점 더 올리기 위해 무엇을 할 수 있을까?'
'네가 점점 좋아져서 상담을 끝내야 할 때가 온다면 어떤 식으로 신호해 줄래?'

(6) 과제 부여

오프라인의 해결중심 단기상담에서 과제 부여는 첫 회기 마지막에 자주 사용된다. 주로 내담자로 하여금 자신을 관찰하게 하면서 자신이 원하는 방향으로 일어난 변화를 기억했다가 보고하게 하는 것이다.

이어지는 회기에서는 더 좋은 것, 변화가 일어나도록 하기 위해 내담자가 행하고 있는 것, 스스로가 다르게 행동하고 있음을 느끼게 하는 단서 등에 대한 이야기를 이끌어 내는 것에 초점을 둔다. 효과가 좋은 행동이 있으면, 그 행동을 더 하도록 하는 토의를 한다. 더 좋아진 상황을 내담자가 보고하지 않으면 어떻게 내담자가 대처를 하고 있는지, 왜 더 나빠지지 않았는지에 대한 이야기에 집중한다. 사이버상담이 비록 단회기를 가정하기 때문에 다시 상담사이트를 방문하지 않을 내담자에게는 큰 의미를 가질 수 없을 가능성도 있지만, 스스로의 긍정적인 측면을 바라보도록 하는 과제부여는 그 자체로서 내담자의 시각에 긍정적인 영향을 줄 수 있을 것으로 기대된다.

많은 해결중심 치료기법들이 온라인에서 사용될 수 있다(Derrig-Palumbo & Zeine, 2005). 예를 들어 기적질문은 내담자로 하여금 문제없는 상황이 무엇인지를 발견함으로써 목표설정에 도움을 준다. 치료 초기에 도입될 수 있으며, 치료의 전 과정을 통하여 목표를 재평가할 때 사용할 수 있다. 이 외에도 문제진술, 목표설정, 예외상황 탐색, 진전사항 평가 등 해결중심의 치료기법들은 내담자가 문제를 일으키는 관점에서 벗어나 목표에 도달하는 새로운 관점을 채택하고 실행하고 변화를 보이는 회기 전 과정에서 문자로 진술될 수 있는 개입으로서 공헌할 수 있다.

2. 목적성 단기상담

목적성 단기상담(short-term targeted therapy, S3T)은 행동은 하나 또는 소수의 심리적 욕구에 근원한다고 가르치는 몇몇 이론으로부터 추출한 단기치료의 절충적 모델이다(Wubbolding, 2001). 이 접근은 여러 연구자들(Appelgate, 1985; Frankl, 1984; Glasser, 1998; Jacobs, 1994; Maslow, 1970; Wubbolding, 1988, 2000)의 작업에 기초한 절충적 과정이다. 우볼딩(Wubbolding, 2001)은 'Short-term targeted therapy'를 S3T라고 불렀는데, 이는 short의 첫 글자 S와 Term, Targeted, Therapy 단어 각각의 첫 글자가 3개의 T로 이루어졌기 때문이다.

목적성 단기상담은 이름이 암시하듯 즉각적인 결과를 내기 위한 접근이다. 단 한 번만 치료에 올 것 같은 사람들이 이 치료에 적절한 내담자들이다. 이 점이 사이버상담과 목적성 단기상담을 연결 지어 준다. 사이버상담에서는 내담자가 한 번만 올 수도 있다는 가정을 하고 상담을 진행하는 것이 안전하기 때문이다. 정신건강전문가와 한 번만 만나는 것으로 충분하다고 생각하는 사람들과 두 번 이상 치료에 오라는 말을 모욕으로 생각하는 사람들에게 특히 권할 만한 방법이다.

목적성 단기상담(S3T)은 시간이 제한되어 있고 결과가 절박할 때 구사할 수 있는 상담에 이론과 방향성을 제공한다. 현재의 이슈가 무엇이든지 간에 치료자는 명백히 드러나는 하나 또는 소수의 문제 영역에 초점을 둔다. 인간은 현재의 추동과 욕구에 의해 동기화된다고 믿기 때문에 이 접근은 행동지향적이다. 내담자는 전통적인 치료의 통찰력을 갖고 있든지 없든지 간에 현실적인 계획을 세우도록 격려를 받는다.

프랭클(1984)의 작업은 매우 잘 알려져 있다. 그는 인간은 일생을 통해 목적과 의미를 추구하는 존재라고 보았다. S3T는 매슬로(1970)로부터 앎에 대한 욕구를 차용하기도 하였다. 모든 욕구를 효과적으로 충족시킨 상태가 자아실현의 상태다. 글래서(1998)는 힘, 재미, 자유에 대한 욕구가 효과적인 삶에 필수적인 것으로 보았다. 아펠게이트(1985)는 건강에 대한 욕구를 생존과 자기보존의 부분으로 보았다. 글래서(1998)와 우볼딩(1998, 2000)은 현실치료에서 자기평가의 원리를 확대시켜 자신의 삶에 대한 헌신의 수준으로 발전시켰다. 제이콥스(1994)는 치료적인 계약은 관계의 초기에 발생하며 라포 형성과 분리될 수 없다는 원리를 강화시켰다. 그는 치료자는 방향감을 명확하게 갖고 있어야 한다고 강조하였다.

목적성 단기상담에서 치료자와 내담자의 관계는 따뜻하고 우호적이며 전문적이다. 내담자가 그들이 원하는 것을 진술하고, 원하는 바를 달성하기 위해 노력하는 것을 도울 때 치료과정이 진행된다. 자신이 원하는 바를 평가하는 것은 모험을 기꺼이 감수하려는 내담자의 의지와 치료자의 내적 용기를 필요로 한다.

목적성 단기상담은 자신의 삶을 향상시키려는 개인이나 그룹에 유용하다. 유능한 치료자는 비자발적이고 저항하는 내담자로부터도 변화를 위한 헌신을 이끌어 내기도 한다. 이는 내담자가 원하는 것을 주의 깊게 듣고 그들로 하여금 자신의 행동 방향이 목적을 향해 취해지고 있는지를 평가하도록 도움으로써 이뤄질 수 있다.

1) 효과적인 치료의 전제조건: 상담자와 내담자의 관계

S3T를 효과적으로 적용하기 위해서는 치료자와 내담자의 관계가 필수

요건이다. 좋은 치료자–내담자 관계를 위해서는 다음이 필요하다.

- 공감: 내담자의 내적 세계로 들어가서 내담자가 보는 대로 세상을 보는 능력이다. 내담자에게 공감하기 위해 반드시 많은 시간이 필요한 것은 아니다. 상담자의 훈련과 내담자에 대한 진정한 관심은 짧은 순간에도 삼당자와 내담자의 연결감을 증진시켜 준다.
- 존중: 문제가 얼마나 심각하든지 누가 그것을 일으켰든지 대화를 나누면서 치료자가 내담자를 존중하는 것이다. 더 중요하게는 치료자가 내담자를 그들이 될 수 있는 것이 되도록 존중하는 것을 말한다.
- 확고함: 치료자는 단지 친절한 사람에 머물지 않는다. 기대가 명확하게 정의되고 설명된다. 치료는 진지하게 목표를 세우고, 일하기를 바라고, 행동을 취할 의지가 있는 내담자를 위한 것임을 항상 분명히 한다.
- 윤리: 치료자는 자신의 능력범위 안에서 일한다. 전문적 대화를 제공하고 필요할 때 자문을 하며, 전문적 경계를 명확한 언어로 설명한다.
- 방향감: 효과적인 치료는 욕구 결핍에 대한 빠른 평가가 이루어지고, 만족도를 증진시키기 위한 구체적인 전략이 수립될 때 발생한다. 어린 시절에 받았던 거부, 발달적 결손 등의 주제들은 이 접근에서는 다루어지지 않는다.
- 희망, 낙관주의: 치료자는 어떤 내담자, 어떤 문제에도 진전이 있을 것이라고 믿는다. 정신증, 우울증, 가정 내 폭력, 근친상간의 관계, 갈등이 많은 가정생활 등도 해결될 수 있다고 믿는다.

- 해결 가능한 언어로 문제를 구조화하기: 치료자는 내담자의 문제를 해결책을 발견하기보다는 진보를 암시하는 방법으로 나타내는 기술을 길러야 한다. '향상(improve)', '신장(increase)', '고양(enhance)' 등이 치료계획을 진술하기 위해 사용된다.
- 정직함: 치료자는 진실하다. 그럼에도 불구하고 치료자는 상담과정을 내담자의 문화에 맞추려고 시도한다. 예컨대, 어떤 내담자에게는 핵심을 찌르는 직접적인 방법이 더 적절한 데 비해 어떤 내담자는 좀 더 간접적인 대화양식을 요구하는 경우도 있다.

2) 치료의 목표

(1) 의미, 목적

S3T에서 말하는 가장 기본적인 인간의 동기는 프랭클(1984)이 밝힌 의미와 목적성의 추구다. 인간이 '이유'를 발견할 수 있을 때 '어떻게'를 감내할 수 있다는 것이다. 노숙자가 힘이 든다면, 그 이유는 집이 없어서가 아니라 생존에 대한 목적과 의미가 없어서다. 조직원은 그들의 공헌이 더 이상 가치가 없다고 느낄 때 조직원임을 포기하고자 한다. 함께 있는 것에서 어떤 의미를 발견할 수 없을 때 파트너들은 함께 생활하기 어려워진다. 학생들은 단기적이든 장기적이든 목표를 설정할 수 없을 때 또는 선생님들과 아무런 관계도 맺을 수 없을 때 공부를 포기한다.

(2) 건강

건강한 사람들은 건강에 유익한 행동들을 선택한다. 건강하고자 하는 욕망은 타고난 본능이기 때문이다. 소화, 혈액순환, 물리적 치유력 등의 자율기능은 건강에 대한 욕구에 의해 동기화된다. 의식적인 선택은 건강에 대한 관여의 결과다. 내담자가 적절한 식습관, 운동, 건강전문가를 방문하는 등의 행동을 하게 되는 것은 치료자의 도움으로 만들어지는 변화의 결과일 수 있다.

(3) 지식

인간은 유아시절부터 배운다. 아동은 웃고, 기고, 걷고, 뛰고, 말하고, 사귀고, 읽고, 계산하고 문제를 해결하는 것을 배운다. 이러한 행동들은 배우고자 하는 동기에서 나온다. 개인이 발달하면서부터 그들은 종종 스스로를 해치고 남을 착취하는 행동들을 배우기도 한다. S3T 치료자의 작업 중에는 내담자가 스스로를 더욱 만족스럽게 지각하도록 돕는 작업이 포함된다.

(4) 재미, 즐거움

대부분의 아동들은 즐거움에 대한 높은 욕구를 가지고 있다. 성인 또한 그들의 인생을 즐기고 싶은 충동을 가지고 있다. '일만 하고 놀지 못하면 삶에 재미가 없다.' 는 것은 S3T 이용자들이 명확하게 알고 있는 심리학적 진실이다. 역기능적인 관계에 있는 커플들은 상담과정에서 즐길 수 있는 일에 시간을 쓰도록 격려받는다. 우울한 사람은 예전에 즐겼던 적이 있는 어떤 일을 선택하도록 도움을 받는다.

(5) 소속

대부분의 장기적인 심리적 문제는 만족스럽지 못한 관계에서 비롯된다. 다른 사람이나 사물 또는 자신의 미래에 대한 역기능적인 생각은 건강하지 못한 행동의 핵심이다. 해로운 행동, 역기능적인 생각, 부정적인 정서를 그 반대의 긍정적인 행동, 효과적인 혼잣말, 자신을 고양시키는 감정으로 변화시키면 내담자의 선택을 통해 관계가 증진된다.

(6) 자유, 독립, 자율성

모든 연령, 모든 규모의 집단, 심지어 국가조차도 운명을 스스로 선택하고 싶어 한다. 선택은 모든 S3T에 깔린 주제다. 내담자의 문제가 무엇이건 관계없이 각각의 행동은 선택으로 간주된다. 과거 행동에 대한 책임은 묻지 않는다. 내담자는 현재와 미래의 결단 및 선택에 대하여 책임 있는 존재로 간주된다.

(7) 힘, 성취, 자기가치

내담자는 자신의 삶이 어떤 방식으로든 통제범위를 벗어났다고 느끼기 때문에 상담자에게 온다. 그들은 자아존중감이 부족하고 주장적이지 못하며, 강박적인 생각과 행동에 의해 괴롭힘을 당할 때 치료자를 찾는다. 행동이 반사회적, 중독적 또는 범죄적이어서 파괴적일 때 도움을 받으라고 의뢰된다.

현재의 이슈는 대개 힘과 관련된 무능하고 파괴적인 행동과 관련된다. 힘에 대한 동기는 많은 문제의 저변에 깔린 추동이다. 배우자가 힘의 이슈를 해결하고자 하지 않거나 해결할 수 없다고 생각할 때 성공적인 결혼관계가 깨진다. 힘에 대한 욕구는 청소년기에 피어나고, 책임 있는 행동을 욕구보다 우선시하는 부모들과의 갈등을 야기한다. 파괴, 공격, 적대감, 수동적 저항 등이 힘에 대한 욕구의 표현이다.

힘은 수월성, 성취, 좀 더 나은 삶을 향한 추동을 포함한다. 프랑스어 어원으로는 pouvoir, 즉 "능력이 생기는 것(to be able)"이다. 사람이 시간을 효율적으로 관리할 때, 건강하게 먹을 때, 작업을 완수할 때, 물건을 팔 때 또는 목표를 성취할 때 힘의 욕구에 대한 내적 만족이 있다.

(8) 신앙

인간행동의 잠재적인 동기유발자는 초월성에 대한 믿음이다. 많은 사람들은 인간적인 여러 가지 측면에 대한 헌신 또는 절대적인 존재에 대한 믿음을 갖는다. 그들은 가족이 중요하다고 믿거나 또는 그들의 일이 인간생활의 질을 더해 준다고 믿는다. 그들은 우주의 법칙 아래에는 궁극적인 목적이 있고, 자신은 보이지 않는 전체의 부분이며, 그들의 일과 생애는 어떤 방식으로든 우주의 법칙을 실현하는 데 공헌한다고 믿는다. 인간의 이타적인 동기는 인간적, 영적 또는 종교적으로 신앙적이다. 그들은 자신이 믿는 것이 인생에서 얼마나 깊은 의미를 가지고 있는지 발견하기 위해, 그들이 믿는 바가 신성한 섭리 속의 어느 위치에 있는지를 발견하기 위해 치료를 받으러 온다.

(9) 자기보존, 안전

인간의 몸은 그 자체를 유지하기 위해 소화, 혈액순환, 추운 날씨에서의 떨림, 더운 날씨에서의 땀흘림 등의 행동을 유발시킨다. 인간은 자신을 보호하기 위해 여러 가지 행동들을 배우게 된다. 어떤 사람들은 고도로 발달된 생존본능을 가지고 있다. 어떤 이들은 덜 정교화된 본능을 갖고 있다. 문화와 경험은 생존욕구의 효과적인 실현에 경계를 그어 준다.

안전에 대한 욕구는 이러한 일반적인 동기의 일부분이다. 개인은 우호적인 동료로 보이는 사람들과 함께 있는 데서 안전하게 느낀다. 그러나 개인의 정체성이 위협받을 때는 그 결과는 불편감, 불안, 두려움 또는 낮은 자아존중감, 자기비판, 때로는 적대감, 공격적 복수 등이 일어날 수 있다. 부정적인 감정이 내사된 사람들은 손상된 정체성을 되찾기 위해 도움을 구한다. 개인이 직업을 잃으면 힘에 대한 욕구 이상의 것이 공격받는다. 통제감이 손상될 뿐 아니라 정서적인 안전감과 인간적 정체성이 낮아진다. 어떤 사람들은 그들의 정체성을 직업과 연관시켜서 인식하기도 한다.

3) 치료의 방법

(1) 치료에 참여하도록 하기

ST3치료의 첫 단계는 치료자가 내담자로부터 목표에 대한 확고한 의식을 이끌어 내는 것이다. 즉, 자신의 생활에서 변화를 일으키고 향상하고자 하는 의욕을 일으키는 것이다. 능력 있는 치료자는 고무적인 분위기와 내담자에게 매력적인 긍정적 변화를 일으키는 정보들을 이끌어 낼 수 있다. 치료받기를 꺼리거나 비자발적이거나 저항적인 내담자는 가장 낮은 수준의 헌신과 관여를 나타낸다. '난 변화하지 않을 거예요.' '그들이 문제를 가졌어요. 난 아니에요.' '난 여기 있고 싶지 않아요.' 라고 말한다. 초기단계에서의 치료자의 목표는 '나는 하겠어요.' 수준의 관여를 이끌어 내는 것이다.

(2) 일반적인 목표를 확인하기

다음 단계는 욕구를 만족시키는 행동, 효과적인 혼잣말, 적절한 감정을 일으키는 것이다. 이러한 시도는 현안 문제에 대항하여 균형을 맞추도록 해 준다.

상담에 적극 참여하도록 하기 위해 치료자는 내담자의 원함, 즉 자신이 치료를 통해 얻고자 희망하는 바를 탐색한다. 내담자가 법정에 의해 의뢰되었거나 가족, 고용주, 교사 또는 다른 경로로 의뢰되면 초기적 질문은 내담자가 다른 사람들이 내담자에게 원하는 것이 무엇이라고 생각하는지에 집중된다. 내담자가 원하는 것과 다른 중요타자들이 원하는 것 사이에는 큰 불일치가 있는 경우가 자주 있다. 내담자는 홀로 남고 싶어할 수도 있다. 다른 중요한 타자들은 내담자가 직업을 갖고, 학교에서 공부하고, 또는 학대를 유발시키거나 무시하는 행동들을 그만두기를 원할 수 있다. 이러한 요구들 사이의 불일치가 탐색되고 토의될 수 있다.

(3) 자기평가의 수행

세 번째 단계는 내담자가 자신의 행동, 인지 그리고 정서를 탐색하도록 돕는 것이다. 자신의 현재 행동이 자신이 원하는 것을 달성하는 데 효과적인지 평가하도록 요청한다. '당신이 바라는 것이 이루어질 가능성은 현실적으로 얼마나 됩니까?' '당신이 다음 주 또는 다음 달에 현실적으로 달성할 수 있는 것은 무엇입니까?' 치료자들은 정보, 사실, 조언을 제공하지만 진정한 변화는 내담자가 그들의 현재 행동이 비효과적이라고 결정한 후 스스로의 바람을 검토하고, 진정으로 달성 가능한 성과를 추구하기로 결정할 때 일어난다.

(4) 치료 계획

계획은 아홉 가지 기본적 동기에 관련되어 있다. 더 좋아지겠다는 계획에는 애매한 통찰과 모호한 약속 이상의 것이 들어 있어야 한다. 훌륭한 계획은 다음의 특징들을 포함하고 있다(Jacobs, 1994).

- 단순함: 복잡하지 않고 명확하다. 내담자에게 버겁지 않다.
- 달성 가능함: 해낼 수 있는 것이어야 하고 현실적으로 달성할 수 있는 것이어야 한다. 얼마나 반복적으로 실행해야 하는가는 내담자가 세션에 가져오는 행동의 효과성 정도에 달려 있다.
- 측정 가능함: 수량화될 수 있어야 한다.
- 즉각적일 것: 즉시 수행될 수 있어야 한다.
- 계획한 사람에 의해 통제되어야 함: 계획의 달성 여부가 계획을 수립한 당사자인 내담자에게 달려 있어야 한다.
- 헌신해야 함(committed to): 확고하며 지키겠다는 확고한 결단이 명백히 표현되어야 한다. '내가 하겠어요' 라고 말로만 하는 것보다는 계획 또는 계약을 글로 옮겨 진술하는 것이 그 중요성을 내담자의 마음에 새기는 데 효과적이다.

(5) 시간사용의 질을 높이기

상담자와 내담자의 관계에서 S3T에서 사용되는 주요한 도구는 시간사용의 질을 높이는 전략이다. S3T의 원리 중 하나는 함께 보내는 시간이 만족스러우면 관계가 증진된다는 것이다. 치료자는 내담자가 불쾌하고 서로에게 적대감을 쌓게 하는 이전의 경험과는 정말 다른 방식으로 함께 지내는 방법을 습득하도록 하며, 함께 있는 시간을 만족스럽게 보내기 위해 구체적인 계획을 짜도록 돕는다. 서로의 분노, 반대, 원망, 소외감이 더 깊을수록 만족스러운 시간을 함께 보내는 것의 중요성은 더 커진다. 함께 보내는 시간의 양은 내담자가 즐겁고 관계에 보탬이 되는 활동을 선택하는 능력과 의지에 의해 결정된다. 이러한 활동들은 다음의 특징을 갖는다.

① 서로 노력함

적어도 어느 정도의 에너지를 소모할 필요가 있다. 텔레비전을 보는 것은 노력이 거의 필요치 않기 때문에 관계수립 활동이 아니다. 부모와 자녀 또는 부부가 텔레비전의 내용에 대해 평가하면, 그들은 관계의 친밀성을 좀 더 높일 수 있다.

② 서로의 존재에 대한 인식

함께하는 시간 동안 상대방이 있음을 인식해야 한다. 상대방이 있음을 인식하면 서로에게 관심을 가질 수 있고 더 나아가 서로 공동의 작업이나 놀이를 할 수 있다. 자녀가 놀이하는 모습을 지켜보는 것도 만족스러운 시간으로서의 가치가 있다. 그러나 자녀와 무비판적인 방법으로 함께 노는 것은 훨씬 더 부모와 자녀의 관계를 증진시킨다.

③ 무비판

함께 보내는 시간 동안 상대방을 비판하지 않는다. 무시하기, 강의하기, 다른 사람이 해야 되는 일에 대해 강요하기 등은 관계를 파괴한다. 한쪽에서 이런 행동을 선택하면 상대편은 자신이 공격받았다고 느낀다.

④ 공통적인 주제를 토론하기

함께 보내는 시간은 상호 연관성을 수립하기 위한 것이다. 이 연관성은 공통의 욕구만족적인 기억에 의해 증진된다. 서로에게 공통된 화제를 찾되, 가급적 즐겁고 행복하고 고마왔던 기억을 떠올리게 해야 한다. 대화의 주제는 논쟁을 포함하지 않아야 하고 고통스러운 기억을 포함하지 않아야 한다. 관계는 경험, 지각, 원함, 희망, 기대에 공통의 배경이 있을 때 증진된다. 과거의 비극은 대화의 초점으로서 적절하지 않다.

3. 단기가족치료

단기가족치료자인 그린(O. Green)은 한 인터뷰에서 온라인으로 가족 치료를 진행했던 경험을 이야기한 바 있다(Derrig-Palumbo & Zeine, 2005). 가족들로 하여금 각기 다른 컴퓨터에 로그온 하여 집단 채팅세션에 참가하도록 하였다. 가족 구성원들 모두가 이 과정을 통하여 각자의 대화를 읽고 그에 참여할 수가 있었다. 치료자는 가족 성원들 간의 상호작용을 관찰하고 분석할 수 있었다. 가족 성원들은 대화를 계속해 나가기 위해 일주일에 수차례 이메일과 채팅을 하도록 격려를 받곤 했다. 가족 상담의 과정에서 비디오를 사용할 수도 있다. 예컨대 가족 상담의 기법 중 밀란의 순환 질문(Milan circular question)을 포함한 상호작용적 질문들을 사용하여 "당신의 아버지가 여기에 있다면 지금 이 상황을 어떻게 표현할 것 같으세요?"라고 상담자가 묻는다. 이에 내담자가 반응을 하면, 그 회기를 비디오로 녹화하고 다른 가족 구성원들이 내담자의 반응을 함께 볼 수 있다. 이 반응은 가족 간에 사건을 바라보는 각자의 조망을 이해하게 함으로써 긍정적인 변화의 가능성을 열 수 있다.

청소년의 경우에는 온라인 채팅과 메신저에 매우 친숙해져 있다. 청소년들은 어른이 자신을 평가하거나 조사하고 있다고 느낄 때 위축되므로 상대방을 덜 의식할 수 있는 채팅 상담에서 더 자기를 개방할 수 있다. 게다가 청소년은 성인과 달리 온라인 대화에 대한 편견을 갖고 있지 않기 때문에 청소년과는 온라인에서 심도 깊은 관계를 형성하는 것이 더 쉽다.

그린은 대학생의 수업과정에서 온라인을 활용하다가 깊이 있는 관계와 유대를 빠르게 형성하는 모습에 놀란 경험을 보고하고 있다. 깊은 생각을 자극하는 질문과 친밀한 반응들이 나타났으며, 실시간 채팅이든 이메일이든 간에 내담자나 치료자도 질문과 진술을 할 수 있고 사려 깊고 의미 있는 반응과 심오한 치료적 순간을 만들어 낼 수 있을 것이라고 말하였다.

그린에 따르면, 온라인 치료는 국제적인 상호작용을 통하여 내담자를 치유할 수 있는 기회를 만들어 주었기 때문에 더 다양한 윤리적 법적 문제가 야기될 수 있으므로 주의해야 하며, 내담자의 문화적 맥락을 이해하는 것 또한 중요하다. 내담자의 비밀을 보장하고 윤리적인 문제에서 내담자를 보호하기 위해 온라인 상담에 관한 입법화 과정이 절실히 필요하다고 주장하였다. 이와 같은 그린의 주장은 다문화 또는 다국적 가족 차이에 대한 인식만 있다면 온라인상에서 단기가족치료도 행해질 수 있음을 시사한다.

4. 단회상담

단회상담은 한 회기만으로 상담을 마무리하는 것을 말한다. 사이버상담은 익명성과 매체의 특성으로 인해 장기 상담을 염두에 둔 구조화를 실시하기도 어렵고, 설사 실시했다 하더라도 내담자가 해당 시간에 접속하지 않으면 계획대로 상담을 진행하기가 어렵다. 이번 회기가 마지막 회기가 될 가능성을 염두에 두고 상담을 진행해야 한다. 경우에 따라서는 내담자와 상담자가 각각 상담시간을 지키고자 했을지라도 서로 1분 이내의 짧은 순간만 기다리게 되어도 상대방의 현존을 확신할 수 없어 접속을 끊는 경우가 많이 있다. 이메일상담 또한 상담자의 응답메일을 받은 내담자가 답장을 더 이상 하지 않으면, 그것으로 상담이 종결되는 것으로 보아야 하기 때문에 단회성을 염두에 두고 상담을 진행하여야 한다. 실명제 회원관리 체제가 아닌 사이트에서는 이러한 경향이 더욱 강하다.

사이버상담이 매체의 특성상 단회상담의 형태를 취하게 되지만 실제로는 면대면상담에서도 단회상담은 가장 많은 빈도를 차지하며, 꽤 효과적인 방법이 될 수 있다. 우선 단회상담은 모든 상담 사례 중 가장 많은 빈도를 차지한다. 최장기 상담 형태인 정신분석을 창시한 프로이트(S. Freud)는 단회상담(single session therapy, SST)의 창시자이기도 하다. 정신분석적 접근을 한 단회상담사례 중 성공적인 사례가 많이 보고되고 있다(김계현, 2000).

그로찬(Grotjahn, 1946)이 기술한 성공적인 단회상담사례는 우울증을 보이는 45세의 내과 의사를 치료한 사례다. 2년 후에 다시 만났을 때 환자는 상담을 통해 자신이 얻었던 통찰에 대하여 감사해하였으며, 가정과 직장에서 안정된 생활을 만족스럽게 하고 있다고 하였다. 그가 분석하기에 치료의 성공은 환자가 자신의 억압된 갈등적 감정을 의식할 수 있도록 이끌어 주었던 것이 기인한다고 보았다. 말란(Malan, 1968, 1975)은 단회 진찰을 받고 탈락되었거나 정신역동치료에는 부적합한 것으로 여겨졌던 45명의 '치료되지 않은 신경증 환자'에 대한 추수조사를 하였다. 이들은 다양한 증상을 보였었는데, 가령 우울, 불안, 발기부전, 불감증, 자아비동조 동성애와 같은 것들이었다. 이 추수조사는 그들이 치료받은 지 2년에서 9년이 지난 후에 이루어진 것들이다. 이들은 정신과 의사와 단 한 번 면담한 것이 전부인 사람들이 대부분이었다. 그런데 그들 중

51%는 증상에 있어 호전된 것으로 판단되었고, 24%는 정신역동적 측면에서 나아진 것으로 판단되었다.

탈몬(Talmon, 1990)은 캘리포니아 헤이워드에 있는 카이저 퍼머넌트 병원의 정신과 기록을 통해 단회상담에 대하여 다음과 같은 사실을 발견하였다. 첫째, 모든 치료자에게 있어 가장 보편적인 치료의 기간은 바로 단회였다는 것이다. 둘째, 많은 사람들에게 다음 약속을 제시하였지만 1년 동안의 상담상황을 분석한 결과 환자 중 30%가 단지 한 번만 오기로 하였다. 상담료가 무료이거나 아주 적을 때조차도 사람들은 두 번째 약속을 하지 않으려고 하거나 계속적인 치료를 받지 않으려고 하였다. 탈몬이 후속적으로 행한 단회상담의 비율에 관한 조사(1983~1988)에서도 연구결과는 비슷하였다. 치료자의 접근 방향 또한 임상실제에서 단회상담이 차지하는 비율에 영향을 주지 않는 것으로 드러났다. 예를 들어 정신분석 훈련을 받고 아직도 자신의 상담실에서 분석가들의 카우치소파를 사용하고 있는 한 심리학자는 자신의 내담자 중 48%를 단회로 치료하였다. 대상관계이론을 근거로 상담을 하는 한 사회사업가는 자기 내담자의 55%를 단지 한 번씩만 만났다. 정신병에 대하여 생물학적 입장을 따르는 한 정신과 의사는 1년 동안 자기 환자의 50%를 단지 한 번씩만 만났다.

코간(Kogan, 1957)은 1953년 한 달 동안 뉴욕의 가족서비스국에서 모든 새로운 내담자의 기록을 조사하였다. 250개의 새로운 사례 중 141개(56%)는 한 번의 면담이 있은 후에 종결되었다. 스포얼(Spoerl, 1975)은 처음 10회기의 방문은 상담비 지원을 충분히 받을 수 있음에도 불구하고, 1972년에 방문한 총 6,708명의 내담자 중에서 39%가 클리닉에 단지 한 번만 왔다는 것을 발견하였다. 블룸(Bloom, 1975)은 퓨에블로, 콜로라도에 있는 공공 · 사설 정신건강 서비스 시설을 2년 동안(1969～1971) 연구한 결과, 외래환자(1,572)의 32%가 단회상담으로 치료를 받았다는 결과를 받았다. 치료에서 탈락한 환자에 대한 광범위한 개관 연구에서 일반 정신 클리닉에서 환자의 20～57%가 첫 방문 후에 다시 오지 않는 것으로 결론지어졌으며, 또 다른 지역의 정신건강 서비스센터에서는 80%의 환자가 단회로 치료를 받았음이 밝혀졌다(Baekeland & Lundwall, 1975).

장기상담과 단기상담의 효과에 의미 있는 차이가 없음을 밝히는 연구도 있다(Orlinsky & Howard, 1986). 탈몬(Talmon, 1990)의 연구결과 또한 고무적이다. 탈몬의 연구에서 단회상담 내담자의 88%는 단회상담의 효과가 3～12개월 후의 추수회기까지 유지되었음을 보고하였다. 드쉐처(deShazer)는 내담자에게 상담 회기가 진행됨에 따라서 자신의 삶에서 무엇이 더 좋아졌는지에 주목하도록 요청한 결과, 내담자의 2/3는 다음 회기에서 더 좋아졌다고 보고하였고, 더 좋아졌다고 응답하지 않은 내담자 1/3 중 1/2는 처음에는 미처 느끼지 못했던 개선점을 보고하였다.

상담 과정에서 문제의 원인과 기원에 대한 탐색을 하지 않으면, 상담에 필요한 시간은 극적으로 줄어든다(송현종 역, 2000). 단회 상담은 많은 내담자들이 통찰을 얻거나 자신의 인성을 완벽하게 검토하거나 과거를 탐색하기보다는 현재의 구체적인 문제를 해결하기 위해 도움을 추구한다는 것과 상담을 받으러 오는 사람들은 대부분이 몇 회기만이 진행될 것으로 기대한다는 점을 감안할 때 내담자의 상담에 대한 기대 충족의 측면에서도 효과적일 수 있다.

단회상담에 대한 많은 연구들은 치료기간이 길수록 효과가 좋다는 통념에 도전하고 있으며, 학생, 부모, 교사와 만나는 모든 접촉이 변화할 수 있는 기회라는 낙관적인 관념을 지지하고 있다. 이러한 결과들은 학업문제를 걱정하는 사람들과 단지 한두 번 만날 기회를 가지게 되는 학교상담자들에게 희망과 격려를 준다.

이러한 단회상담의 효과에 대하여 말란(1975)은 단회 역동적 면담을 통하여 필요한 모든 것이 이루어질 수 있는 가능성이 있음을 인식해야 한다고 주장하였다. 역동적 관점으로 치료를 하는 정신과 의사들도 단기상담에서 환자에게 그가 자기 삶에 책임을 져야 한다는 것을 알려 주는 것, 환자에게 치료적 도움 없이 스스로의 생활을 관리할 수 있다는 것을 재확인시켜 주는 것 등이 강력한 잠재적 치료효과를 가지고 있음을 인식할 경우 큰 영향력을 발휘할 수 있다고 밝힌다.

5. 이야기상담

이야기상담(Narrative Therapy)은 주요 개입기법으로서 '저술'을 강조한다는 점에서 사이버상담과 유사한 형태 및 기법을 취한다. 이야기상담의 핵심전제는 우리는 우리 스스로가 자신에게 말하는 이야기나 다른 사람들이 우리 자신에 대해서 말하는 이야기에 따라서 삶을 살고 있다는 것이다. 이야기상담은 내담자를 자신의 삶에 대한 전문가로서 강조하며, 사람과 문제를 분리시켜서 본다. 이야기상담은 사람들은 문제가 삶에 미치는 영향을 줄이도록 자신을 도울 많은 기술, 역량, 능력, 신념, 가치를 가지고 있다고 가정한다.

사람은 자신의 의미와 자신이 살고 있는 삶의 의미를 이해하기 위해서 이야기를 만들어 낸다. 현재 우리의 삶에 지대한 영향을 미치는 지배적인 이야기들(dominant stories)은 자기 자신뿐 아니라 가정, 학교, 교회,

이웃 등에서 경험한 어린 시절의 초기 경험 속에서 만들어졌다. 이야기상담에서 'narrative'는 사람의 삶에 대한 이야기를 강조하는 것이고, 특정한 이야기와 그 이야기를 재구성하는 것 사이의 차이를 강조한다. 이야기상담은 사람들의 삶에 대한 이야기를 이해하는 방법, 상담자와 삶의 주인공 간의 협조 속에 그 이야기들을 재저술하는 방법을 포함한다(Derrig-Palumbo, 2005).

이야기상담의 창시자는 오스트레일리아 아델라이드 출신의 화이트(White, 1986)로 지목되고 있다. 화이트는 자신의 혁신적인 작업을 베이트슨(Bateson)의 이론에 접목시켰다. 베이트슨(1972, 1979)은 가족치료에서 몇 가지 근본적인 아이디어를 발달시킨 인물이다. 잘 알려져 있다시피 그는 가족을 순환적 인과성을 갖고 있는 항상성의 체제로 보았다. 가족치료 분야는 1980년대 중반에 이러한 베이트슨의 사상에 영향을 받아서 발전되었다. 치료자들이 말한 것은 가족에 대한 객관적인 사실 이상의 것이 발견되었다는 것을 의미하였다(Zimmerman & Dickerson, 2001).

한편으로 구성주의가 가족치료자 사이에서 유행하게 되었다(Watzlawick, 1984). 더욱 새로운 접근은 개인이 객관적인 진실 속에서 살고 있다기보다는 자신의 현실을 스스로 창조한다는 아이디어를 밝히기 시작하였다. 이러한 경향에 따라서 화이트는 치료적 절차를 무엇이 진실일까를 궁금해하는 것에서부터 내담자에게 그들이 경험한 것의 실제적인 효과가 무엇인지를 묻는 것으로 진화시켰다. 화이트는 내담자가 문제에 대한 질문에 대답하기 위한 지식과 경험을 가진 사람이라고 생각함으로써 상담자를 상담과정의 중심에서 몰아내기 시작하였다. 화이트는 내담자의 지식과 스스로 문제를 해결할 수 있는 가능성을 중요하게 여겼다.

후기 구조주의자인 푸코(Foucault, 1979, 1980, 1984a, 1984b)는 화이트

의 사상에 강한 영향을 미친 또 하나의 인물이다. 푸코는 지배적인 담론이 인간의 삶을 어떻게 만들어 내는가에 관심이 있었다. 예를 들어 DSM과 같은 과학적인 분류체계는 하나의 견해로 인식되기보다 '진리'의 지위를 획득하였다. 분류체계가 진실의 지위를 획득하면 자신에 대한 진실이 과학적 견해에 의해 생겨난 것임을 믿기 시작하면서부터 개인의 정체성에 심오한 영향을 미친다. 푸코는 이런 문화 속에서 사람들이 대상화되어 이러한 체계들이 지정한 그대로의 모습이 되어 가는 과정에 대하여 기술하였다. 더욱이 주관화 과정을 통해서 개인은 자기 자신에게도 동일한 일을 하도록 배우고 있음을 발견하였다. 지배적인 문화가 옳다고 말하는 틀에 맞추려고 스스로를 얼마나 고문하는지에 주목하였다. 자신의 작업, 생활, 자아를 지배문화가 요구하는 바대로 맞춘 사람들은 힘 있는 지위를 획득하였고, 타인과의 관계에서도 우위를 점하였다. 푸코가 말한 문제의 외재화는 이러한 문제를 넘어서서 사람까지도 대상화시키는 정치적인 과정을 뒤집는 것이었다.

거르겐(Gergen, 1985, 1991)과 같은 사회적 구성주의자들은 이러한 사회 정치적인 맥락이 어떻게 사람들의 생활과 정체성에 영향을 미치는지를 검토하였다. 이 견해에 따르면 언어의 사용과 당대 문화적 현실의 영향은 문화 속에서의 개인적인 의미를 조형하고 만들어 낸다. 이는 정신건강 분야의 병리화 과정에도 포함된다. 내담자들은 그들이 지배적 담론의 평가로부터 자유로워질 때 이완을 경험한다.

1980년대 후반에 화이트(M. White)는 엡스톤(D. Epston)과 자신의 부인 셔릴 화이트(Cheryl White)의 제안에 따라 이 작업을 이야기 메타포에 접목하였다(Bruner, 1986, 1990). 이 메타포는 다양한 영역의 지적 사회적 사상들에서 유행하였다. 브루너는 사람들이 자타의 일탈을 설명하기 위해 이야기를 만들어 내는 경향이 있음에 주목하였다. 브루너의 견해는 마이어호프(Myerhoff, 1982)의 견해와 더불어 '재저술' 과정을 지지하는 방법으로 치료적 질문을 하는 방법에 대한 화이트의 사고에 공헌하였다. 치료자의 전문성은 무엇이 최상이고 어떻게 일이 되어 가야 하는가를 아는 것으로부터 맥락이 언어와 질문을 통해서 어떻게 형성되어 가는가와 내담자로 하여금 문제를 뒤로 두고 그들이 원하는 영향을 받는 방향으로 나아가는 것으로 전환시켰다.

1988년부터 화이트는 자신의 작업을 이야기치료적 메타포에 접목하고 있다. 이야기치료는 상담실제에서 특히 가족치료적 배경을 가진 상담자들에게 점점 더 많은 관심을 얻고 있다. 이야기치료가 저술에 의지하고, 내담자가 저술한 글에 대한 작업을 주로 한다는 점에서 온라인 채팅상담과 이메일 및 게시판 상담은 이야기치료적 접근에 이상적인 매체라고 볼 수 있다(Derrig-Palumbo & Zeine, 2005). 다음에 제시되는 이야기 상담의 단계는 송현종(2005)에서 정리한 것인데, 사이버상담의 단계 설정에도 시사하는 바가 크다.

(1) 관계 형성

어떤 치료에서도 그렇듯이 내담자와 강한 상담관계를 형성하는 것은 매우 중요하다. 주의 깊게 듣고 경청하는 기술은 이야기 상담 접근법에서도 필수적인 요소다.

(2) 높은 감수성을 바탕으로 한 청취

이야기상담자는 내담자가 유능함과 능력을 보이는 영역(특히 문제와 관련하여)에 관련된 어떠한 정보에 대해서도 높은 감수성을 유지한다. 그래서 정보를 일단 기억에 저장하고, 나중에 상담과정에서 다시 회상할 수 있도록 한다. 이러한 정보는 내담자가 더 선호하는 이야기의 줄거리를 구성하는 데 원 자료가 된다.

(3) 호기심에 기반한 탐색

이야기 상담자의 자세는 내담자를 존중하면서 호기심을 갖는 것이다. 이야기상담자는 상담할 때 내담자의 의미세계에 대해 너무 많은 것을 가정하지 말아야 한다. 문제가 내담자에게 미친 영향뿐만 아니라 내담자가 문제의 영향을 줄이기 위해 어떻게 행동하고 있는가를 탐색할 때에도 이 존중어린 호기심은 사용될 수 있다.

(4) 외재화 대화의 시도

이야기 상담자는 외재화 대화(externalizing conversation)에 참여하면서 사람에게서 문제를 분리하고 명명한다. 이와 같은 미묘한 언어적 변화는 내담자로 하여금 문제가 자기 때문이 아니라 자기 외부의 원인 때문에 발생한 것으로 느끼도록 만든다. 외재화 대화를 통해서 이야기 상담자는 내담자가 문제 때문에 느끼는 비난과 수치심을 점점 줄어들게 만들 수 있다.

(5) 영향력 알아보기 시도

문제를 명명하고 나서 문제와 사람의 상대적인 강도를 탐색하기 위해 '영향력 알아보기(mapping-the-influence)' 질문을 한다. 이러한 질문들의 첫 번째 단계는 외재화된 문제가 사람에게 미치는 영향에 대해 알아보는 것이다. 이 과정에서 내담자는 문제가 자신이나 자기 주위의 타인들에게 어떤 대가를 치르게 했는지에 대해 더욱 풍부한 경험을 하게 된다. 그런 다음 사람이 문제에 어느 정도나 영향을 미쳤는지 묻게 된다.

(6) 예외경험에 주의를 기울이기

비록 어떤 경험이 내담자에게는 사소하고 중요하지 않다고 하더라도 그 경험이 문제 이야기(problem story)와 분리되어 있는 것이라면, 상담자는 그 경험에 선택적인 주의를 기울여야 한다. 이러한 경험의 단편들은 새로운 이야기를 만들어 낼 수 있는 싱싱한 재료가 된다. 이러한 예외적인 경험(unique outcomes: White, 1989a)' 에 관한 질문들을 통해서 상담자는 문제의 생성과 발전에 내담자가 어떻게 영향을 미치고 있는지를 탐색한다.

(7) 내담자의 능력과 성취에 초점 맞추기

무시하거나 간과하기 쉬운 내담자의 능력이나 조그마한 성취에도 초점을 맞추기 위해서는 끈기 있게 질문하고, 정확하게 듣는 태도가 필요하다. 때때로 내담자가 이러한 능력들을 발견하는 데 어려움을 갖고 있는 경우라 할지라도 상담자는 이러한 능력들을 찾아낼 수 있다는 믿음을 가져야 한다.

(8) 대안 이야기의 생성

문제가 되지 않은 최근의 특별한 경험들을 확인하고 나서 상담자는 내담자에게 이러한 경험들의 중요성에 대해 설명해 보도록 한다. 이렇게 함으로써 대안 이야기(alternative story)의 줄거리가 탄탄해지고, 서로 다른 경험들을 연결시키는 주제가 도출된다. 이러한 방식은 몇 가지의 특별한 경험들이 이미 확인된 경우에 가장 효과적이다.

(9) 내담자의 선택 촉구

이야기상담(narrative interview)에서 매우 중요한 점의 하나는 내담자에게 문제중심 이야기(problem-saturated story)로 계속 살아갈 것인지, 아니면 대안 이야기로 살아갈 것인지를 스스로 판단하게 할 시점을 언제로 할 것이냐는 점이다.

(10) 대안 이야기의 지속적인 탐색

상담이 진행됨에 따라 이야기 상담자는 내담자와 함께 대안 이야기가 생성될 만한 새로운 영역을 계속해서 조사해야 한다. 대안 이야기의 줄거리가 생성되는 과정이 내담자에게는 항상 즉각적으로 분명하게 보이지는 않는다. 내담자에 대하여 지속적이고도 존중어린 호기심을 갖는 것은 이야기 면접 방식의 중요한 특징이다.

문제 이야기가 내담자의 삶의 먼 과거로부터 오랜 기간에 걸쳐 시작되었던 것과 마찬가지로 대안 이야기 역시 먼 과거로부터 오랜 기간에 걸쳐 만들어진다. 그러므로 대안과 관련된 내담자의 재능과 능력에 대한 과거사를 자세하게 알아보는 것이 중요하다. 내담자의 숨겨진 재능은 상담과정 중 어디에서도 저절로 나타나지는 않는다. 상담자는 이러한 능력과 관련된 어린 시절의 경험들에 대해 주의 깊게 질문함으로써 이야기의 방향을 새롭게 설정할 수 있는 토대를 강화할 수 있다.

(11) 변화 유지전략 짜기

상담은 내담자가 새로운 정체성을 갖고자 하는 욕구를 갖게 되었다는 것만으로 종결되어서는 안 된다. 사회구성주의자들의 관점에서 보면 정체성만이 한 개인에게 붙여진 유일한 속성은 아니다. 그러므로 상담실에서 만들어진 이야기가 내담자가 살아가야 하는 사회 속에 실제로 뿌리를 내려야 한다는 점이 매우 중요하다. 따라서 상담자는 내담자에게 평판을 어떻게 관리해 나갈 것인가에 대한 질문을 해야 한다. 그리고 내담자의 새로운 변화의 가치를 인정해 줄 수 있는 사람을 세심하게 찾아야 한다. 우리들 대부분에게 있어서 누군가의 격려 없이 자신의 삶에서 급격한 변화를 만들어 낸다는 것은 불가능하다.

(12) 변화에 적응하도록 돕기

자신에 대한 누군가의 평판을 변화시킨다는 것은 엄청난 일이다. 그것은 대다수 구성원들이 선호하는 이야기(preferred story)가 작용해야 가능해진다. 과거 이야기(old story)의 모습을 지켜본 사람들은 내담자의 모습이 변했다는 사실에 적응하는 데에 다소의 시간이 걸린다. 그러므로 문제가 다시 재발되기 전에 시간을 갖고 내담자를 준비시키는 것이 중요하다.

(13) 긍정적인 변화를 기록으로 남기기

기록의 가치와 중요성은 우리에게 잘 알려져 있다. 이야기 편지쓰기(narrative letter writing)는 글로 쓰는 것의 중요성을 인식하면서, 그것을 가장 긍정적인 방향으로 사용하고 있는 것이다. 내담자가 향상시킨 변화를 기록한 편지는 내담자 자신과 타인의 눈에 비친 변화의 증거를 강화한다.

6. 합리적 · 정서적 · 행동적 치료

합리적 · 정서적 · 행동적 치료(rational emotional behavioral therapy, REBT)는 행동지향적, 심리교육적 치료접근이다. 내담자가 자기 파괴적 신념, 감정 그리고 행동을 새롭고 더욱 효과적인 것으로 대치하도록 하는 데 목적을 둔다. REBT는 내담자가 자신의 사고, 정서에 책임을 지고, 일상생활에서 기능하는 능력을 침해하는 건강하지 못한 행동들을 변화하는 힘을 기르도록 교육한다.

REBT는 문제에 대응하고 개인적 성장을 고양시키는 실제적이고 행동지향적 접근으로서 온라인 치료에 쉽게 적용될 수 있다. 특히 실시간 채팅, 비디오 컨퍼런싱, 인터넷 폰을 사용한 실시간 모듈에 적합하다. 이 방법을 통해서 온라인 상담자는 내담자의 더욱 충만한 생애 경험을 저해하는 태도, 고통스러운 정서, 부적응적인 행동에 대해 온라인에서 쉽게 도전할 수 있다. 온라인에서 문제를 푸는 데 더욱 도움이 되는 개별화된 기법들을 제공할 수 있다.

전통적인 치료자들처럼 온라인 REBT 치료자들도 사람들과 밀접하게 작업하면서 정서적인 디스트레스를 야기하는 개인의 신념들을 밝히는 데 도움을 준다. 다양한 REBT 방법들이 온라인 치료에 성공적으로 적용되는데, 예를 들면 논박이 있다. 논박은 개인의 역기능적인 신념들이 더욱 건강하고 현실적이고 유용한 것들로 재형성되도록 하는 기법이다. 전통적인 REBT와 온라인 REBT 모두 일터, 대인관계, 양육과 교육, 공동체와 환경, 건강과 복지를 성공적으로 증진시키는 철학과 접근을 발전시킨다.

REBT의 다음과 같은 모델은 사이버상담에서 접목시켜 볼 만한 상담절차를 제공해 준다(Derrig-Palumbo & Zeine, 2005).

- 내담자가 가장 고통스러워하는 문제 상황들을 확인하고 그중 하나를 선택한다. 그 상황에 대한 불평을 탐색한다.
- 불평에 대한 태도, 신념, 생각들을 평가한다.

- 신념과 그 신념에서 비롯된 감정으로 인해 나오는 반응행동을 탐색한다.
- 비합리적 신념들을 논박하고, 질문하고, 도전한다.
- 내담자가 논박에 대하여 합리적이고 논리적이고 현명하게 반응하도록 돕는다.
- 내담자가 비합리적 신념으로부터 분리되어 분별하고 선택하도록 돕는다. 이로 인해 사소한 좌절이나 짜증에도 유발되는 강한 정서로부터 감정을 변화시키도록 도울 수 있다.
- 내담자가 30일 동안 매일 연습하도록 교육한다. 예를 들어 내담자에게 다음 30일 동안 매일 거울을 보고 '나는 대단한 사람이고, 나는 가치 있는 사람이다.' 라고 말하도록 한다.
- 매일의 연습에 대한 보상 계획을 세우고 실천한다. 예를 들어 내담자로 하여금 매일 숙제를 하고 나면 스스로에게 점수를 주고, 숙제를 하지 않으면 점수를 뺀 후 주말이면 점수를 합산하여 스스로가 보상을 받을 만큼 충분히 점수를 얻었는가를 생각해 보도록 한다.

데리그-팔럼보 등(Derrig-Palumbo & Zeine, 2005)은 2004년에 엘리스(A. Ellis)와 온라인상담에 대한 인터뷰를 실시하였고, 온라인상담에 대한 엘리스의 생각을 정리한 바 있다. 그에 따르면 엘리스는 온라인상담을 면대면상담과 다르지 않게 취급하고 있으며, 대면상담에서 진행되는 상담절차와 기법들이 온라인상담에서도 이루어질 수 있다는 견해를 갖고 있었다. 인터뷰에서 엘리스는 온라인에서 상담자와 내담자의 관계 맺기, 정서적 접근, 커플 상담, 청소년상담, 진단과 목표설정 등을 시행하는 것은 크게 어렵지 않으며 다만 가족치료를 진행할 때 온 가족이 컴퓨터에 접근하기가 불편한 것을 제외하고는 그 과정은 면대면으로 진행되는 REBT 상담과 거의 다르지 않다고 말하고 있다. 엘리스는 치료자와 내담자가 있는 곳이면 어디서든지 상담이 이루어질 수 있으며, 테크놀로지는 상담의 범위를 넓혀 주어서 이전에는 만날 수 없었던 유형의 내담자를 만나게 해 주었다고 평가하였다.

7. 인지-행동적 치료

인지-행동적 치료(cognitive-behavioranl therapy, CBT)는 특정한 사고 패턴의 변화에 초점을 둔다. 전통적인 치료에서와 마찬가지로 온라인 인지치료의 전제도 우리가 상황을 지각하는 방식이 느낌을 결정한다는 것이다(Beck, 1979). 온라인 상담자는 내담자가 그들의 생각과 이야기를 바꾸도록 도움으로써 행동이 바뀌게 한다. 온라인 인지행동 치료자는 치료적 동맹을 수립하고 유지하며, 내담자에게 문제와 가능한 해결방안을 교육한다. 상담이 진행되는 동안 내담자는 숙제하기, 세션 안에서 배운 기술 연습하기 등 상당한 작업을 해야 한다.

이들 모두 온라인에서 효과적으로 진행할 수 있고, 회기 사이에 치료자에게 제출하기도 쉽다. 전통적인 치료처럼 내담자가 부여받은 과업을 완수하는 데 실패하면 행동 변화에 대한 동기와 의지의 부족으로 간주된다. 온라인치료는 회기들이 더욱 빈번하게 있고 문자 의사소통 기록이 저장될 수 있기 때문에 더 큰 계량화 가능성을 허락한다.

한 연구(Proudfoot, Goldberg, Mann, Everett, Marks, & Gray, 2003)에 따르면 컴퓨터로 옮겨진 상호작용 프로그램은 불안과 우울 환자에게 효

과적인 인지행동 치료를 제공할 수 있음이 밝혀졌다. 우울 치료를 위한 인지행동치료적 접근의 컴퓨터 프로그램 중 하나인 BtB(Beat the Blues)는 상호작용적인 멀티미디어 기법으로서 불안과 우울로 고통받는 내담자에게 그들이 가진 증상의 특성에 대하여 알려 주고 인지 행동적 기법을 사용해서 치유하는 방법을 가르친다. 이 연구는 약물요법을 받거나 의료적 처치를 원하지 않는 환자의 보조적 치료수단으로서 BtB를 적용할 수 있는 가능성을 보여 주었다.

온라인 인지행동치료에 대한 인터뷰에서 마이켄바움(D. Meichenbaum)은 심리교육적 웹사이트들은 주치의의 처방을 받아 사용할 수 있으며, 이미 진행되고 있는 오프라인 치료와 연합하여 보조수단으로 행동적인 활동에 몰두하도록 환자를 도울 수 있다고 주장하였다(Derrig-Palumbo & Zeine, 2005). 그가 보기에 웹사이트들은 개별적인 환자의 요구에 맞게 재단된 프로그램을 제공하는데, 이용방법에 있어 사용자 친화적일 필요가 있으며, 대중에게 편안하고 친숙한 언어로 진술되어야 한다. 우울이나 불안 환자를 위한 온라인 프로그램은 인지적 개입에 대한 비디오다. 이 개입은 환자와 치료자 사이의 롤플레이를 통해서 개입방법을 보여 줄 수 있다. 자조적 심리교육 사이트들은 의료처치, 대면상담, 온라인 실시간 채팅치료(online chat real-time therapy)의 보조 치료도구로서 유용하다.

마이켄바움의 자기지시 방법은 내담자로 하여금 부적응을 일으키는 자기대화를 인식하여 자기대화를 긍정적으로 바꾸어 가도록 하는 인지적 재구성을 강조하는데, 사이버상담은 자기대화를 글로 표현하도록 유도함으로써 내담자의 자기지시과정을 명료화하는 데 큰 도움이 될 것으로 보인다.

8. 기 타

이마고 치료자인 헨드릭스(H. Hendrix)는 온라인으로 내담자를 만나면 그들을 볼 수가 없어서 비언어적 대화에 대한 지각이 제한을 받는 반면에 글쓰기를 하는 것은 외부의 간섭을 받지 않고 자신들의 사고와 감정에 대해 심사숙고할 수 있도록 해 주는 장점이 있다고 밝혔다(Derrig-Palumbo & Zeine, 2005). 커플들의 결혼 생활에서 발생하는 다양한 이슈에 대해 어린 시절이 미친 영향을 탐색하고 상대방에 대한 감정과 기대를 전달할 때에도 온라인상담이 도움이 될 수가 있다. 예를 들어 '나(I)'만을 주어로 하여 감정을 기술하도록 요구하는 것이다. 그러면 자신들의 좌절을 비난이 아닌 바람으로 기술하는 방법을 아는 데 도움이 되고, 그들이 변화하기 바라는 행동과 바라는 바를 얻기 위해 스스로 기꺼이 변화하고자 하는 행동을 명료화하는 데 도움이 된다. 또한 원하는 바를 표현하고 요청할 때 불평보다는 요청의 형태로 할 수 있게 도와준다.

이 외에도 초월영성치료를 수행하는 로울리스(G. F. Lawlis)도 온라인에서 상담을 수행하는 것에 대하여 적극적인 관심을 표현하였다(Derrig-Palumbo & Zeine, 2005). 치료자들은 다양한 이론적 접근들을 혼합하여 사용하듯이 온라인 양식을 사용해 왔다. 21세기에는 사이버 세계에서 사람들 간의 의사소통이 컴퓨터상에서의 단순한 클릭만큼이나 보편화될 것이다. 점점 더 치료자들이 그들의 이론과 개입기법을 온라인상에서 시도하는 것이 필수화되고 있다. 테크놀로지가 발달하여 하나의 생활양식이 되어 가고 있듯이, 온라인치료도 면대면치료만큼 자연스러워질 것이다(Derrig-Palumbo & Zeine, 2005).

요약

1. 사이버상담을 효과적으로 진행하는 데 도움이 되는 접근법에는 여러 가지가 있다. 그중 대표적인 것으로는 해결중심 단기상담, 목적성 단기상담, 단기가족치료, 단회상담, 이야기상담, 합리적 정서적 치료, 인지-행동적 치료 등이 있다.
2. 해결중심 단기상담은 내담자의 습관적인 언어패턴에 관심을 두며, 문자기반의 의사소통을 하고 상담회기가 단기적이라는 점에서 사이버상담과 유사한 측면이 있어 사이버상담에 유용하게 적용될 수 있다.
3. 목적성단기상담은 상담시간이 제한되어 있고 변화가 절실히 필요할 때, 간명한 상담절차를 통해 내담자로 하여금 문제해결을 위한 방안을 선택하도록 유도한다는 점에서 사이버 매체를 통한 상담에서 구사하기에 유용한 접근이다.
4. 단기가족치료는 사이버 집단상담에 특히 시사하는 바가 많이 있다. 단기가족치료를 사이버상담에 접목시키면, 가족원들이 동시에 접속하여 상대방의 문자기반 의사표현을 보고, 상대방의 관점을 이해할 수 있는 기회를 갖게 해주는 방향으로 활용할 수 있다.
5. 단회상담은 말 그대로 사이버상담의 단회성과 매우 잘 부합되는 상담이다. 한 회기에 상담을 종결해야 하므로 대화과정을 주도면밀하게 이끌어야 한다는 부담은 있지만, 단회상담도 인간의 문제해결에 큰 도움이 된다는 연구결과들은 단회가 대부분인 사이버상담의 유용성을 대변해 주기도 한다.
6. 이야기치료는 주요 개입 기법으로서 '저술'과 '재저술'을 강조한다는 점에서 사이버상담과 유사한 개입형태 및 기법을 취한다. 특히 이메일상담과 게시판 상담에서 내담자의 부정적 담론을 해체하고 긍정적 담론을 생성시켜 나가는 과정에 의미 있게 적용할 수 있는 접근이다.

7. 합리적 · 정서적 · 행동적 치료 또한 사이버상담에 활용될 수 있다. 부정적인 정서를 야기하는 비합리적 신념을 확인하고, 논박하는 과정에서의 명료화 작업에 문자중심적 의사소통이 도움이 될 수 있을 것으로 보인다.
8. 인지행동적 치료자들도 온라인 상담의 메시지 중심적 의사소통 양식, 기록 용이성, 상호작용적 멀티미디어의 개발 가능성 등을 내담자의 역기능적 인지를 밝히고 변화시키는 데 활용하고 있다.
9. 이 외에도 이마고 치료, 초월영성치료 등 상담의 많은 접근들에서 사이버상담은 폭넓게 활용될 수 있을 것으로 전망되며, 온라인상담에의 접근 가능성들이 앞으로 더욱 구체적이고 지속적으로 논의되어야 한다.

과 제

1. 본문에 소개된 각 상담 접근들(해결중심 단기상담, 목적성 단기상담, 단기가족치료, 단회상담, 이야기상담, 합리적 정서적 행동적 치료, 인지-행동적 치료) 중 1~2개를 골라서 그것들이 사이버상담의 가치를 어떤 면에서 지지해 주는지를 토론해 보자.
2. 본문에 소개된 상담접근들 이외의 다른 대표적 접근들, 예를 들어 정신역동적 상담, 행동주의 상담, 인본주의 상담 등을 진행할 때는 사이버상담을 어떻게 활용할 수 있을지 토론해 보자.
3. 사이버매체를 활용한 상담이 위에서 제시된 이론들에서 제안하는 상담 달성에 어떤 면에서 도움이 되는지 1~2개의 이론을 골라서 토론해 보자.
4. 이야기상담 접근은 사이버상담 메뉴 중 어떤 상담에 가장 적절하다고 여겨지는지 토론하고, 다음의 이메일 상담사례에 대하여 이야기상담의 기법을 활용하여 답해 보자.

오늘도 아이들이 날 따돌렸어요. 점점 많은 아이들이 따돌리는 아이들 편이 되고, 내 곁에 있던 친구조차도 그 아이들과 어울려 나를 욕하는 소리를 들었어요. 기분이 정말 나빴어요. 학교에 있기가 힘이 들어요. 작은 희망이라도 있으면 학교를 가겠는데, 그게 보이지 않아요.

4장

사이버상담의 연구

하나의 상담 접근이 전문적인 영역으로 자리 잡기 위해서는 수많은 연구들이 축적되어야 한다. 상담은 특히 사람의 내면세계를 다루는 활동이다. 그래서 수많은 경험적 연구들을 통해 그 타당성을 입증받은 접근들을 가지고 상담활동을 해야 한다. 이런 점에서 사이버상담의 연구는 매우 부족하다. 아직도 사이버상담이 전문상담 분야로 진입할 수 있을지에 대하여도 검증을 받고 있는 중이다. 그러나 사이버상담에 대한 현실적인 수요는 인터넷과 컴퓨터가 인간의 생활에 깊숙이 파고드는 것에 비례하여 계속적으로 증가하고 있다. 이와 같은 현실에서 사이버상담의 존재를 인정하느냐 하지 않느냐를 논하는 것은 만시지탄의 감이 있다. 그보다는 지속적인 연구를 통해 사이버상담의 적절한 방법들에 대한 과학적인 논의를 적극적으로 해 나가야 한다.

사이버상담에 대한 경험적 연구들은 온라인상담이 가능한 것인지, 비용 대비 효과적인 것인지, 정신건강 서비스를 제공하기에 효과적인 매체인지를 판단하는 데 유용할 것이다. 이러한 정보는 잠재적 사이버상담 내담자들에게도 제공되어야 한다. 사이버상담의 가치와 잠재적 효과를 내담자가 알고서 결정할 수 있도록 하기 위해서다.

(Derrig-Palumbo & Zeine, 2005: 126)

1. 사이버상담의 현황에 관한 연구

1) 국내외 사이버상담현황 정리

임은미와 김지은(1999)은 국내외의 사이버상담 현황을 정리하였다. 그에 따르면 현재 국내외에서 PC 통신이나 인터넷을 이용해서 상담서비스를 제공하는 기관은 계속적으로 증가하는 추세에 있는데, 각 IP(Information Provider) 또는 CP(Contents Provider)마다 상담대상 및 상담문제 영역에서 특징을 나타내고 있다. 국내외 사이트를 각각 100개씩 선정하여 운영자, 상담대상, 이용료, 프로그램별로 사이버상담의 현황을 정리하면 다음과 같다.

(1) 운영자

국내 상담사이트의 운영자들로는 학교가 가장 많았다(29%). 특히 대학교의 학생생활연구소나 학생상담센터에서 운영되는 사이트가 활발한 활동을 보이고 있었으며, 그 다음으로 많은 부분이 정부기관이 운영하는 사이트였다. 개인이 운영하는 사이트에는 상담전문가가 운영하는 사이트와 비전문가가 운영하는 사이트가 혼재하였다. 반면에 주로 미국의 상담사이트들로 구성된 국외상담사이트의 운영자들은 대부분이 상담자나 의사, 임상심리학자 등의 전문상담가였다.

● 〈표 4-1〉 사이버상담 사이트의 운영자

단위: 비율(%)

운영자	학교	정부 기관	개인				정신과 병원	상담 센터	사회 단체	기타 단체	총(%)
			정신과 의사	교사	상담자	비전 문가					
국내 사이트	29	22	7	3	4	7	6	2	7	13	100
해외 사이트	6	-	3	-	79	1	-	-	1	10	100

(2) 상담대상

국내와 해외 상담사이트 모두 일반인을 대상으로 하는 사이트가 대부분이었다(국내 70%, 해외 79%). 전문가를 위한 전문적 상담이론이나 상담자료를 볼 수 있는 사이트도 일부 있었고(국내 30%, 해외 21%), 유코넷(www.youconet.or.kr)과 같이 청소년상담과 관련된 각종 통계 자료를 볼 수 있는 사이트도 있었다. 유코넷에는 청소년 상담에 관련된 각종 연구 · 상담자료 · 상담기관 네트워크를 망라한 대규모 데이터베이스가 구축되었다.

● 〈표 4-2〉 청소년상담 서비스의 대상

단위: 비율(%)

주요대상	청소년과 일반	전문가포함	계
국내사이트	70	30	100
해외사이트	79	21	100

(3) 이용료

1999년 당시 조사대상 국내 상담관련 사이트 총 100개 중 유료상담사이트는 단 한 기관으로서 국내 상담 관련 사이트는 대부분 무료로 운영되고 있다(99%). 반면 해외 사이트들은 유료 사이트들(71%)이 무료 사이트(29%)보다 더 많았다.

● 〈표 4-3〉 사이버상담의 이용료

단위: 비율(%)

이용료	무료	유료	계
국내사이트	99	1	100
해외사이트	29	71	100

해외 사이트의 경우 개인 상담자가 유료로 운영하는 곳이 가장 많았고, 무료 사이트는 텔레비전에 출연하거나 강연을 하러 다니는 상담자가 일종의 부가 서비스 형식으로 무료 편지상담을 해 주는 사이트이거나 학교 상담사이트인 경우였다. 국내에서도 회원제를 두고 있는 사이트가 일부 있었으나 무료이고, 상담활동을 통해 수입을 얻는 국내 상담사이트는 거의 없었다.

(4) 상담 프로그램

1999년말 현재 국내 사이트에서 가장 쉽게 찾아볼 수 있던 상담의 유형은 이메일상담(75%)과 게시판상담(77%)이었고, 해외사이트에서 가장 많이 운영되는 상담의 유형은 이메일상담(83%)이었다. 국내 사이트에서는 상담 내용을 내담자들이 공유할 수 있는 게시판상담이 많았던 데 비해 해외 사이트에서는 게시판 상담은 많지 않고, 상담자와 내담자 사이에 일대일로 오가는 이메일상담과 채팅상담(29%)이 많았다.

● 〈표 4-4〉 사이버상담의 프로그램

중복응답, 단위: 비율(%)

이용료	이메일상담	게시판상담	채팅상담	상담자료
국내사이트	75	77	9	55
해외사이트	83	10	29	45

2) 국내 성상담의 실태조사

최연선(2002)은 성상담을 중심으로 하는 8개의 청소년 상담기관 사이트를 대상으로 사이버상담 서비스의 형태와 내용을 조사하였다. 연구결과 조사대상 상담기관 8개 중 모두가 공개상담을 실시하고 있었으며, 비공개상담 중에서는 이메일상담이 87.5%로 가장 많았고 채팅, 영상을 통한 비공개상담은 각각 25%와 12.5%로 저조한 편으로 나타났다. 상담기관 중 공개상담인 게시판 상담과 비공개상담인 이메일, 채팅, 영상상담을 모두 갖춘 기관은 한 곳뿐이었다. 사이버상담기관별 운영형태를 살펴보면 8개 기관에서 모두 직접운영의 형태로 무료로 운영되고 있었으며, 회원가입 유무에 있어서는 6개 기관(75%)에서 회원들에게만 개방되어 있었다. 또한 모든 기관에서 상담전문가들이 상담을 실시하고 있는 것으로 나타났으나, 상담원의 프로필에 대한 소개를 실시하고 있는 기관은 2개(25%) 기관에 불과하였다.

청소년대상 사이버상담기관의 주요 상담내용은 각 기관의 특성과 목적에 따라 다양하게 분류되어 있으나 청소년문제 가운데 가장 많은 영역을 차지하고 있는 성문제에 관하여 대부분 모든 기관에서 상담을 실시하고 있었다. 사이버상담에 나타난 우리나라 청소년들이 가장 많이 고민하는 성문제는 청소년기의 신체변화에 따른 성지식 문제, 성충동이나 성적 호기심으로 인해 성관계 맺고 이로 인해 발생되는 임신 · 낙태문제, 자위행위 문제순으로 나타났다.

사이버상담의 현황에 관한 내용은 해가 다르게 급격히 달라질 것이다. 인터넷에 사이버상담센터를 개설하거나 폐쇄하는 것은 매우 간단한 일이다. 이들 연구들이 수행된 이후에 사이버상담의 운영주체에는 많은 변화가 있었다. 예를 들어 사이버상담 현황조사를 실시하던 당시에는 개인적인 열정으로 운영되던 상담사이트들이 1～2년 뒤에는 개점휴업상태거나 아예 폐쇄되는 경우도 적지 않다. 대신에 한국청소년상담원, 한국직업능력개발원, 워크넷, 에듀넷 등 기관이 운영하는 사이트들이 각 기관의 전문적 영역에 일치되는 전문적 사이버상담을 진행하고 있다. 자원봉사자들이 진행하는 사이트들도 사랑의 전화나 생명의 전화처럼 체계적으로 운영되는 기관의 사이버상담 사이트는 지속적으로 운영되고 있으며, 이러한 경향은 카운피아닷컴 중심의 사설상담 사이트 등에도 해당된다.

사이버상담 사이트를 개설하는 것은 어렵지 않지만 사이버상담이 지속적으로 운영되기 위해서는 인력이나 기타 여건이 체계적으로 갖추어져야 하기 때문에 사이버상담 사이트는 쉽게 생기기도 하지만 쉽게 없어지기도 한다. 인터넷이 워낙 개방적인 매체이다 보니 사이버상담사이트의 개설과 폐쇄 또한 자유롭게 일어난다. 이로 인해 사이버상담의 현황을 정확히 분석하기는 쉽지 않다. 그럼에도 불구하고 체계화된 사이버상담의 현황 연구가 최신의 경향을 반영하여 새롭게 이뤄질 때가 된 것 같다.

2. 사이버상담 프로그램 효과검증 연구

온라인상담의 효과에 대한 초기연구들은 치료가 효과적이라는 것을 인정하지 않는 통제집단과 실험에 참가한 집단과의 비교연구로 이루어졌다(Ghosh & Marks, 1987; Ghosh, Marks, & Carr, 1988; Selmi et al., 1990). 예를 들어 슬픔과 외상 후 스트레스 장애를 경험하는 학생 중 일부가 온라인치료 실험에 참가하였다. 실험에 참가한 집단과 그렇지 않은 집단 간에 의미 있는 차이가 발견되었는데, 온라인 조건에 참가했던 80% 이상이 다양한 범주에서 임상적으로 신뢰할 만한 향상을 보였다(Lange et al., 2001).

교도소 수감자를 자문하기 위해 교정 심리학자들이 사용한 원격건강 체계의 효과를 보고한 연구도 있다(Peyrot, 2000). 수감자들은 다양한 온라인 자문과정에 만족하고 추후자문에도 기꺼이 응하겠다고 보고하였다. 가끔 수감자의 분노와 좌절을 민감하게 인식하는 작업이 전송시간의 지연으로 인해 잘 이뤄지지 않았다. 그래서 수감자들이 화나거나 좌절했을 때는 몇 가지 문제가 발생하기는 했지만 심각한 병리상태의 수감자들도 이 과정에 대체로 만족하고 있었다. 온라인 서비스의 잠재력은 이 연구에 의해서도 드러났다. 함께 작업하기 어려운 그룹인 수감자들도 새로운 양식의 치료를 수용하였다. 온라인상담을 통해 그렇지 않으면 치료자의 영향력 밖에 있었을 집단들에게도 심리학적 서비스를 실시할 수 있게 되었다.

짐머만(Zimmerman, 1987)의 연구에서는 18명의 심각한 정서장애 청소년들이 컴퓨터 매개 의사소통 체계를 통해 교육을 받았다. 온라인 의사소통이 면대면 집단에서의 의사소통과 비교되었다. 그 결과 컴퓨터 매개 의사소통은 정서장애 청소년 간에 정서적으로 풍요롭고 관계지향적인 언어적 상호작용을 이끌어 내기 위한 새로운 자원임이 드러났다. 청소년들은 면대면 집단에서보다 온라인 집단에서 정서적 이슈와 문제해결에 더욱 집중하였다. 기술양식의 차이를 분석하였는데, 손으로 필기할 때보다 워드 프로세서를 사용할 때 좀 더 관계지향적이고 심리적 상태를 더욱 많이 표현하였다.

1) 실시간 · 비실시간 집단상담 프로그램

문성원(1998)은 문성원과 한종철(1998)의 제안에 따라 컴퓨터에 의해 매개되는 사회적 유능성 증진 프로그램을 개발하고 그 효과를 검증하였다. 이 연구는 실시간 채팅과 비실시간 게시판 메뉴를 활용한 프로그램의 효과검증이었는데다가 실시간 채팅모임 전 활동, 과제활동 등으로 지도자와 도우미의 절대적인 헌신이 연구과정에서 필요하였다. 이 연구는 네트워크나 서버, 통신 프로그램 등이 아직 열악했던 사이버상담 초창기에 체계적으로 다양한 메뉴를 사용하여 실시한 최초의 실험연구로서 사이버상담의 활용 가능성을 유감없이 보여 주었다. 사회적 유능성 증진 프로그램의 중심내용은 자기이해, 정서적 기술, 사회적 문제 해결이었으며, 주된 이론적 틀은 인지-행동적 접근이었다. 온라인상에 폐쇄 사용자 집단을 개설하여, 총 12회기에 걸쳐서 프로그램을 실시하였다. 총 40명의 대학생이 프로그램에 참여하였는데, 1차 시기에 14명(프로그램 집단 9명, 대기자 집단 5명), 2차 시기에 26명(프로그램 집단 12명, 대기자 집단 14명)이 사전 검사를 받았고, 그들 중 37명이 사후검사까지 마쳤다. 프로그램 집단에 할당된 사람들은 지도자 및 도우미 각 1명과 내담자 3명, 총 5명으로 구성된 각 조의 일원으로 편성되었으며, 한 회기에 약 3시간가량 소요되는 온라인 모임에 주 2회 참여하였다. 온라인 모임을 위해 내담자들은 미리 자료 파일을 전송 받고 그에 따라 게시판에서 준비활동을 하였으며, 모임을 마친 후에는 과제활동을 하였다. 프로그램 실시 결과 일반적 적응에서 프로그램 집단이 대기자 조건에 비해 더 의미 있게 향상되었으며, 고독감 검사와 자아상 척도 중 정서적 상태에서 프로그램 집단이 대기자 집단에 비해 더 의미 있게 향상되는 경향성을 보였다. 처치 조건이 사후 평정에 미치는 영향을 알아보기 위해 사후 평정에서 얻은 모든 종속 측정치들을 이용하여 처치 조건 간 다변량 분석을 실시한 결과 프로그램 집단은 대기자 집단에 비해 사후 검사에서 의미 있게 더 나은 수행을 보였다.

이로써 문성원(1998)의 연구는 컴퓨터에 의해 매개되는 사회적 유능성 증진 프로그램의 효과가 사회적 기술, 사회적 수행, 사회적 적응에 이르기까지 고르게 미치고 있음을 보여 주었다. 사회적 기술에서 가장 뚜렷한 효과 크기가 나타났고, 다음으로 사회적 수행, 사회적 적응의 순으로 위계적인 형태의 효과 크기가 나타남을 증명하였다.

2) 비실시간 집단상담 프로그램

김옥순(2002)은 가상공간에서 실시하는 스트레스 관리 프로그램(Cyber Stress Mangement Program, SCMC)을 개발하여, 프로그램이 대학생의 A 유형 행동양식 및 스트레스 감소에 미치는 효과를 분석하였다. 프로그램 운영의 효율성을 높이기 위해 전자 대화방을 제외한 게시판과 이메일로 구성된 홈페이지에서 프로그램을 운영하였다. 피험자는 A 유형 행동양식을 가진 대학생들로서, 실험집단 8명과 통제집단 8명으로 구성되었다. 프로그램 실시 전과 실시 후에 A 유형 행동양식과 스트레스 감소를 알아보기 위해 A 유형 자기평가 질문지, 젠킨스(Jenkins) 활동척도, 일상적 스트레스 척도 및 주관적 스트레스 질문지를 실시하였다. 프로그램에 참가한 피험자들의 A 유형 행동 지표 중 A 유형 자기평가 질문지 점수는 통제집단에 비하여 유의하게 감소하였고, 젠킨스 활동척도 점수가 사전검사에서보다 사후검사에서 의미 있게 감소하였다.

이 연구는 사이버매체에서 실시할 수 있는 집단상담의 실제적인 모형을 제시하였다. 또한 사이버상담의 특징인 시공간 초월성과 운영의 효율성을 부각시킬 수 있는 사이버 집단상담 프로그램 모형을 제시하였으며, 이로써 대면 집단상담에서 이루어지고 있는 다양한 내용의 집단프로그램들을 온라인상에서 구현할 수 있는 근거를 마련하였다. 아울러 상담이 이뤄지기 위해 상담자가 내담자와 동일한 시간에 컴퓨터에 접속해야 하는 '대화방' 프로그램을 포함시키지 않음으로써 운영상의 시간 효율성을 높였다. 운영시간 측면에 있어 운영자는 아침에 30분, 저녁 30분 정도의 시간을 게시판과 피드백, 자료정리의 시간으로 할애하였다. 참가자들은 시간과 공간에 구애받지 않고 심야에(오후 10시~오전 2시) 접속하여 활동하였다. 연구 측면에서도 설문지를 온라인상에서 직접 수행하도록 함으로써 효율성을 높일 수 있었다. 또한 게시판을 적극적으로 활용하였기 때문에 프로그램 진행과정에서 참가자들은 서로의 글을 반복적으로 볼 수 있었고 프로그램을 같은 시점에 시작하지 않아도 되었다. 한 번 만들어진 프로그램에 많은 사람이 개입할 수 있으며 반복학습으로 큰 도움을 받을 수 있다. 여러 가지 측면에서 게시판을 활용한 사이버상담 프로그램은 실시간 채팅 상담, 이메일상담, 대면상담과는 차별성을 갖는다.

다만 게시판과 이메일은 운영자와 참가자 간에 비실시간 상호작용으로 이루어지기 때문에 프로그램에 참가자들이 얼마나 많은 시간을 어떠한 간격으로 참가하느냐는 전적으로 본인의 선택에 달려 있어서 참가자들마다 각자의 회기와 회기 사이의 간격에 차이가 있었는데, 그 차이별로 참여 효과가 어떻게 달라지는지를 분석하지는 못하였다.

김옥순(2002)의 연구에서 개발한 프로그램은 비실시간 상호작용으로 구성되어 프로그램 운영에 드는 운영자의 노력을 절약시킬 수 있었다는 점에서 사이버상담 프로그램의 현실적용 가능성을 확대시켰고, 사이버상담 프로그램은 시간적 · 공간적 제약을 극복하게 해 주면서도 효과를 거둘 수 있음을 보여 주었다. 또한 비실시간 게시판의 기능을 주로 하는 프로그램에서 A 유형 참가자들이 스트레스 수준이 감소될 수 있었던 원인을 게시판의 반복학습 가능성으로 들음으로써 사이버상담이 대면상담의 보완수단 이상의 새로운 효과를 창출할 수 있다는 가능성을 현실로 입증하여 주었다는 의미를 갖는다.

3) 쪽지상담 프로그램

최승국(2001)은 사이버 공간에서 실시간으로 쪽지를 교환하며 상담할 수 있는 프로그램을 구안하였다. 쪽지상담은 내담자가 상담내용을 쪽지로 적어서 상담자에게 보내는 방법으로서 채팅과 전자우편의 기능을 통합한 것이다. 다른 내담자가 상담의 내용을 볼 수 없기 때문에 비밀이 보장되고 상담자가 쪽지를 받은 후 바로 답장을 보낼 수 있으므로 실시간 상담의 효과를 어느 정도 누릴 수 있다. 쪽지상담은 채팅상담보다 즉시성이 떨어지지만 상담자와 내담자가 서로 상담에 대해 생각해 볼 수 있는 시간적 여유를 가질 수 있다. 또한 비밀을 유지하기가 용이하며, 바로 응답해야 하는 부담감이 없다. 최승국(2001)이 쪽지상담실을 운영한 후 내담자의 상담유형에 대한 선호도 조사를 실시한 결과 내담자의 36%가 비밀스러운 내용의 상담에도 쪽지를 이용하여 사이버상담을 하는 것에 대하여 호감을 가지고 있었다. 긴급한 상담의 경우 45%가 쪽지상담을 원하는 것으로 나타나 쪽지를 이용한 사이버상담이 비밀스럽고 신속한 상담을 원하는 내담자들에게 적합한 상담기법으로 사용될 수 있다는 결론을 얻었다.

최승국(2001)의 연구는 단순한 쪽지 기능만으로도 내담자들이 선호하는 상담 프로그램을 실시할 수 있다는 가능성을 보여 주었다. 쪽지상담의 과정은 짧고 단순한 문자를 즉시적으로 주고 받는 휴대폰의 모형과 유사하여, 최근 들어 사용이 급증하는 휴대폰을 활용한 심리적 개입의 가능성도 보여 주고 있다. 쪽지 기능만으로 이루어진 상담에서 내담자들이 어떠한 성과를 거두었는지에 대하여는 차후 연구를 통해 더 검증해야 하겠지만, 사이버상담이 강력한 현실성을 갖기 위해 필수적으로 구비해야 하는 운영자 편에서의 편의성과 시간효율성을 극대화한 프로그램을 시도하였다는 점에서 의미를 갖는다.

4) 멀티미디어를 활용한 비실시간 프로그램

박영숙과 강미경(2003)은 청소년을 대상으로 하는 '문제해결 중심의 체험적' 성교육 실행 프로그램을 개발하고 그 효과를 검증하였다. 청소년 성상담 및 성교육 전문가 5명(청소년 성교육 교사 2명, 청소년 성상담 전문가 1명, 심리학 교수 1명, 의학과 교수 1명, 간호학 교수 1명)이 성상담 사례를 검토하고 전문가 경험을 근거로 3차에 걸친 주제 선정 회의를 거쳐 청소년 성상담 사례빈도가 가장 높고 상호작용과 가상체험에 적합하다고 판단되는 '음란물 중독, 피임, 자위행위, 성적 자기결정'을 교육 주제로 선정하였다. 사이버 성교육의 형식은 4개의 주제에 맞는 문제해결 중심의 가상 체험적 플래시 애니메이션을 제작·실행하였다. 중학생 711명을 대상으로 프로그램 참가 효과를 비교한 결과 가상체험 프로그램에 참여한 실험집단 청소년의 전체적인 성지식 및 태도가 참여하지 않은 통제집단 청소년에 비해 '음란물 중독', '피임', '자위행위', '성적 자기결정'에서 의미 있게 높은 점수를 보였다. 구체적으로 볼 때, 문제해결 중심의 체험적 성교육 프로그램은 자위행위에 관한 정확한 지식 습득 및 자위행위에 관한 태도 변화에 효과적이었고, 음란물이 성에 미치는 부정적 효과 인식, 피임에 관한 정확한 지식 수용, 성행위에 대한 태도 변화, 성행위와 사랑에 대한 왜곡된 인지 변화에서 효과적이었다. 이에 비해 성교 거부에 대한 자기 의사결정, 성교의 부정적 효과 인식, 성교 전에 피임 의사를 밝힐 수 있는 자기 의사결정 능력 등에 있어서는 교육 프로그램 효과가 충분히 나타나지 않아 문제해결 중심의 체험적 성교육 프로그램은 성교육 주제의 특성에 따라 그 효과의 정도에 있어서 차이를 보였다.

이 연구는 플래시 애니메이션 프로그램을 제작해서 프로그램을 매번 운영할 때는 별도의 운영진을 필요로 하지 않도록 했다는 점에서 '무인상담'의 방식으로 볼 수도 있다. 프로그램을 제작하는 동안에는 집중적인 노력이 들지만 일단 제작해서 탑재한 프로그램에 대하여는 프로그램의 내용과 기계적인 장치의 오류만 체크해도 되므로 운영하기가 편리하다. 내담자 입장에서 볼 때도 상담실의 운영시간에 제한 받지 않고 자신에게 편리한 시간에 프로그램에 접할 수 있기 때문에 사이버 매체가 갖는 시공의 초월성을 최대화한 프로그램이다. 아울러 연구의 대상이 되었던 711명 모두가 상담자가 근무하건 하지 않건, 상담자의 신체 상태나 정서적 상태가 어떠하건 똑같은 내용과 운영방식을 접할 수 있었다는 점에서 상담 프로그램의 표준화에 기여한 프로그램이다. 이러한 유형의 멀티미디어를 활용한 DB 구축 방식의 프로그램은 제작 당시의 노력과 경비는 많이 든다 할지라도 많은 내담자들이 광범위한 지역에서 동시에 균등한 질의 상담 프로그램에 접하게 해 주면서도 사이버매체의 활용을 가장 극대화한 프로그램이다. 익명성, 시공의 초월성, 반복 접속 가능성, 운영상의 편의성 등을 충분히 활용하게 해 준다는 점에서 의미를 갖는다.

3. 사이버상담에서의 상담자-내담자 경험분석

말렌과 포겔(Mallen & Vogel, 2002)은 사이버상담의 축어록을 분석하였다. 온라인 회기에서 나온 축어록이 유사 연구에 수록된 면대면 축어록과 비교되었다. 이 연구에서 밝혀진 사이버상담의 가장 큰 특징은 상담자와 내담자 간에 오간 대화의 양에서 대면상담과 현격한 차이가 난다는 점이었다. 면대면 축어록에서는 한 회기에 평균 6,000개 정도의 단어가 대화에서 오갔다. 반면에 실시간 채팅상담의 축어록은 같은 시간에 단지 평균 2,000개 정도의 단어만 교환되었다. 단어의 양이 서비스나 보살핌의 질과 동등한 것은 아니지만, 면대면 회기의 정보량이 동일한 길이의 채팅상담의 정보량을 훨씬 초과한다는 것을 부정할 수 없다.

상담자의 반응은 힐과 오브라이언(Hill & O' Brien, 1999)의 유목체계로 분류하였는데, 면대면 조건에서의 상담자는 더욱 많은 승인, 확신, 해석 등을 제공하고, 내담자에게 더 많이 도전하고, 더 많은 질문을 하고 더 자주 즉시성 이슈에 초점을 맞추었다. 이것은 예비적인 자료이기는 하지만 상담자가 온라인상담 회기보다 대면상담 회기에서 더 편안하게 모험을 하는 것을 나타낸다.

에인스워스(Ainsworth, 2002)는 메타노이아(Metanoia: www.metanoia.org)를 운영하면서 이용자만족도 설문지를 수집하였다. 1999년 5월에 만족도를 분석한 결과 총 619명의 응답자 중 452명(73%)이 e-테라피를 시도하였고, 그들 중 416명(92%)이 도움이 되었다고 보고하였으며, 307명(68%)은 인터넷을 통한 상담을 받기 이전에는 상담을 받아 본 경험이 없는 내담자들이었다.

1) 이메일상담의 성과에 대한 현장분석 연구

김혜윤(2000)은 사랑의 전화 사이버상담센터에서 사이버상담을 받았던 내담자 중 700명에게 설문조사를 의뢰하여 수거된 116건의 사례들을 대상으로 이메일상담의 만족도를 조사하였다. 그 결과 이메일상담에 대한 전반적인 만족도는 매우 높았으며, 구체적으로는 정서적인 지지, 문제해결에 대한 도움조력, 정보 및 조언을 받을 수 있다는 응답이 많았다. 상담자의 태도에 관련된 만족도에 있어서 내담자의 문제에 대한 공감도, 내담자에 대한 무조건적 존중, 상담자에 대한 내담자의 신뢰, 상담자의 전문성 인식 정도가 높은 만족도를 보인 반면, 내담자가 상담자에게 갖는 친밀감은 상대적으로 낮은 만족도를 보였다. 상담의 운영에 관한 만족도에 있어서 상담답장의 신속성, 연속상담에의 욕구, 편지 길이에 대한 적절성, 상담자의 성의도 모두 높은 만족도를 보였다.

사이버상담에서의 내담자들은 지지와 정보제공에 대한 상담욕구가 가장 높은 것으로 나타났으며, 내담자의 호소문제 유형과 상담자의 상담방향의 일치율은 매우 높게 나타나 이메일상담 서비스는 대개 내담자가 원하는 방향으로 제공되고 있는 것으로 나타났다. 문제유형별 분석에 따르면 대부분 높은 만족도를 보였으나 평가자가 분석한 문제유형별 상담방향의 일치여부에 따른 만족도가 어떠한지를 알아본 결과 상담태도에 있어서는 성격 및 대인관계, 이성문제, 학업 및 진로문제에서 상담운영에 있어서는 성격 및 대인관계와 가족문제에서 상담방향이 불일치했음에도 불구하고 만족도가 높았다.

2) 채팅상담 성과 측정 연구

임은미, 김지은, 이영선(2000)의 '채팅상담 성과 측정도구 개발' 연구는 사이버공간에서 수행되는 채팅상담 성과의 구조를 파악하고 채팅상담 성과를 측정할 수 있는 도구를 제작하기 위해 수행되었다. 채팅상담의 성과를 나타내는 문항을 구성하기 위해 사이버상담 실무자, 사이버상담 전문가, 사이버상담 내담자들로부터 자유반응 형식으로 사이버상담의 성과항목들을 입수하였다. 158개의 성과항목들에 카드소팅을 하여 중복된 문항을 삭제한 후 항목 수를 71개로 정리하여 예비검사를 하였다. 예비검사에 대한 분석결과 채팅상담의 성과를 신뢰관계 형성, 정서적 이완, 문제해결, 자기 및 타인 이해의 네 가지로 요약할 수 있었고,

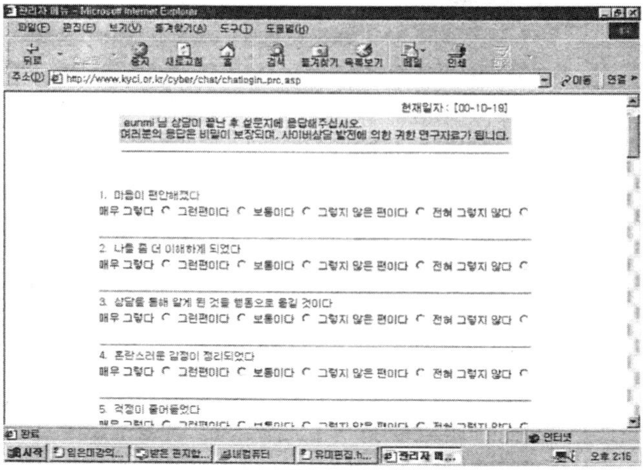

[그림 9-1] 채팅상담 성과 측정 연구에 사용한 온라인 설문지 화면

정보획득 및 조언 요인을 첨가하여 다섯 개 요인을 구성하여 38개 문항으로 된 본 검사지를 제작하였다.

검사지와 응답창을 채팅상담 모듈에 연결하여 내담자들이 채팅상담을 끝낸 후 **나가기** 버튼을 누르면 검사지 응답창으로 연결되도록 프로그램화하였다. 사이버 상담사례 100건에 대하여 상담자와 내담자의 응답을 총 200건 수집하여 요인분석을 실시한 결과 사이버채팅상담의 성과는 다음의 다섯 가지로 나타났다.

- 정보획득: 응답자들은 채팅상담을 통해 필요하고 정확하고 구체적인 정보를 때맞춰 얻은 것이 가장 큰 도움이 되는 것으로 지각하였다.
- 개방지향: 응답자들은 채팅상담을 통해 마음의 문을 열고 속마음을 털어놓으며 감정을 적절하게 표현할 수 있는 효과를 얻는 것으로 지

각하였다.

- 심리적 안정: 응답자들은 채팅상담을 통해 마음에 여유가 생기고 걱정이 줄어드는 대신 문제를 해결하려는 의지를 갖게 된 것으로 지각하였다.
- 객관적 이해: 응답자들은 채팅상담을 통해 자신에 대해 더 잘 이해하고 남들도 동일한 문제를 겪고 있음을 이해하게 되었다고 하였다.
- 자기 긍정화: 응답자들은 채팅상담을 통해 자신의 실수를 용납하고 장점을 발견하며 부정적 정서인 죄책감이 줄어든 효과를 경험하는 것으로 나타났다.

각 요인별로 요인부하량이 높은 3개 문항을 선정하여 총 15문항짜리 채팅상담 성과 측정도구를 제작하였으며, 채팅상담 성과 측정도구의 신뢰도는 전체 신뢰도의 경우 α.90, 반분신뢰도 .83이었고, 하위요인별로는 α.73～.88, 반분신뢰도 .74～.88을 보였다. 요인분석 결과 다섯 가지 요인 간의 독립성이 약하기는 하지만 각각이 설명하는 채팅상담 성과의 총 변량은 73.92%로서 상당히 높은 편이었다.

이 연구는 채팅상담의 성과를 경험적으로 증명하려는 첫 시도로서의 의미를 지닌다. 온라인 채팅상담이 아직은 초기 발전단계이고 온라인으로 설문결과를 얻는 것은 회수율의 측면에서 지극히 어려운 현실을 감안할 때, 이 연구에서 획득한 설문결과는 원 자료 자체로도 큰 의미를 지닌다. 또한 이 도구는 15문항으로 이루어져 있어서 응답절차가 간편해야 하는 온라인 문화의 현실을 잘 고려하고 있는 실용성을 지닌다.

그러나 온라인 응답자들의 설문회수율이 12%에 지나지 않는다는 것은 이 연구가 지닌 한계점이다. 이는 채팅상담을 받았던 내담자 중 88%

는 설문에 응답하지 않았음을 나타내며, 이 연구의 결과가 아무런 강제성이 없는 상황에서도 채팅상담에 대한 평가를 기꺼이 해 준 피험자들의 성격적 특성 편파의 영향을 받을 수 있음을 말해 준다. 낮은 회수율은 온라인 설문 연구가 갖는 특징적인 한계다.

3) 사이버상담 과정연구

이자영(2000)은 사이버상담에서 상담자의 언어반응이 초기상담협력관계에 미치는 영향을 연구하였다. 이를 위하여 채팅상담 모집 공고에 지원한 대학생 17명과 채팅상담을 실시한 63회기분의 축어록을 분석하였다. 상담심리 교수 1명, 상담심리전문가 2명, 박사과정생 1명으로 하여금 상담자와 내담자 언어반응을 분석하게 하였다. 사이버상담에서 상담자들의 언어반응이 내담자가 지각하는 초기 상담협력관계에 어떤 영향을 미치는지 알아본 결과 사이버상담에서 상담자는 면대면상담과 마찬가지로 개방질문, 가벼운 격려, 한정질문 등을 주로 사용하였으며, 사이버상담의 특성상 면대면상담에 비해 상담자의 가벼운 격려, 시인 및 안심, 자기노출 반응이 증가하였다. 내담자 역시 익명성으로 대표되는 자기노출 반응을 가장 많이 하였다.

내담자의 자기노출이나 통찰 반응은 상담자가 개방질문, 반영, 해석, 직면을 많이 할수록 증가하였고, 반면에 상담자의 시인 및 안심이나 지시, 한정질문 후에는 상대적으로 감소하였다. 상담 초기에 상담자가 시인 및 안심반응을 많이 할수록 내담자가 지각하는 상담협력관계 중 정서적 유대가 높아졌으며, 상담 1, 2회기에 보이는 가벼운 격려 또한 같은 효과를 보였다. 이와는 달리 상담자가 한정질문을 많이 하면 상담협력관계 중 목표합의, 과제일치가 낮아지는 것으로 나타났다. 또한 적은 반응수이긴 하지만 상담자의 직면의 증가는 상담협력관계 중 목표 합의와 정서적 유대의 감소를 야기하는 것으로 나타났다. 한편 상담협력관계는 사이버 상담에서도 회기가 증가함에 따라 유의미하게 증가하였다. 이 연구는 연속적인 채팅상담을 대상으로 실시한 것으로서 단회성이 전제되는 사이버상담 실제에서의 독특성을 지니며, 채팅상담의 효과를 측정할 뿐 아니라 특정 효과를 야기하는 상담자 행동을 구체적으로 탐구하였다는 데서 큰 의미를 갖는다.

4. 사이버상담의 내용에 관한 연구

1) 사이버상담 전체 내용에 관한 연구

조민자(2000)가 분석한 전자우편 상담 5,826건을 통한 사이버상담의 내용분석에서 남학생은 성문제, 자신의 외모 · 신체, 진로 · 진학, 성격문제의 순으로 호소하였고, 여학생은 성문제, 진로 · 진학 · 친구, 자신의 외모 · 신체 순으로 호소하였다. 여학생이 남학생보다 친구문제로 더 많이 고민하는 것으로 나타났고, 남학생은 여학생보다 자신의 외모 · 신체에 관해 더 많이 고민하는 것으로 나타났다.

학력별로 중학생은 성문제, 진로 · 진학 · 자신의 외모 · 신체, 시험 · 공부, 친구 순으로 나타났고, 고등학생은 성문제, 진로 · 진학, 자신의 외모 · 신체, 시험 · 공부로 나타났다. 연도별로 청소년 문제를 살펴보면, '성문제'가 모든 해에서 높은 것으로 나타났다. 다음으로는 '진로 ·

진학', '자신의 외모 · 신체' 등이 높은 것으로 나타났다.

성문제는 1998년에 정점을 보이다가 1999년도부터는 줄어들었다. 성문제의 내용을 연도별로 살펴보면 1996년과 1997년에는 성지식 · 신체변화가 가장 높게 나타났으나 1998년부터 성지식 · 신체변화에 대한 고민이 줄어든 반면 이성 관계에 대한 고민은 늘어났다. 과거에 청소년들은 성지식 · 신체변화에 가장 많은 관심을 보였으나 학교 성교육, 인터넷, 각종 매스컴 등을 통해서 성지식에 대해서 어느 정도 정보를 얻을 수 있게 되자, 성지식 · 신체변화에 대한 관심은 그 순위가 다소 밀려나게 된 것으로 보인다. 1996년도에는 '동성애' 상담이 1.6%, '임신과 피임'에 관한 상담이 4.8%이던 것이 2000년도에는 '동성애' 상담이 3.2%, '임신과 피임'에 관한 상담이 10.3%로 두 배 이상 늘어났다.

2) 성문제에 관한 사이버상담의 내용연구

옥복연(2001)은 사이버 성상담에 나타난 청소년 성고민의 유형과 실태를 조사하였다. 1999~2001년까지 인터넷 게시판(한국 교육 방송 인터넷 청소년 성상담실, 연구자 개인 홈페이지) 성상담실에 들어온 청소년들의 성고민을 남녀별, 학력별, 사이트별로 조사하였다. 연구결과 성 고민 상담의 유형은 성충동(성충동, 몽정, 자위행위)에 대한 상담, 건강/신체 구조(성기, 생리, 신체/기타 항목)에 대한 상담, 이상 성행동(노출증, 물품 음란증, 동성애, 성폭력, 이상 성행동, 기타항목)에 대한 상담, 임신에 대한 상담, 피임에 대한 상담, 성병(성병, 에이즈)에 대한 상담, 성교육에 대한 상담, 기타상담(의견, 주장, 감사, 기타 상담) 등으로 정리되었다.

실태조사에서는 첫째, 사이버 성 상담실에 나타난 청소년 성 고민상담에서는 남학생 이용자가 훨씬 많지만 해가 갈수록 여학생 이용자의 수가 증가하고 있었다.

둘째, 전체 이용자 가운데 중학생이 가장 많이 상담실을 이용하였고, 그 다음으로는 고등학생, 초등학생, 대학생 이상의 순서였다.

셋째, 월별 상담을 볼 때는 방학 때 청소년들이 상담을 많이 하고 있는데, 방학 때는 청소년들이 시간이 많아 여유가 것도 있지만 이로 인해 음란사이트 등을 접속하여 잘못된 성지식을 얻거나 성충동을 억제하지 못해 힘들어하고 있는 것으로 나타났다. 또한 이성 교제를 통해 나타나는 성적 문제 등을 스스로 해결하지 못하고 상담실에 도움을 청하는 것으로 나타났고, 특이한 것은 여름 방학이나 겨울 방학을 지내고 나면 상담이 증가하는 현상이다.

넷째, 연도별로 상담 유형을 분석한 결과 1999년은 성충동과 건강/신체구조, 성교육, 이상성행동 등이 많았지만, 2000년은 건강/신체 구조, 성충동, 성교육, 임신이 2001년은 건강/신체 구조, 임신, 성충동, 성교육으로 나타나 임신에 관한 궁금증이나 고민이 늘어나고 있음을 보여 주었다. 사회적으로 성교육을 강조하고 학교나 가정에서 올바른 성지식에 대한 교육 기회를 늘리고 있지만 해가 갈수록 자신의 몸의 변화인 건강이나 신체 구조에 대해 더 많이 고민하고 또한 성교육에 대한 정보를 원하고 있었다. 청소년들이 정보화 사회로 나아가면서 성 정보를 접할 기회가 증가하고 있음에도 불구하고 이러한 경험 중에는 자신의 몸의 성장을 이해하는 데 도움이 되기보다는 오히려 혼란스러움을 주는 것들도 있으며, 음란물을 통해 잘못된 성 정보를 받아들이는 기회가 늘어난 것도 그 원인이 될 수 있다. 또한 신세대일수록 자신의 몸에 대해 관심이 많으며, 조금만 의문이 있어도 빨리 알고자 하는 적극적인 성향이 강한 것도 특징 가운데 하나였다.

다섯째, 학교급별 상담유형을 볼 때, 신체의 성장에 따른 고민들은 학력이 올라갈수록 낮아졌지만 임신은 급격하게 높아지고 성충동은 학년이 높아져도 비교적 많이 나타났으며, 성교육 유형에 대하여는 학년이 높아져도 계속 관심을 가지고 있는 것으로 나타났다.

여섯째, 사이트별 특성을 살펴보면 교육방송 홈페이지와 연구자 개인 홈페이지의 경우 둘 다 건강/신체가 가장 많은 상담 유형으로 나타났다. 또한 홈페이지에서는 임신과 성교육, 성충동의 순서였지만 교육방송에서는 성충동과 성교육의 순서로 나타난 것을 볼 때, 개인 홈페이지에서 임신이나 피임, 성병 등에 대해 좀 더 많은 상담을 하는 것을 알 수 있었다.

이미영(2001)은 연구자 자신이 커뮤니티를 개설하여 성상담을 실시하였다. 연구기간 3개월 동안 총 사례 47건의 상담 중 게시판상담이 34건, 채팅상담이 8건, 이메일상담이 5건이었다. 사이버상담에 호소하는 성문제를 분석한 결과 성관계로 인한 고민을 많이 호소하였다. 임신에 대한 두려움, 처녀막 파열, 비위생적인 상태에의 감염 여부, 남성의 조기사정 등이 주요 문제로 호소되었다. 남자 청소년의 주요 호소 문제로는 자위행위가 많았고, 성욕구, 이성교제의 순서로 조사되었다. 여자 청소년은 신체변화, 성관계, 피임방법, 임신 여부, 이성교제 등 다양한 문제로 고민하고 있었다. 사이버상담에서는 익명성이 보장되기 때문에 자신의 신분을 노출하지 않으면서도 상담을 요청할 수 있어서 얼굴을 맞대고는 공개하기 어려운 성에 관한 문제, 부도덕한 부분까지도 부담 없이 이야기할 수 있었다. 사이버상담은 시간과 공간의 제약이 없기 때문에 아무 때나 아무 장소에서나 상담이 가능했다. 연구자의 커뮤니티에 들어와 상담을 요청한 시간을 보면 늦은 저녁시간이 많았는데, 만약 내방상담이었다면 이 시간은 학생이나 직장인에게는 이용하기 어려운 시간이었다.

김현정(2004)은 사이버 상담에 나타난 초등학생의 성상담 내용을 정리하여 초등학생이 호소하는 성문제의 내용을 유목화하고, 성문제 유형별로 내용이 어떻게 구성되어 있는지 분석하였다. 초등학생이 호소하는 성문제가 성별, 학년별로 어떤 차이가 있는지를 살펴보았다. 이를 위하여 초등학생을 위한 게시판 성상담을 실시하고 있는 인터넷 사이트 중 2001년 10월 1일부터 2003년 4월 10일까지 초등학생 성상담 사례를 공개한 사이트들을 선정하였다. 분석 대상으로 선정된 초등학생 성 상담 사례는 카운피아, 아우성, 대한가족보건복지협회, 내일청소년상담소, 아하! 청소년문화센터, 한국성폭력상담소, 아! 섹스, 늘푸른 여성정보센터, 알쏭달쏭 성 이야기 등 9개 사이트에 게시된 사례 667건이었다.

연구결과를 요약하면 조사대상 초등학생의 성 상담 사례 667건에는 여학생 416건(62.4%), 남학생 143건(21.4%), 성별 미확인이 108건(16.2%) 포함되어 있었다. 내담자의 성을 확인할 수 있는 사례 중에서는 여학생이 남학생보다 월등하게 많았다. 내담자의 학년을 확인할 수 있는 사례 중 1, 2학년은 없었고, 3학년 3건(.4%), 4학년 35건(5.2%), 5학년 123건(18.4%), 6학년이 240건(36.0%)으로 나타났는데, 이는 학년이 올라감에 따라 성에 대한 궁금증과 고민이 증가함을 보여 준다. 3, 4, 5, 6학년 모두 남학생보다 여학생 사례의 비율이 높았으나, 학년이 올라가면서 남학생 사례의 비율이 점차 높아졌다. 초등학생이 호소하는 성문제 내용에 대한 대분류 영역별 빈도를 살펴본 결과 초등학생 성상담 사례 667건 중에서 '신체변화'와 관련된 사례가 373건(55.9%), '성행위'에 관련된 사례는 237건(35.5%), '성관련 심리'와 관련된 사례는 119건(17.8%), '임신과 출산'에 관련된 사례는 52건(11.3%) 그리고 그 외의 성 관련 사례는 14건(2.1%)으로 나타났다. 초등학생이 호소하는 성문제 내용에 대한 세부항목별 빈도를 살펴본 결과 초기 청소년의 신체변화 289건(43.3%), 자위행위 147건(22.0%), 생리 130건(19.5%), 성폭력 56건(6.44%), 음란물 54건(6.21%)이 가장 많은 비율을 차지했다. 이 연구의 결과는 초등학생들이 직면하는 성문제가 무엇인지를 구체적으로 이해하게 해 주며, 교육이나 상담 현장에서 초등학생의 성교육이나 성 상담을 담당하는 전문가들에게 초등학생을 위한 성 상담의 방향성을 모색하는 기초자료를 제공한다는 점에서 의의를 갖는다.

5. 사이버상담과 대면상담의 비교연구

셀미(Selmi, 1983)의 연구에서는 단순 우울증 환자들을 대상으로 인간 치료자 조건과 컴퓨터 보조 조건을 비교하였는데, 각 조건에 대한 사전-사후 측정치의 비교 결과 이 두 조건 모두 통제 집단보다 의미 있는 향상을 보였다. 컴퓨터 보조 조건이 적어도 인간 치료자 조건만큼의 수행을 가능케 하였다. 그러나 셀미의 프로그램은 컴퓨터에 의해 매개되는 개입이 아니라 컴퓨터화된 개입이었기 때문에 심리학자와 내담자 간의 쌍방향적 의사소통이 가능하지 않았다. 중간 중간 발생할 수 있는 질문에 대한 답을 마련해 주거나 숙제 관련 활동을 실시하거나 자살 위험을 평가하기 위해서 전문가가 심리치료 전후마다 내담자를 만나야 했으며, 내담자들은 치료를 받기 위해 치료 장소까지 와야만 했다(문성원, 1998 재인용).

워커(Walker, 1987)는 컴퓨터에 의해 매개되는 개입이 전통적인 대면 의사소통 형식을 따르는 심리학적 개입에 비해서 뒤지지 않음을 최초로 경험적으로 입증해 냈다. 워커의 연구에서는 스트레스 관리를 위해 CMC개입을 이용하였는데, 행동 변화에 대해서 면대면 개입만큼의 효과가 CMC개입을 통하여 가능함이 입증되었다. 더구나 단순히 컴퓨터로 자동화되어 제시되는 개입, 쌍방향적 상호작용이 가능한 집중적인 CMC 개입, 면대면 개입의 세 조건 모두에 대한 측정이 실시되었기 때문에 더욱 명료한 결과의 관찰이 가능하였다. 단순히 컴퓨터로 자동화되어 제시되는 개입조건에 비해서 집중적인 CMC 개입과 면대면 개입 조건은 모두 행동 변화에 대한 더 큰 효과를 야기했다. CMC 조건은 모집 공고, 지시문, 피드백 등 개입과 관련된 모든 절차가 BBS 상에서 이루어졌기 때문에, 프로그램에 참여하는 사람들은 자기가 원하는 시간, 장소에서 개입을 받을 수 있으며, 별도의 면대면 접촉을 하지 않아도 되었다. 워커의 연구 결과는 CMC 개입이 치료의 질을 손상시키지 않으면서 효율성을 향상시키고 있음을 확증시켜 주었다.

그러나 워커의 연구는 CMC를 개입의 도구로서 인정하게 된 계기를 마련해 주는 데 더 큰 의의가 있는 것이었기 때문에 심리학적 개입의 요소로서의 전문성과 관련된 부분에 대해서는 미흡한 측면들이 있었다. 이전의 연구들에 비해서 CMC가 가지고 있는 심리학적 측면들을 더 많이 고려하고 있지만 그러한 접근들이 체계적이지 못하고, CMC로 개입을 실시할 경우 가장 우선적으로 검토되어야 할 사항은 개입관계가 과연 발달하고 있는 것인가의 문제인데 워커의 연구에서는 그 부분에 관한 검증이 경험적으로 이루어지지 않았다. 또한 개입의 구성에 대한 이론적 근거가 충분하지 않아서 개입 대상의 선정 이유, 개입 내용의 이론적 구성에 관해 불명확한 부분들이 상당 부분 포함되어 있다(문성원, 1998 재인용).

조민자(2000)는 사이버상담 내용에 나타난 청소년의 문제를 연구하였다. 1996년 5월부터 2000년 7월까지 PC 통신 하이텔(Hitel), 유니텔(Unitel), 천리안(Chollian) 그리고 인터넷으로 접수된 '청소년세계'의 전자우편 상담 5,826건과 서울시내 중고등학생 950여 명을 대상으로 설문조사를 실시하여 비교한 결과 사이버상담의 경우는 '성문제'가 가장 높게 나타난 반면 설문 조사에서는 '진로 · 진학'과 '시험 · 공부' 등의 학업에 대한 고민이 높은 것으로 나타났다. 이는 청소년들에게는 익명성이 보장되는 사이버공간에서 논의할 수 있는 문제와 신분을 밝혀야 하는 대면상담에서 논의할 수 있는 문제가 서로 다를 수 있음을 보여 준다.

정서적인 어려움을 겪는 집단들이 대면상담보다 컴퓨터 매개 치료를 쉽게 수용하였으며, 덜 심각한 집단에서도 이런 현상이 나타난다는 것도 발견되었다. 인지치료 기술을 배우도록 하기 위해 100명가량의 피험자를 위해 전통적인 대면 처치와 함께 멀티미디어를 사용하였다. 참가자들은 컴퓨터 조력 치료를 쉽게 수용하였으며, 인지 치료적 지식의 측정치에 의미 있는 향상을 보였다(Wright & Wright, 1997).

코헨 등(Cohen & Kerr, 1998)의 연구에서는 내담자가 면대면상담 또는 컴퓨터 매개 상담 중 한 집단으로 할당되었다. 내담자는 양쪽 모두에서 불안에 의미 있는 변화를 보였으며, 집단 간 차이는 나타나지 않았다. 내담자는 상담자의 전문성, 매력, 신뢰성에 대하여도 유사한 평가를 내렸다. 컴퓨터 매개 상담 조건에서는 내담자가 상담자를 볼 수 없었다. 그럼에도 불구하고 내담자가 상담자를 매력적이고 신뢰성 있게 지각했다는 것이 흥미롭다. 온라인 내담자들은 상담자를 이상화시켰을 가능성이 있기 때문에 앞으로의 연구에서는 이러한 과정의 긍정성과 부정성을 밝혀내기 위한 현상의 탐구가 더욱 면밀하게 이루어져야 할 것이다.

허포드 등(Hufford, Glueckauf, & Webb, 1999)은 간질을 앓는 자녀를 둔 가정에 대한 가족 상담을 비디오 컨퍼런스(video-conference)에 기반을 둔 가족 상담과 면대면 가족 상담을 비교하여 실시하였다. 문제의 심도, 빈도, 다양한 치료에의 노출 경험 등 여러 가지 성과 변인들을 검토하면서 두 치료접근 모두 효과적이지만 치료의 양식, 즉 온라인 치료냐 오프라인 치료냐는 결과에 영향을 미치지 않았음을 발견하였다.

원격 영상 심리 평가를 위한 예비연구에 참가한 환자들이 경험만족도에 높은 평가를 했음을 발견한 연구도 있다(Stevens et al., 1999). 원격 영상 심리 평가 조건에서도 내담자는 심리치료자와 충분한 라포를 형성할 수 있었음을 보고하였다. 그러나 이 연구에 참가한 심리치료자는 원격 영상 의사소통에 여전히 긍정적인 평가를 함에도 불구하고 면대면 면접에 비하여는 낮은 수준의 만족도를 표현하였다.

면대면, 비디오 컨퍼런스, 그리고 양방향 오디오의 심리치료 양식 간 과정과 성과 변인들을 분석한 연구에서 80개의 무선 할당 내담자에게서 얻은 결과는 세 치료양식 간의 효과 차이는 사소하였다(Day & Schneider, 2002).

온라인 환경에서의 상담자의 반응에 초점을 둔 연구(Mallen & Vogel, 2002)에서 상담자는 단 한 회기만 실시간 채팅 환경에서 내담자와 만날 것이라는 공지를 받았다. 한 회기의 상담에서 상담자들은 컴퓨터 매개 의사소통 기술에 대한 경험이 거의 없음에도 불구하고 내담자의 현재 문제를 정확히 평가할 수 있었고, 그 과정에 전반적으로 만족스러워하였다.

요 약

1. 사이버상담의 연구는 아직 초보적이다. 특히 전산 분야와 네트워크의 급속한 발전에 따르는 상담실제의 변화를 연구가 따라잡기에는 지극히 역부족이다. 사이버상담의 현실적 수요가 급증하고 있음을 고려할 때 사이버상담의 여러 가지 측면에 대한 체계적인 연구가 본격적으로 진행되어야 한다.
2. 사이버상담과 대면 상담의 효과를 비교한 연구들에서는 대체로 상담을 하느냐 하지 않느냐에 따르는 결과의 차이는 크지만, 사이버상담을 하느냐 대면 상담을 하느냐에 의해 야기되는 효과 차이는 사소한 것으로 나타났다.
3. 사이버상담 프로그램은 실시간으로 진행될 수도 있고, 비실시간으로 진행될 수도 있다. 실시간 프로그램은 상담자와 내담자가 시간을 맞추어 그 시간에 쌍방이 접속해야 하는 불편함이 있고, 비실시간 프로그램은 상담자가 굳이 내담자와 동시에 네트워크에 접속할 필요는 없으며, 멀티미디어를 활용한 프로그램은 일단 제작해 놓으면 시스템 작동에 이상이 없는 한 무인상담이 가능하다. 각각의 비용을 고려하면 비실시간 상담 프로그램이나 멀티미디어를 활용한 프로그램이 우수하지만 각 프로그램이 어떤 내담자에게 어떤 효과를 내는지에 대한 비교연구는 아직 수행되지 않았다.
4. 사이버상담의 과정에서 내담자는 긍정적인 경험을 많이 하는 것으로 나타났다. 대면상담이나 전화 상담으로는 상담에 접근하지 않았을 내담자도 사이버상담에는 부담 없이 접근한다는 연구결과도 있다. 이와 같은 연구결과들은 사이버상담이 활성화되면 상담이 더욱 많은 내담자에게 긍정적인 효과를 줄 수 있을 것을 시사한다.
5. 사이버상담의 내용은 매우 폭넓다. 지금까지 사이버매체를 청소년들이 어른들보다 선호하는 경향 때문인지 청소년 사이버상담 사이트들이 성황리에 운영되고 있으며, 여러 가지 상담 내용 중 진로상담이나 성상담이 많은 비

중을 차지하고 있다. 진로상담이나 성상담은 적절한 정보탐색 작업이 함께 이루어지면 효과적이라는 면에서 사이버상담을 적극 활용해 볼 만한 문제 영역이다.

과제

1. 독자들이 체감하는 사이버 상담의 현황에 대하여 서로의 의견을 나누어 보자. 우리나라 또는 우리 지역의 대표적인 상담 사이트에는 어떤 것들이 있는지 조사해 보자. 조사한 각 사이버상담 사이트의 게시판 메뉴를 방문해서 날마다 새롭게 게시되는 문제와 응답이 있는지 점검해 보자.
2. 국내에서 이루어진 사이버상담의 현황에 관한 연구들에는 어떤 것들이 있는가? 그 연구들은 사이버상담의 어떤 측면을 밝히고 있는가? 사이버상담의 현황을 더 정확히 이해하기 위해 어떤 연구들이 더 수행되어야 할 것인가?
2. 청소년들은 면대면 집단에서보다 온라인 집단에서 정서적 이슈와 문제해결에 보다 집중하였다는 Zimmerman(1987)의 연구결과에 동의하는가? 본인의 체험을 예로 들어 생각해 보자.
3. 문성원(1998)의 연구에서 실시간 · 비실시간 집단상담 프로그램이 참가자들의 사회적 기술, 사회적, 수행, 사회적 적응을 증진시켰다. 연구에서 사용한 프로그램의 어떤 측면이 참가자들의 사회적 기술, 수행, 적응을 증진시켰을지 추측해 보자.
4. 실시간 상담 프로그램과 비실시간 상담 프로그램, 멀티미디어를 활용한 비실시간 프로그램의 운영방식을 비교해 보자. 각각의 독특한 효과로서 어떤 것이 있을지와 비용대비 효과에서 어떤 프로그램이 더 우세할지를 판단해 보자.

5. 활발히 운영되는 사이버상담 사이트를 방문하여, 사이버상담에서 주로 논의되는 문제의 내용 혹은 주제는 무엇인지 분석해 보자. 특정 내용이 사이버상담에서 주로 논의된다면 그 이유는 무엇일지 토론해 보자.

5장

사이버상담의 기법

사이버상담의 기법은 아직 개발 중이다. 앞으로 많은 실험을 통해 계속 발굴되고 검증되어야 한다. 현재까지는 사이버상담이 비언어적 메시지를 확보하지 못한 채 진행되어야 하는 점을 염두에 두고 그것을 극복하고자 하는 기법들이 많이 소개되었다. '표현기법'이 바로 그것이다. 또 한편으로는 사이버상담이 갖는 단회성의 특징에 맞게 문제에 대한 초점을 간단하고도 분명하게 맞추어 한 회기 내에서 다룰 수 있는 문제들로 구체화하여 접근하는 방법이 발달되어 왔다. '상담진행상의 기법'이 이에 해당한다. 여기에 소개된 것 이외에도 사이버상담 업무를 담당하는 실무자들이 각각 사용하고 있는 상담기법은 수없이 많을 것으로 예상된다.

사이버상담에서 상담자가 가져야 할 가장 중요한 태도는 온정의 표현(express warmth)과 내담자 개개인을 향한 돌봄(personal caring)의 자세다.

(Collie, Mitchell, & Murphy, 2000)

사이버상담의 기법에 관한 논의가 학문적으로 발표된 예는 많지 않다. 사이버상담의 방법에 대한 논의는 세 가지로 나눌 수 있다.

첫 번째는 상담과정에서의 표현기법에 대한 것이다. 현재의 사이버상담 메뉴가 주로 문자기반으로 이루어지다 보니 사이버상담을 효과적으로 진행하기 위해 어떤 문투들을 어떤 방식으로 활용하는 것이 좋을지에 대한 논의가 이에 해당한다.

두 번째는 사이버상담의 단계에 대한 논의다. 한정된 시간에 문자를 주로 하는 한정된 의사전달 방법을 사용해야 하는 여건에서 어떻게 하면 상담자가 내담자의 문제를 정확하게 파악하고 자신의 응답을 적절하게 해 나가느냐에 대한 것이다. 어떤 단계로 상담자의 응답을 배열해야 하는가에 대한 논의가 이에 해당한다.

세 번째는 테크놀로지에 대한 논의다. 네트워크, 서버, 오퍼레이팅 시스템, 소프트웨어 프로그램 등 사이버상담에 필요한 컴퓨터 기술이 발달함에 따라 사용할 수 있는 도구들이 다양하게 변화하였고, 상담 내용들을 편리하고 풍부하게 전달할 수 있게 되었다.

지금까지 국내에서는 위의 세 가지 논의들이 함께 이루어져 왔다. 사이버상담에 대한 논의가 본격화되기 위해서는 각각의 줄기들에 대하여 더 세부적인 논의가 별도로 발전될 필요가 있을 것이다. 여기에서는 첫 번째의 논의, 즉 사이버상담에서 효과적으로 내담자의 문제를 이해하고 상담자의 응답을 전달하기 위한 기법들을 정리한다. 두 번째 논의인 사이버상담 단계에 관한 논의는 제3부에서 다룬다. 기술적인 부분에 대한 세 번째 논의는 컴퓨터 네트워크 분야의 기술적 진보가 워낙 급속도로 일어나므로 현 시대 상황을 충분히 반영하여 기술해도 곧 낡은 것이 되는 예가 허다하므로 이 책에서는 다루지 않기로 한다.

컴퓨터나 인터넷을 사용한 상담에서는 인간 상호작용보다 기술이나 메뉴의 비교에 초점을 두게 되기도 한다. 그러나 컴퓨터 매개 의사소통에서 인간적인 측면은 기술적인 측면보다 더 중요할 수 있다. 콜리(Collie, 1998)의 연구 결과는 컴퓨터 시스템의 특징이 그 시스템을 사용하기 위한 절차나 원리보다 덜 중요하다는 것을 보여 주었다. 이는 온라인 상담자로서의 성공은 온라인 대화기술을 습득하느냐에 달려 있음을 알려 준다.

다음은 1999년에 콜리(K. Collie), 미첼(D. Mitchell) 그리고 머피(L. J. Murphy)가 이메일로 사이버상담에서 자신들이 활용하는 방법들을 정리한 것이다.

미첼과 머피는 1995년에 이메일상담을 시작하였다. 그들은 온라인상담 실제와 그에 대한 출판을 겸한 몇 안 되는 사람들 중 하나다. 그들의 접근은 치료적 이메일(therap-e-mail)이라고 불리며, 이야기 치료적 접근과 해결 중심적 접근을 결합시켜 사이버상담에 응용하였다. 그들은 또한 온라인상담을 위한 윤리적 지침도 마련하였다. 콜리는 컴퓨터 기반의 원격 예술치료의 발전에도 참여하였다. 동시적 언어 상호작용과 내담자와 공유 가능한 컴퓨터 그림 프로그램을 사용하여, 사이버 미술치료를 창안하고 활용하고 있다.

머피는 여러 가지 기법들을 이메일상담에서 사용하고 있음에도 불구하고, 이메일상담에서 상담자가 가져야 할 가장 중요한 태도는 온정의 표현(express warmth)과 내담자 개개인을 향한 돌봄(personal caring)의 자세임을 강조한다. 야저(Yager, 2002)의 경우는 거식증 환자에게 이메일을 사용하여 효과를 본 자신의 편지 양식을 주로 환자들이 기술한 사항에만 응답했던 점, 고통스러운 장애와 싸우느라 얼마나 수고하는지 인정해 준 점, 격려를 보내고 자존감과 긍지를 북돋울 수 있는 긍정적인 조망을 제공했던 점으로 들었다. 사이버상담자가 가져야 할 주요 태도는 개인적 관심, 돌봄, 인정, 긍정화 등으로 요약될 수 있을 듯하다. 사이버상담의 기법들은 이러한 상담자의 태도를 효과적으로 표현하는 수단이 된다.

다음에 소개되어 있다시피 사이버상담자들이 발달시킨 사이버상담의 기법들은 주로 문자기반의 온라인상담에서 놓치기 쉬운 비언어적 단서들을 보강하기 위한 것에 초점을 둔다. 그러나 온라인상담 상황에서 내담자와 상담자가 서로 얼굴을 보지 못함으로써 오히려 정서적인 분산이 줄어드는 효과가 있다고 주장하는 사람도 있고, 대면접촉의 결핍이 오히려 개인적 관계에서는 심리적인 동등성을 가지게 해 주기도 한다는 주장도 있다(Colón, 1996).

이 외에도 스토플과 체첼레(Stofle & Chechele, 2004)가 『온라인상담의 회기 내 기술들』이라는 제목으로 약속 기술, 회기계약 기술, 교수/훈련/모델링 기술, 지지적 직면 기술, 회기요약 기술 등을 소개한 자료가 있다.

1. 표현기법

1) 정서적 표현에 괄호 치기

정서적인 표현에 괄호 치기(Emotional Bracketing)는 글 속에 숨어 있는 정서적인 내용에 사각괄호를 침으로써 비언어적 단서의 결핍을 보완하기 위한 방법이다. 이러한 시도는 내담자로 하여금 말속에 숨어 있는 음성적 분위기를 들을 수 있게 해 준다. 내담자에게도 중요한 정서적 내용을 사각괄호 안에 담으라고 말할 수 있다. 내담자가 쓴 편지가 다음과 같다.

> 당신이 지난번에 보내 준 답장을 여러 번 읽고 있습니다[**다시 한 번 내가 바보 같다고 느끼며**]. 비록 당신의 말을 인정하기는 하지만[**당신이 나를 그토록 신임하고 있다는 사실을 믿을 수는 없어요**]. 나는 내가 가치 있는 인간관계를 가질 수 있을 거라고 생각하지 않아요[**너무 너무 슬퍼요**]. 리처드가 다시 전화해서 나더러 바보라고 하더군요[**나 자신에게 화가 나요**]. 그는 너무 야비해요[**사실 난 나 자신보다 그에 대해서 더욱 화가 났다고 생각해요**]. 그래도, 음, 지금은 내가 했던 말을 다시 생각해 보는데요. 나는 정말 그에게 화가 난 거예요[**이상하네요. 지금 기분이 꽤 좋은 거 있죠**].

출처: Collie, Mitchell, & Murphy, 2000, p. 225.

콜리 등(Collie, Mitchell, & Murphy, 2000)과의 인터뷰에서는 위와 같이 사각괄호를 사용하였다. 사각괄호 대신 둥근괄호를 사용하는 예도 있다. 슐러(Suler, 2004)는 메시지에 함의된 기분이나 마음을 표현하기 위해 둥근괄호를 사용할 것을 제안하고 있다. 머피와 미첼의 1998년 논문에서는 사각괄호가 아닌 둥근괄호를 사용하였다. 그 예는 아래와 같다.

정환 님, 당신 소식을 들은 지 여러 주가 지났어요(**염려되고 걱정돼요**). 적어도 이 메일을 접수만 해 줘도 매우 고맙겠어요(**주제넘게 나선다는 느낌도 들고, 내가 너무 지나친 걸 요구한다는 느낌도 드네요**).

출처: Murphy & Mitchell, 1998, p. 24.

괄호의 모양을 어떤 것을 사용하든 정서적 표현에 괄호 치기 기법은 전달하고자 하는 것들 중 감정적인 내용을 별도로 괄호 속에 구분하게 해 준다. 이는 객관적인 시각으로 사실에 대한 대화를 주고받으면서도 제한적이나마 정서표현을 가능하게 해 주는 효과가 있다. 미첼은 이와 같이 정서적인 표현에 괄호를 침으로써 적어도 세 가지를 달성했다고 한다. 첫째, 치료자와 내담자가 쉽게 서로에 대해 더 잘 알게 되었다는 것이다. 둘째, 내담자로 하여금 자신의 감정을 더욱 깊이 알도록 격려해서 내담자의 자기인식 수준을 증가시켰다는 것이다. 셋째, 내담자가 자기 자신과 대화를 나누는 데 참여하는 부분들을 외재화시키기 시작할 수 있게 되었다. 형태치료나 이야기 상담 등 많은 접근들은 변화를 촉진하기 위해 외재화기법을 사용한다.

2) 즉시성과 현시기법

즉시성(descriptive immediacy)과 현시기법(presence techniques)은 내담자와 상담자 간의 관계의 질을 심화시키는 것을 주요 목적으로 사용된다. 주된 방법은 상담자가 편지를 읽는 당시의 자신의 심정과 모습을 생생하게 시각화시켜 표현하는 것이다. 이 기법은 내담자에게 상담자의 글을 이해하는 맥락단서가 되는 상상력을 제공해 준다. 다음의 이메일 응답 내용은 상담자가 사용한 현시기법의 예를 보여 준다.

수진 님이 지난번에 보내 준 응답메일을 막 읽었어요. 수진 님, 내 입이 귀까지 쫙 벌어진 거 있죠. 수진 님이 죄책감을 이겨낸 것을 생각하면, 고개가 절로 끄덕여지고, 기쁨에 가슴이 벅차서 '해냈군, 해냈어.' 라고 말하는 자신을 발견합니다. 수진 님이 여기에 나와 함께 있다면, 두 팔을 들고 하늘을 향해 쭉쭉 뻗치는 내 모습을 보았을 겁니다. 마치 '음, 죄책감의 위력이 이제 다 떨어졌어. 아자, 아자, 화이팅' 이라고 말하는 것처럼요. 축하해요 수진 님.

출처: Collie, Mitchell, & Murphy, 2000, p. 226.

사이버상담에서는 즉시성의 표현이 글을 통해 이루어지므로 글로 표현한 즉시성을 기술적 즉시성(descriptive immediacy)이라고 한다. 기술적 즉시성은 현시기법 중 하나라고 볼 수도 있다. 기술적 즉시성을 사용하는 상황에는 몇 가지가 있다. 첫째, 강렬한 감정이 일어나는 순간을 강조하기 위해 사용한다. 어떤 상황에서는 언어적 반응만으로는 불충분한 경우가 있다. 매우 성공적인 감정의 경우에도 해당되지만 고통스러운 감정을 공개할 때도 사용한다. 둘째, 대면상담에서 즉시성을 사용하는 상황과 유사하게 사용한다. 내담자의 말이 일관되지 않거나 이전의 이메일과 모순될 때 사용한다. 직면으로 들어가기 전에 서로의 친밀성을 깊게 하기 위해서도 기술적 즉시성을 사용한다. 상담자가 내담자와의 유대를 깊게 하는 데 도움이 될 것이라고 느끼는 순간이면 사용할 수 있다.

미첼의 경우에는 인사와 마무리에 기술적 즉시성을 사용한다. 내담자로부터 첫 이메일을 받았을 때, 다음과 같이 서두와 마무리를 할 수 있다.

안녕하세요. 형진 님.

내 마음의 눈에서, 나는 당신을 향해 손을 내밀고 있습니다. 얼굴에 환영하는 미소를 가득 띠고서 '만나서 반가워요.' 라고 말하면서 말입니다. 할 수만 있다면 차라도 한 잔 권하고 싶습니다.

〈중 략〉

불안으로부터의 위협을 완전히 비워 버린 당신과 함께 웃으며…….

- 사이버상담실 드림

이메일상담에서 상담자는 단지 생각만을 전달하는 것이 아니다. 문자를 통해서 감정까지 전달한다. 그보다 상담자는 내담자를 위한 순수한 온정과 돌봄의 치료적 관계를 수립하고 유지하기 위해 노력해야 한다. 기술적인 즉시성은 현시기법을 구체화시킨 한 예라고 볼 수 있다. 현시기법은 마치 상담자 옆에 빈 의자가 있는 것처럼 내담자를 상담자가 있는 곳으로 데려올 때 사용한다. 또 내담자에게 상담자와 함께 있다는 경험을 보다 생생하게 만들어 주기 위해 사용한다.

현시기법을 사용할 때 아주 미묘한 경험이 일어나기도 하는데 상대방과 마주보고 있음을 암시하는 언어들을 사용하게 된다. 예컨대 다른 상담자와 이메일을 주고받을 때에도 '당신을 만나서 반가워요.' 라고 응답하게 된다. 문어체가 아닌 구어체를 사용함으로써 대화를 나누는 느낌을 갖게 한다.

문자기반의 사이버상담 내용을 읽을 때 내담자가 처해 있는 장면과 내담자의 제스처, 표정에 대한 이미지가 떠올려지는 경우가 있다. 현시기법을 구사하는 방법은 상담자가 내담자와 마주하고 있음을 함의하는 용어들을 사용하는 것이다. 한번도 만난 적이 없는 내담자로부터 첫 이메일을 받을 때 '당신을 만나서 기쁩니다.' 라고 응답하는 것이 그 예다. '좀 전에 당신이 말했듯이' 라는 표현과 같이 문서에서 사용되는 어구 대신 대화에서 사용하는 어구를 사용한다. 문서에서는 이 표현을 '윗글에서 기술했듯이' 라고 쓸 것이다. '좀 전에' 라는 표현은 상담자와 내담자가 공유했던 경험에 주의를 집중하게 해 준다. 내담자를 상담실로 실감나게 데려 오고, 내담자를 위해 상담자와 함께 있음을 선명하게 느끼도록 해 주기 위해 이용한다.

현시기법은 내담자들이 자기 자신, 자신의 경험, 행동 그리고 환경에 대하여 보다 잘 인식하도록 격려한다. 미첼은 사이버상담에서 현시기법을 풍부하게 사용할 것을 권한다. 그는 현시기법을 시도하지 않는 경우는 상담자가 내담자에게 자신의 비언어적 메시지를 전달하고 싶지 않거나 시간이 없기 때문이라고 주장한다.

3) 비유적 언어사용

대부분의 픽션은 의미를 전달하고 심화시키기 위해 은유나 직유를 사용한다. 머피(Murphy, 2000)는 정보를 비유적으로 처리하는 두뇌영역에 접근하면 보다 깊은 비언어적 각성수준에 도달할 수 있다고 믿는다. 대면상담에서도 내담자가 이 두뇌영역에 접근하도록 하기 위해 자신의 문제 또는 해결책에 대하여 비유로 표현하도록 독려한다. 문자기반 상담에서도 내담자로 하여금 자신의 문제나 원하는 해결책을 비유로 표현하도록 할 수 있다.

- "죄책감은 무거운 짐 같아요. 배낭에 든 액체 콘크리트 같아요. 내가 움직일 때마다 따라 움직여요. 그 무게가 항상 나를 짓누르고 힘들게 해요."

내담자와 이런 식으로 심리상태를 공유하면 내담자의 고통이 확연히 이해되면서 상담자와 내담자 사이의 관계는 더 깊어짐을 발견할 수 있다. 대면상담에서도 마찬가지다. 이러한 작업은 내담자로 하여금 자신이 원하는 것이 무엇이고 무엇을 원하지 않으며, 왜 그런 것들을 원하고 원하지 않는지를 보다 명확하게 알게 해 준다.

비유적 언어는 다음과 같이 단순하게 표현될 수 있다.

- "당신에게 편지를 쓰면서, 내 몸 안에도 무거운 짐이 있는 것처럼 느껴집니다. 호수 님, 어머니가 돌아가셨다니 정말 유감이에요."
- "당신이 스스로를 해치는 그 관계에서 빠져나왔다니 편지를 읽으면서 얼마나 행복한지 모릅니다. 구름 님, 내 모니터가 자기 스스로 웃기 시작하는 것 같았답니다."

문자기반의 상호작용에서는 대면 상호작용에서와 달리 비언어적 요소가 결여되기 때문에, 상담자는 글의 표현을 풍부하게 할 필요가 있다. 머피(L. J. Murphy)는 사이버상담자가 퓰리처 상 수상자가 될 필요까지는 없지만, 글쓰기를 즐겨야 하고 기꺼이 창의적이 되도록 노력할 필요가 있다고 주장한다. 이러한 작업은 내담자 또한 글과 생활에서 창의적이 되도록 격려할 수 있다.

4) 마침표 사용하기

사이버상담에서 마침표는 침묵을 나타낼 때 주로 사용한다. 미첼이나 머피 그리고 슐러의 경우에는 이메일에서 반응시간을 지연하기 위해 마침표 또는 대신에 스페이스바를 사용하기도 한다. 그러나 채팅상담에서는 계속 자판을 두드려서 단말기 너머에 상담자가 있음을 확인시켜 주어야 하기 때문에 빈 공간을 넓히는 것보다는 마침표를 사용하는 것이 효과적이다. 대면상담에서는 별도의 이런 작업이 없이도 내담자는 상담자의 존재를 확연히 느낄 수 있는 데 비해 사이버상담에서는 자판을 통한 의사표현이 없을 경우에는 내담자로 하여금 상담자가 컴퓨터 앞에서 떠났고 더 이상 상담에 응하지 않을지도 모른다는 생각을 갖게 된다.

이런 오해는 상담과정에서 상담자가 내담자의 질문에 응답할 사항들을 내적으로 정리하기 위해 자판을 두드리지 않는 시간에도 발생한다. 생각하느라고 응답하지 못하는 순간에도 상담자의 손은 내담자에게 메시지를 전달해야 한다. 사이버상담에서는 침묵반응이 대개 '……' '음……' '글쎄요……' '생각 좀 해 봅시다……'라고 표현된다.

5) 글씨체

영어권에서는 작성된 글씨의 크기 또는 대문자의 사용 여부가 내담자의 자아개념과 관계 깊다고 한다. 어떤 내담자들은 8포인트 폰트를 사용하여 쓰고, 어떤 내담자들은 특별한 배경에 컬러 문자를 사용하기도 하며, 또 어떤 이들은 그 소프트웨어가 제공하는 기본적인 장치를 사용하는 등 이메일을 작성하는 데서도 내담자마다 다른 양식을 사용하고 있다. 이는 대면상담에서 내담자가 처음 사무실에 들어오는 순간과 유사한 첫인상을 만들어 준다. 영어권에서 어떤 내담자는 자신을 언급하기 위해서 'i'와 같이 소문자를 사용하는데, 이것은 내담자가 약간 수줍어한다는 것을 나타낸다. 강조하고 싶은 말에 큰 글씨나 굵은 글씨를 사용한다.

한글에는 대 · 소문자가 따로 없기 때문에 이 부분을 우리나라 내담자에게 그대로 적용하는 데는 무리가 있다. 필자의 경험으로 우리나라 내담자의 경우 필요 이상으로 편지길이를 짧게 하려고 노력하는 것에서 낮은 자아개념이 전달될 때가 있었다. '두서없는 긴 글 읽어 주셔서 감사합니다.' '시간이 없으시겠죠?' '바쁘시죠?' '짧게 쓸게요.' 등이 그 예다. 낮은 자아개념으로 인해 오프라인 관계에서도 충분히 자기를 표현하기 어려워하는 내담자일 수 있다고 짐작된다. 어떤 단어들은 철자가 틀려있을 수도 있는데, 그것은 내담자가 너무 서둘러서 체크를 하였기 때문일 수도 있고, 내담자의 교육수준이 낮음을 나타낼 수 있다. 내담자들이 사투리를 섞어서 사용한다면 그것은 내담자의 고향이나 거주지를 암시할 수 있다. 때로는 내담자들이 문자 기반에서 자신이 나타내고자 하는 요지나 정서를 강조하기 위해 모두 굵은 글씨를 사용하기도 한다.

중요한 것은 내담자가 보내 온 이메일의 모양조차 내담자를 이해하는 데 참고해야 한다는 것이다. 미첼은 이런 상담에 응할 때 상담자는 내담자와 맞추어 줄 필요가 있다고 주장한다. 내담자가 작은 글씨체를 사용하면 상담자도 작은 글씨체를 사용함으로써 내담자로 하여금 내적인 세계를 공유한다는 느낌을 주라는 것이다.

머피는 상담자들이 내담자의 다양한 글에 적응할 것을 권유한다. 상담자의 문장은 길어질 수도 있고, 짧아질 수도 있고, 상담자가 사용하는 어휘는 복잡할 수도 있고, 덜 복잡할 수도 있고, 상담자가 사용하는 비유는 컴퓨터 기반이 될 수도 있고, 종교적인 기반을 둘 수도 있다. 모든 것이 내담자의 글에 따라 달라진다. 치료자는 내담자의 구어 패턴에 반응해 주어야 하는 것과 마찬가지로 문어 패턴에도 반응할 필요가 있다.

우리나라 청소년들은 속어, 약어, 통신언어를 많이 사용한다. 그에 맞춰 주는 것이 국어의 파괴와 관련된다는 주장도 있다. 그러나 청소년이 사용하는 언어패턴을 1회기 상담에서 한두 번 정도 따옴표 속에 넣어서 사용하면 청소년과 공감대를 형성하는 데 도움을 받을 수 있다.

6) 이모티콘, 스마일리, 아바타의 사용

이모티콘은 감정(emotion)과 아이콘(icon, 컴퓨터 프로그램 기능표시 형상)의 합성어다. 컴퓨터 자판의 문자와 기호, 숫자 등을 적절히 조합해 미세한 감정이나 특정인물, 직업 등의 의미를 전달하는 사이버공간 특유의 언어다. 채팅할 때나 이메일에서 수시로 등장하기 때문에 이를 모르면 상대방이 어떤 의사를 나타냈는지 알 수가 없다.

이모티콘은 PC 통신과 인터넷 상용화 초창기에는 웃는 모습이 주류를 이루었기 때문에 스마일리(Smiley)로 불리기도 한다. 이모티콘은 국가에 따라 자주 사용하는 것이 다르고 새로운 아이디어가 계속 추가되고 있다.

〈회전하지 않아도 얼굴 표정으로 보이는 이모티콘의 예〉

∧_∧	웃는 얼굴	∧ ∧	쑥스럽게 웃는 모습
∧0∧	박장대소하는 모습	∧_*	윙크
∧-∧	반가운 표정	∨_∨	화난 모습
_	미안해서 쩔쩔매는 모습	∧ ∧;;	당황스러운 모습
ㅠ.ㅠ	아쉽거나 슬픈 모습	…	침묵, 생각 중

〈회전하면 얼굴표정으로 보이는 이모티콘의 예〉

:-)	행복한, 즐거운
;-)	농담하는, 윙크하는
:-(	슬픈, 동정하는

국내에서도 이모티콘에 대하여 소개하고 활용방법을 예시하는 사이트가 많이 있다. 이모티콘은 상담에서뿐 아니라 온라인 문자를 주고받는 내담자들이 자신들의 편지내용을 생동감 있게 구성하고, 실제 만남에서와 같은 대화효과를 내기 위해 많이 사용한다. 국내의 한 사이트에 예시된 이모티콘의 사용 예는 문자기반의 의사소통에 친밀함, 활기와 실감을 더해 주는 이모티콘의 역할을 잘 나타내고 있다.

미니: 안녕? (∧_∧)
팡이: 하이!? *∧ ∧*
미니: 어제는 모하니라 연락도 없었어? (∨_∨)
팡이: 미안, 어젠 엄청시리 바빠쓰오. ∧ ∧;

아바타는 인물에 대한 시각적 표현을 가능하게 하는 상징적 표현이다. 사이버상담에서 작은 캐릭터를 사용하여 자신을 표현하며, 그날의 기분과 상황에 따라 표정과 의상을 바꿀 수 있어서 내담자들이 자신을 표현하는 유용한 도구로 활용할 수 있다.

[그림 5-1] 국내 유명 이메일 서비스 회사인 다음에서 사용하는 아바타의 예

7) 문자기반 외재화

이것은 빈 의자 기법과 유사하다. 의자 대신 글자를 사용한다. 예를 들어 만일 내담자가 남편을 떠날지 말지에 대해 계속 고민하고 있다면, 그녀가 갈등하는 내적인 측면 각각을 드러내어 표현하도록 권장한다. 상담자의 초대는 다음과 같이 이루어진다.

> 미소 님, 나는 당신의 내면에서 일어나고 있는 전투를 알고 있어요. 이것은 미소 님이 전혀 풀어 본 적이 없는 당신 자신과의 싸움을 하고 있는 것이나 마찬가지입니다. 미소 님의 한 부분은 이렇게 말할 거예요. '난 참을 수 없어. 떠나야 해.' 그러나 다른 한 부분은 여전히 남편을 사랑하고, 그에게 상처 주는 일을 감행할 수 없을 것입니다.

미첼(Mitchell, 2001, 2002)은 이 기법을 지속적으로 사용하면서 다른 내담자들에게도 적용하게 되었고, 나중에는 자기 자신도 이런 방법을 사용하기도 하였다. 처음에는 약간 어색하다는 생각이 들었지만 곧 이것이 유용하다는 결론을 내렸다고 한다. 상담자는 내담자로 하여금 자아의 각 부분을 다른 부분의 간섭 없이 충분히 듣도록 돕는다. 이때 각각의 부분에 대하여 적절한 이름을 지어 주면 두 부분 간의 논쟁이 훨씬 명확해진다. 이 사례의 경우 남편과 헤어지고 싶어 하는 부분은 '나는 떠난다.'로, 남편을 사랑하고 있는 마음을 '아직도 사랑해.'로 명명하면 갈등하는 두 자아의 측면들을 명확하게 탐색하는 데 도움이 될 것이다. 이러한 문자기반의 외재화 작업은 문제들을 외재화시키고, 그들 각각에게 발언권을 줄 수 있다. 두 측면의 대화는 다음과 같을 것이다.

'나는 떠난다' 자아: 나는 남편이 가정사나 아이들 교육에 대해 전혀 관심을 기울이지 않는 것을 참을 수 없어. 부부는 함께 노력해야 하는 거야. 나 혼자서는 너무 지쳤어.

'아직도 사랑해' 자아: 그래, 하지만 남편과 나는 때때로 좋은 친구가 될 수 있어. 남편은 능력이 너무 많아. 그리고 그는…….

8) 순서 짓기

순서 짓기(sequence) 또한 상담자의 답글을 배열하는 한 방법으로 사용할 수 있다. 이메일의 특성은 순서적으로 읽힌다는 것이다. 읽는 동안 내담자에 의해 방해받지 않는다. 이런 점이 이메일상담을 할 때 분위기를 조성하거나 특정 사항을 강조하기 위해 글 표현의 양식이나 강도를 조절할 수 있게 해 준다.

이메일은 순서적으로 읽히기도 하지만 때로는 그렇지 않을 수도 있다. 백스페이스키를 사용할 수도 있고, 잘라 낼 수도 있고, 붙일 수도 있고, 다시 칠 수도 있는 등 편집이 가능하다. 이는 내담자로 하여금 생각과 감정을 좀 더 깊이 명료화하도록 해 준다. 상담자로 하여금 이메일에 대하여 응답이나 논평을 해야 하는지, 어떤 지점에서 해야 하는지를 결정할 수 있게 해 준다. 원한다면 내담자에게 새로운 빈 편지를 보낼 수도 있다. 또는 내담자가 보낸 메시지의 서두나 말미에 답을 달아서 보낼 수도 있다. 이런 방법들이 많이 시도되지는 않는다. 상담자의 개인적 스타일과 사례에 따라 선택할 수 있다. 결국 이메일상담에서 구사하는 문학적인 기술은 일종의 비언어적 의사소통의 역할을 한다.

2. 상담진행상의 기법

대면상담의 기술과 기법들이 온라인상담에 성공적으로 적용될 수도 있다. 내담자가 상담실로 가져오는 이슈와 문제는 사이버상담 세팅이건 면대면상담 세팅이건 크게 다르지 않다. 그래서 비언어적 단서 없이 온라인에서 효과적인 치료를 수행하기 위해서는 많은 대면상담 경험을 하는 것이 필수적이다. 다만 대면상담에서 사용되는 많은 비언어적 정보들이 온라인상담에서는 사용될 수 없기 때문에 사이버상담에는 그에 적절한 의사소통기술이 필요하다. 능숙한 타이핑 솜씨, 정확한 문법과 철자법 등이 온라인상담에서는 요구된다. 여기에서는 채팅상담 전문가인 스토플과 이메일상담 전문가인 체첼레가 제안하는 기법들을 소개한다 (Stofle & Chechele, 2004).

1) 관계 맺기 기법

(1) 채팅상담에서의 관계 맺기: 공감

온라인에서의 모든 관계 맺기 활동은 타이핑된 단어를 사용함으로써

만 이루어지며, 회기 처음부터 끝까지 지속되어야 한다. 채팅상담을 해 본적이 없거나 타이핑된 단어를 사용해서 타인과의 연결감을 만들거나 효과적으로 의사소통할 능력이 없는 사람, 내담자에게 치료 서비스를 제공하는 과정에 초보자인 사람은 이런 특성이 채팅상담의 힘을 약하게 만든다고 여길 수도 있다. 그러나 내담자에게 치료자의 돌봄과 관심을 표현하는 말들을 타이핑하는 것은 매우 단순한 일이다.

공감은 면대면상담과 온라인상담 모두에서 내담자와 라포를 형성하는 가장 탁월한 방법이다. 치료자가 자기의 말을 주의 깊게 듣고 정확하게 이해하고 있음을 알게 되면, 내담자는 자신이 경청과 존중을 받는 중요한 존재로 느끼게 되며, 그 결과 긍정적인 상담 관계가 형성된다.

다음의 예는 두 가지 점을 보여 준다. 첫 회기에서 내담자와 관계 맺는 방법으로 정확한 공감적 이해를 하는 것과 내담자가 호소하는 문제에 대하여 치료자의 지식과 경험을 근거로 빈칸을 채우는 것의 필요성이다. *는 치료자가 내담자에 대하여 세운 가설을 나타내며, **은 내담자가 가설을 확인해 주는 것을 나타낸다.

내담자: 누군가 나에게 관심을 보여 주면, 그 사람들이 뭔가 잘못된 것 같아요. 왜냐하면 내가 느끼기에 나는

내담자: 누군가의 관심을 받을 만한 인물이 못 되거든요.

치료자: * 동시에, 내 생각에, 당신은 남들에게는 매우 친절할 것 같아요.

내담자: ** 나는 항상 나 자신보다 먼저 남을 위해서 행동해요. 누구에게도 '아니요.' 라는 말을 할 수가 없어요.

내담자: 특히 어머니가 돈을 빌리고 싶어 할 때는 항상, 그때는 어머니를

원망하는 것으로 결말이 나요.

내담자: 어머니는 돈을 다 날린 후에 나에게 요청을 하죠.

치료자: * 그리고 당신은 굉장히 불안해지겠지요?

내담자: 만약 내가 그녀에게 싫다고 말할 용기가 있거나, 그녀가 나에게 화를 내며 나와 의절하겠다고 말하는 것으로 끝난다면….

내담자: ** 네, 난 그래요.

치료자: * 그래서 당신은 양보하고 그녀가 원하는 것을 주는 거군요.

내담자: ** 그래요. 내게 남은 게 하나도 없을 때까지

치료자: 그것은 당신에게 공평하지 않아요.

내담자: 그렇죠. 하지만 적어도 그녀를 행복하게 해 주고, 나와 의절하지 않게 해 줘요.

치료자: 그렇군요. 당신을 위해 해야 할 작업을 한 문장으로 압축해 볼게요. 당신은 스스로를 더 잘 돌보는 방법을 배울 필요가 있어요.

내담자: 나도 알아요. 하지만 그 방법을 몰라요.

첫 번째 회기를 나타내는 위의 예에서 알코올 중독 가정에서 자란 자녀가 직면하는 문제들과 상호 의존성(codependency)에 대한 치료자의 이해는 이러한 내담자들이 겪는 문제들을 때로는 매우 정확하게 예언할 수 있게 해 주었다. 치료자는 내담자가 말하는 것에 코드를 맞춰 주었고 그럼으로써 깊이 있는 연결감을 만들어 냈다.

(2) 이메일상담에서의 관계 맺기

이메일상담에서의 관계 맺기는 치료자가 내담자에게 보내는 이메일에 내담자의 주관적 세계에 대한 관심을 표현하는 글로 시작한다. 일정 기간 이메일 프로그램을 사용해 본 사람들은 개인적 관심을 나타내는 글을

빠르게 식별한다. 상담자가 이메일의 특정 부분에 대하여 주관적 관심을 나타내는 것은 내담자가 표현한 이슈를 재구조화하는 계기를 만들어 준다. 간략하고 유머러스한 메시지가 주관적 관심을 나타내면서 사용되면, 내담자에게 치료자의 진정한 관심을 전달할 수 있다. 내담자의 이메일 상담 신청에 대한 다음의 이메일 답장에서 상담자는 대인관계로 인해 내담자가 겪는 어려움을 간략하게 언급해 줌으로써, 내담자가 상담받고 싶어 하는 핵심부분에 대한 상담자의 관심을 명확히 표현하였다. 내담자가 호소한 문제들을 다뤄 가는 과정을 보여 줌으로써, 내담자에게 '이해받았다'는 느낌과 앞으로 상담을 통해 자신의 문제가 어떤 식으로 해결될 수 있을지에 대한 청사진을 제공하고 있다.

안녕하세요. 수정 님.

환영합니다. 수정 님이 보내 준 편지 잘 읽었습니다. …… 편지에 여러 가지 주제가 등장하고 있군요. 이 모든 것을 정리하기 위해서는 여러 번 대화를 주고받아야 할 것 같네요. 새로운 여성과 관계를 시작하는 것이 어렵고, 다른 사람에게 친밀감을 표현하는 것이 편안하지 않다고요. 앞으로 이런 점들을 자세히 들여다보게 될 겁니다.

당신은 이전에 어떤 종류의 치료도 받아보지 않았기 때문에 상담과정에 대하여 몇 가지 알려 드리겠습니다. 내가 사무실에서 면대면상담을 하는 것과 온라인으로 작업하는 것과는 여러 가지 면에서 비슷합니다. 나는 다음과 같은 방법으로 내담자를 돕기 위해 노력합니다. 첫째, 신념과 행동에 관한 질문을 통해 스스로를 더 잘 이해하도록 돕기. 둘째, 문제와 관련된 자신의 역사에 관하여 이해하도록 돕기. 셋째, 당신의 강점이 무엇이고 당신은 누구에게 지지받을 수 있는가 결정하기. 넷째, 당신이 회복하기 위해서 어떤 변화를 필요로 하는지 이해하기. 다섯째, 당신의 강점을 발휘하고 지원체제가 당신을 돕도록 하는 방법은 무엇인지에 대한 전략을 함께 짜기 등입니다.

이런 점들이 어떻게 여겨지는지요? 우리가 이 과정을 시작하기 위해서 한 달 동안 무제한의 이메일 지원을 약속하면 어떨지요. 30일 뒤에 우리가 한 일과 더 필요한 일은 없는지를 평가할 겁니다. 비교적 짧은 시간에 진전을 볼 수 있을 거라 믿습니다. 질문 있으면 편안하게 물어보시고요. 당신의 답장을 기다리겠습니다. 함께 일할 기회를 갖게 되기 바랍니다.

- 사이버상담실 드림

2) 회기 계약 기법

상담자와 내담자는 매 회기마다 이루어져야 할 작업에 대한 행동계획을 수립할 필요가 있다. 이것을 회기 계약 기법(sessional contracting)이라고 한다.

(1) 채팅상담에서의 회기계약

매 회기 초기에 내담자와 상담자는 그 회기동안의 행동계획을 수립할 필요가 있다. 이 과정은 내담자로 하여금 상담받게 된 이유에 대해 정확하게 표현하도록 돕는다. 회기 진행 초기에 적절한 때를 골라 가능한 한 빨리 회기 계약을 확보하는 것은 치료자의 책임이다. 채팅상담에서는 내담자와 치료자 모두가 주의가 분산되기 쉽다. 때로 치료자는 내담자가 회기 내에서 중요한 주제들에 대하여 작업하도록 동기를 유발시켜야 한다.

내담자: 전 괜찮아요.

치료자: 지난번에 이야기 나눈 뒤로 한 주간 좀 좋아졌습니까?

내담자: 예, 그런 것 같기도 해요.

치료자: 오늘 밤에는 어디서부터 시작할까요?

내담자: 잘 모르겠네요. 별로 이야기하고 싶지 않기도 하고요. 좀 그런 것 같아요.

내담자: 뭔가가 막힌 것 같아요. 내부에.

치료자: 그래요. 그 이야기를 해 보는 게 좋을 것 같아요. 뭐든 이야기해 보세요.

내담자: 왜요?

치료자: 당신이 말하고 싶지 않을 때 말하는 것을 배우기 위한 가치 있는 방법이기 때문이죠.

내담자: 아.

치료자: 당신에게 그게 꼭 필요한 시점이거든요.

내담자: 아.

치료자: 막힌 것 같은 느낌에 대해 이야기해 보세요.

(2분간 침묵 - 채팅에서는 긴 시간이라 볼 수 있음)

치료자: 해 볼래요?

내담자: 뭘요?

치료자: 당신 내부에 드는 느낌 말예요.

내담자: 난 지금 어느 것도 통제할 수 없을 것 같은 느낌이에요.

출처: Kraus, Zack, & Stricker, 2004, pp. 184-185.

여기서부터 치료자와 내담자는 내담자의 감정과 내담자가 감정을 관리하는 데서 오는 어려움에 대해 깊이 탐색할 수 있게 되었다. 내담자는 강한 감정에 휩싸이면 스스로를 통제할 수 없을 것 같은 불안으로 인해 침묵하게 되는 경향이 있었다. 그것이 그의 스트레스를 가중 시키고 친밀한 대인관계를 형성하는데 방해가 되었던 것이다. 이것이 그 내담자를 위한 사이버상담에서 주요 초점이었고, 내담자가 직면하기 어려워하는 것이었다. 이와 같이 회기 계약은 회기에 집중하게 해 주고, 작업이 초점을 벗어나지 않도록 해 준다.

(2) 이메일상담에서의 회기계약

이메일의 중심 이슈를 요약하거나 내담자로 하여금 당면 이슈에 대해 생각하게 하는 등의 방법이 사용될 수 있다. 다음은 이메일상담자가 이메일에서 다룰 수 있을 만한 규모로 초점을 명확히 좁히는 작업을 보여 주는 예다.

> 안녕하세요. 정아 님.
>
> 답장에 쓰고 싶은 말은 많이 있지만, 당신의 이메일에 나타난 중심 주제라고 생각되는 것으로 우리의 작업 범위를 좁히기로 했어요. (1) 어린 시절의 상실을 애도하기, (2) 항상 '착한 소녀' 되기와 당신의 욕구, 생각, 감정이 전혀 중요하게 취급되지 않는다는 느낌 다루기, (3) 정상적인 가족이 느끼는 것이 무엇인지, 현재 당신의 주변에 있는 사람들과 건강한 관계를 맺는 방법이 무엇인지 전혀 모른다는 것 다루기. 이것들이 중요한 세 가지가 맞나요? 만일 내가 빠뜨린 게 있다면 알려 주세요. 내 생각에는 이 모든 것들이 서로 어떻게 관련되어 있는지, 한 가지에서의 변화가 궁극적으로 모든 것에 어떻게 영향을 미칠지에 대해서 시간이 지나면서 알게 될 것 같아요. 이런 이야기들을 하면

서 우리에게 주어진 시간의 많은 부분을 사용하게 될 거예요…….

- 사이버상담실 드림

출처: Kraus, Zack, & Stricker, 2004, pp. 185-186.

3. 치료 · 교육 · 훈련 기법

모든 치료의 목적은 내담자가 현실에서 효과적으로 기능하기 위해 자신의 능력을 향상시키도록 돕는 것이다.

1) 채팅상담에서의 치료 · 교육 · 훈련 기법

REBT에서는 내담자가 효과적으로 기능하는 능력에 영향을 미치고 불편한 감정을 일으키는 잘못된 신념에 도전하는 것을 초점으로 하여 작업이 진행된다. 이런 유형의 치료는 온라인 작업에 쉽게 적용될 수 있는데, 내담자가 지금 여기에서 가지고 있는 잘못된 신념에 직접적으로 도전하기 위해 문자를 사용할 수 있는 기회가 있기 때문이다. 예를 들어 내담자가 현실에 맞지 않는 신념을 표현할 때, 채팅상담은 단순하고도 직접적인 상호작용적 치료 과정을 진행하는 데 도움이 된다. 내담자는 이슈를 가져오고 상담자는 정보, 선택지, 이슈와 관련한 교육, 링크, 의뢰 등을 제공한다. 그리고 내담자는 새로운 행동을 고안하고 실습하며 변화한다.

다음은 자기표현에 어려움을 겪는 내담자의 사례다. 그녀는 온라인 친구로부터 공격을 받는 상황이었고, 처음에는 어떻게 대응해야 하는지 또는 대응을 해야 할지에 대하여 몰랐다. 그녀는 결국 그에게 긴 이메일을 써서 그의 행동이 그녀에게 미치는 영향에 대해서 알려 주었다.

상담자: 그것(이메일)을 보냈나요?
내담자: 네.
상담자: 기분이 어때요?
내담자: 좋아요.
상담자: 0)
상담자: 우리가 함께했던 작업들이 기억나네요.
상담자: 당신이 온라인에서 맺었던 관계들이 어디서 끝났는지
내담자: 아.
상담자: 그리고 얼마나 그것들이 어려웠는지
내담자: 아.
상담자: 당신에 대한 다른 사람들의 반응은 당신의 행동에 대한 응답으로는 어울리는 것 같지 않아요?
상담자: 내가 무슨 말 하는지 알겠어요?
내담자: 아뇨.
상담자: 음, 만일 당신이 하루 종일 누군가에게 열이 받아 있다면... 차라리 말을 하는 게 낫다는 거예요.
상담자: 더 이상 나에게 메일 보내지 말라고요.
상담자: 그러나 당신은 그렇게 하지 않고 있죠.
내담자: 안 하죠.
내담자: 내 생각에는 그것들이 나를 상처받게 하는 이유예요.
상담자: 맞아요. 당신은 편견의 희생물이에요.
내담자: 아.
내담자: 하지만 선생님, 아시나요?

상담자: 무엇을요?
내담자: :0) 다시 말해 보면... 그는 그가 유치하게 행동하도록 허락했고 :0)
상담자: 와우, 그렇게 생각할 수 있다니 그것 참 대단한 일이네요.
내담자: 예.
상담자: 당신이 불쾌하다는 것을 그 사람에게 말했나요?
내담자: 뭐가 불쾌해요?
상담자: 그의 행동이요.
상담자: 그에게 그가 말한 것 때문에 당신이 얼마나 상처받았는지 말했어요?
내담자: 글쎄요, 말한 적이 없는데(이건 몇 주 전 일이고), 내가 그에게 편지를 보낸 건 다른 날이예요.
내담자: 꼭 그날은 아니지만 다른 날 그에게 이메일을 보냈고, 그에게 그와 이야기를 나누는 것이 전처럼 편안하게 느껴지지 않는다고는 말했어요.
상담자: 와... 정말 중요한 일을 했네요.
내담자: 그리고 그가 말했어요. 만일 상황이 반대라면 자기도 그렇게 느낄 거라고.
내담자: 그렇게 그는 이해한 거죠.
상담자: 당신은 그를 최대한 존중하면서 대했고요.
상담자: 0)
내담자: 글쎄... 내가 그를 존중하고 싶은 마음을 갖고 있었는지 확실치는 않아요.
내담자: :0(
상담자: 어떤 마음으로 그랬는데요 ?
내담자: 난 내가 말할 수 있기를 바라요. 그럼에도 불구하고 :0)
내담자: 단지 사람들이 나를 안 좋아하기를 바라지 않기 때문에 말을 못하죠.

상담자: 아마도 둘 사이에 좋은 묘안이 있을 것 같아요.
상담자: '사람을 즐겁게 해 주는 것' 은 당신이 포기하기에는 매우 어려운 일일 수 있어요.
내담자: 아.
내담자: 알아요.
상담자: 그것은 ACOA*의 특성이죠.
내담자: 정말요?
상담자: 네...

〈중략〉

주: *ACOA: Adult Child of an Alcoholic: 알코올중독자의 성인자녀를 말함.
출처: Kraus, Zack, & Stricker, 2004, p. 188.

2) 이메일상담에서의 치료 · 교육 · 훈련기법

간단한 이메일상담에서는 상담자가 내담자의 문제에 초점을 잘 맞추어 응대해야 한다. 언제 논의를 유도하고 언제 따라갈 것인지는 상담목표와 탐색되고 있는 주제의 방향에 달려 있다. 새로운 주제는 그것이 직접 논의되고 있는 중요 주제에 부가적인 이해를 더해 주거나 가능한 해결책을 제시할 때만 제안될 수 있다.

은유, 이야기, 일지(journaling)를 사용하는 상담은 이메일상담을 적용하기에 적절하다. 정보를 사용하는 상담 또한 쉽게 사이버상담에 적용될 수 있다. 내담자의 이슈와 관련된 책, 논문 그리고 웹페이지들은 회기 내에서 아주 쉽게 상담 작업을 보충해 준다. 다음은 내담자와 상담자 간에 오간 상호작용적 일지작성 과정의 예(Stofle & Chechele, 2004)다. 상호작용적 일지작성의 목표는 내담자로 하여금 자아-존중감과 관련된 이슈에 직면하도록 돕는 것이었다. 다음의 예에는 저자들이 제시한 대로 내담자의 편지글에 대응하는 저자들의 상담 내용이 차례로 적혀 있다.

〈중략〉

[답장] 성장은 고통스럽습니다……. 그리고 당신이 변화과정에 있을 때는 정서적으로 여린 상태이기 때문에 상처를 입기 쉽습니다. 그래서 당신은 당신에게 상처를 주는 사람들이나 상황에 스스로를 노출시키지 않도록 돌볼 필요가 있습니다.

당신은 유능하다고 칭찬받은 적 있어요?

[답장] 칭찬을 충분히 듣지 못했네요……. 나도 남들과 다르지 않아요. 나도 내가 누구이고 무엇을 하고 있는지 찬사와 감사를 받고 싶어요. 난 당신도 칭찬받고 싶은 마음을 느낀다는 것이 반가워요.

난 지금까지 '전혀' 인정을 받지 못했어요. 사람들은 내가 잘못한 것만 지적을 했죠. 칭찬이 전혀 없었어요. (거부와 무가치감)

[답장] 어머니로부터 비난을 많이 받고 자랐다면 자기 존중감을 갖는다는 게 참 어렵습니다……. 당신이 칭찬을 자연스럽게 수용하기 어렵다는 것이 전혀 놀라운 일이 아니에요.

어머니는 항상 나에게 화가 나서 말했어요. 내 그렇고 그런 아버지가 그렇고 그런 나를 그 모양으로 만들었다고요.

[답장] 어머니는 당신에 대한 아버지의 무책임을 비난하고 싶었던 것

처럼 들리네요. 난 당신이 그때 아버지에 대해 어떻게 느꼈는지 알 수는 없습니다. 그러나 이 말이 당신으로 하여금 아버지를 사랑하게 하려는 목적이 있는 것은 아니에요.

하지만 난 당신이 이해해 주었으면 좋겠어요. 난 스스로를 가치 있게 여기기가 힘들었어요. 물론 어떨 때는 병리적인 방법으로, 지나치게 일하면서, 지나치게 성취하면서, 사람들을 즐겁게 하면서 내 힘에 부치게 살아왔어요.

[답장] 높은 평가를 받기 위해 힘겨운 시도를 계속해 왔군요……. 언제쯤에나 사람들이 당신을 있는 그대로 멋진 사람이라고 생각하게 될까요?

…… 인정받고 싶어 하는 사람들로부터 오랫 동안 거부당했어요. 인정받을 수 없었죠. 나를 사랑해 주었으면 하는 사람이 있었지만, 그녀는 전혀 그렇지 않았어요. 그래요. 나는 이 점에 대해 슬퍼할 필요가 있어요. 그리고는 치유되기를 바라요. 정말 측은하고 비참하죠……. 하지만 그 슬픔 속에 즐거움도 있습니다. 내가 이것을 이겨내면 희망이 있음을 알기 때문이죠. 너무나 오랫 동안 같은 방법으로 살아오면서 다른 결과를 기대했어요……. 지금은 다르게 행동하기 시작할 수 있을 것 같아요……. 더 좋은 결과를 얻기 위해서…… 내 자신의 한계와 맞서는 거죠.

[답장] …… 당신, 변화의 궤도에 올랐군요.

출처: Kraus, Zack, & Stricker, 2004, pp. 189-190.

4. 지지적인 직면 기법

사이버상담에서는 직면 기법이 특히 조심스럽게 구사되어야 한다. 내담자와 충분한 관계형성이 이루어지지 않았거나 내담자에 대한 상담자의 돌봄과 지지가 충분히 표현되지 않은 경우, 상담자가 직면을 하면 내담자가 바로 접촉을 끊어버리는 사례가 많이 있다. 사이버상담에서도 내담자의 성장을 돕기 위해 직면이 필요하지만 직면에는 충분한 지지가 포함되어야 한다.

1) 채팅상담에서의 지지적인 직면 기법

채팅상담실은 변화하기 위해 필요한 행동에 관하여 내담자와 함께 작업할 수 있는 이상적인 공간이다. 내담자의 잘못된 신념에 대한 도전은 문자기반의 치료에서 매우 잘 이루어진다. 내담자가 채팅상담으로 작업을 할 때면, 내담자의 생각과 신념이 상호작용의 초점이 된다. 상담자는 직접적으로 그리고 강력하게 잘못된 신념에 도전할 수 있고 동시에 지금 여기에서 내담자를 위한 구체적인 지지를 제공할 수도 있다. 지지적인 직면기술(supportive confrontation skills)이 시도된 채팅상담의 예는 다음과 같다.

내담자: 그래요. 우리 엄마는 내가 상황을 나쁘게 느끼는 것은 내 잘못이라고 말해 왔어요.

상담자: 그건 그렇지 않아요. 나쁘게 느끼는 것은 당신 잘못이 아니에요.
(3분간의 침묵, 채팅상담으로서는 오랜 침묵이다.)
내담자: 네?

채팅상담에서 침묵이 있을 때는 단어들이 스크린의 같은 장소에 정확하게 고정되어 있다. 이것은 면대면상담에서는 불가능한 일이다. 만일 당신이 사무실의 선반에 무언가를 올려놓는다면 내담자가 그것을 바라볼 것이지만, 아울러 내담자는 당신과 다른 물건을 바라볼 수도 있다. 온라인 치료에서 내담자가 당신의 상호작용에 대해 볼 수 있는 유일한 것은 스크린이고, 스크린 위에 있는 단어들이다. 침묵이 있은 뒤에 치료자는 심화된 설명을 할 수 있고, 새로운 착상과 생각을 제시할 수 있다.

상담자: 그렇지 않아요. 당신은 무엇이든 자유롭게 느낄 수 있어요. 누구도 당신에게 당신이 느껴야 할 것과 느끼지 말아야 할 것을 지시할 수는 없어요.
상담자: 느낌은 있는 그대로의 사실이에요. 무엇을 느끼든 괜찮아요. 때로는 납득하기 어려운 것도요.
내담자: 전에는 이런 말을 들어 본 적이 없어요. 난 사람은 어떤 일들에 대해 특정한 방법으로 느껴야만 한다고 생각했어요. 그렇지 않다면, 그 사람의 잘못이라고.
상담자: 그렇지 않아요.
(침묵)
상담자: 느껴지는 대로 느끼세요.

출처: Kraus, Zack, & Stricker, 2004, p. 190.

크라우스 등에 따르면 직면을 적절하게 하기 위해서는 숙련된 경험에 근거한 시간감각을 요한다. 언제 내담자의 신념을 직면할지, 개인적인 개입에 들어갈지를 결정하는 시간감각은 가르쳐지기는 어렵고, 경험에 의해 터득된다.

채팅상담은 동기유발 면접 기술을 적용하기에도 이상적인 공간이다. 동기유발 면접의 중심 개념은 문자 기반의 치료에 매우 적절하다. 내담자에 대한 존중, 내담자로 하여금 자신이 치료과정에 참여하는지에 대해 최적의 결정을 하도록 하는 것 그리고 반영적 경청 기술을 사용하는 것 등(Miller & Rollnick, 1991)이 원만하게 이루어질 수 있다. 말하고 듣고 생각하는 것으로 구성된 반영적 경청은 타이핑하고 읽고 생각하는 것으로 구성된 반영적 문자 상호작용에 맞게 개선될 수 있다.

2) 이메일상담에서의 지지적인 직면 기법

상담자가 내담자의 말투를 사용하는 것은 내담자로 하여금 자신의 말이 경청되고 있다는 느낌을 갖게 해 주고 친밀감을 촉진하는 데 도움이 된다. 대화와 직면을 혼용하여 사용하는 것이 문자 상호작용에서는 효과적이다. 너무 단순 대화로 흘러도 상담자와 내담자의 관계의 특성에 관해 혼돈을 일으킬 수 있으며 다뤄져야 할 주제를 피해 가게 할 수도 있다. 지나치게 직면적인 것도 내담자로 하여금 치료를 서둘러 종결하게 하는 원인이 될 수 있다. 크라우스 등(Kraus, Zack, & Stricker, 2004)은 이혼 후에 난폭해진 자녀를 다루는 데 있어서의 어려움을 호소하는 여성에게 균형 잡힌 지지와 직면을 사용하여 응답한 예를 제시하였다(pp. 192-193).

안녕하세요. 수아 님.

바쁘게 일하며 사는 것은 당신이 현재 가지고 있는 모든 감정을 다루는 것을 피하게 하는 요인입니다……. 적어도 당신의 집은 깨끗해지지만요! 현재 당신 스스로 부산하게 움직여서 당신의 문제들이 당신의 마음에서 사라지게 하려는 것도 좋지만, 양탄자 밑에 있는 모든 것을 그것으로 누르지 않도록 조심하세요. 자녀들에게 아직도 엄마와 아빠가 그들을 사랑하고 있다고 말하고 확신시키세요.

당신들의 이별은 자녀들이 한 행동으로 인한 것이 아니라고요. 그들의 질문에 경청하고, 성의 있게 대답해 주세요. 슬픔을 표현할 기회를 주세요. 시간이 지난다고 해서 모든 것이 잊히지는 않아요. 당신 자신과도 속히 대화를 하세요.

- 사이버상담실 드림

출처: Kraus, Zack, & Stricker, 2004, p. 192.

5. 회기 요약 기법

회기요약기법은 온라인상담에서도 면대면상담에서와 같은 이유로 사용된다. 온라인상담에서 요약을 하는 주된 이유는 첫째, 내담자로 하여금 상담 작업의 초점을 명확히 인지하게 해 주고, 둘째, 내담자의 진전에 대한 격려와 찬사를 제공하며, 셋째, 내담자에게 해야 할 일이 무엇인지에 대하여 명확한 이해를 제공하고, 사용하기 쉽고 기억하기 쉬운 방식으로 학습의 원리를 간추려 주기 때문이다.

1) 채팅상담에서의 회기 요약기술의 예

상담자: 오늘 밤 요약을 당신이 하고 싶으세요, 아니면 내가 해야 할까요?
내담자: 잘 모르겠는데... 당신이 하세요 :0)
상담자: 좋아요. :0)
상담자: 자, 합니다...
상담자: 당신은 오늘 밤 당신이 상사에게 얼마나 열 받아 있는지에 대해 말했어요.
상담자: 그리고 당신은 그런 감정을 싫어하지만 심하게 느낀다고 했죠.
상담자: 우리는 당신의 요구가 적절한 방식으로 당신의 상사에게 전해지도록 하는 것에 대해 이야기했어요.
상담자: 당신은 아직 멀었지만, 진전이 일어나고 있다고 했죠.
상담자: (당신이 좋아지고 있다는 것에 나도 찬성합니다! :0)
상담자: 당신은 나에게 감정 일기를 계속하도록 계획을 세워 달라고 했죠. 왜냐면
상담자: 당신은 그것이 다른 사람이 당신에게 미치는 영향을 이해하는 데 도움이 되고 그리고
상담자: 당신의 감정은...
상담자: 내가 제대로 이해한 건가요?
내담자: 넵... 비슷해요. 당신은 내 말을 주의 깊게 들었음이 틀림없어요. :0)
상담자: 넵. ^^

출처: Kraus, Zack, & Stricker, 2004, p. 193.

2) 이메일상담

다음은 크라우스 등이 제시한 이메일상담에서의 요약기술이다. 상담에서의 진전을 어떻게 요약하는지를 잘 보여 준다. 내담자를 격려하기도 하면서 동시에 적절한 도전을 던지고 있다.

안녕하세요. 지현 님.

지현 님의 글을 읽는 것이 참으로 기쁩니다. 사람들이 서로를 알기 위해 시간을 투자하면 매우 신기한 일이 일어납니다. 얼마나 오랫동안 지현 님이 유대감을 기다리면서 보냈는지, 경청되고 이해받기를 원하면서 시간을 보냈는지를 생각하면 슬픕니다.

우리가 서로 나눔으로써 나는 지현 님과 나에 대해 많이 배우게 되었어요. 고마워요. 이제 다른 사람이 그렇게 하도록 허락할 시간이 왔어요. 그들도 역시 당신의 세상을 나누고 싶어 하거든요.

- 사이버상담실 드림

출처: Kraus, Zack, & Stricker, 2004, p. 194.

요 약

1. 사이버상담의 기법들은 사이버상담이 단회 상담이고, 문자중심적 의사소통이라는 특성들을 더욱 유용하게 활용하거나 비언어적 단서들을 확보하지 못하는 데 따르는 단점들을 극복하기 위해 개발되어 왔다.
2. 상담자와 내담자 간에 언어적, 비언어적 의사교환을 생생하게 하도록 돕기 위한 표현기법으로는 정서적 표현에 괄호 치기, 즉시성, 현시기법, 비유적 언어 사용, 마침표의 사용, 글씨체, 이모티콘 · 스마일리 · 아바타의 사용, 문자기반 외재화 등이 있다. 이들은 내담자의 정서를 좀 더 충분히 표현하고 정서와 사고를 분리하며, 고통스러운 문제들을 내담자의 존재와 구별시키는 것을 목적으로 한다.
3. 사이버상담자는 상담과정을 능률적으로 통제해야 한다. 사이버상담의 매체 특성은 내담자들이 자발적 주도적이 될 것을 허락하며, 단회성은 상담활동이 전문적으로 이루어질 기회를 충분히 확보하는 데 방해가 된다. 이에 단회의 내담자 주도적인 상담과정이 전문상담적으로 이루어지기 위한 기법으로 관계맺기 기법, 회기계약 기법, 치료 · 교육 · 훈련 기법, 지지적 직면 기법, 회기요약 기법 등을 소개하였다.

과제

1. 사이버상담의 표현기법 중 본인에게 가장 익숙한 기법은 어떤 것인가? 사용하고 싶은 기법은 어떤 것인가? 각 기법에서 의도하는 바는 무엇인가?
2. 본인의 일상적 사이버 상호작용이나 사이버상담 경험을 떠올려 보자. 서로의 관계가 깊어지는 데 도움이 되었거나 통찰을 불러일으켰던 순간이 있는가? 그때의 대화 내용이나 대화 기법은 어떤 것이었는가? 그 기법은 본문에 소개된 기법들 중 어떤 기법에 가장 가까운가? 본문에 소개되지 않았다면, 그 경험이 일어나게 했던 그 대사에 포함된 문자나 이모티콘 등을 기억나는 대로 기술해 보자.
3. 자신에게 지속적으로 경험되는 부정적인 정서를 떠올려 보자. 불안, 분노, 슬픔, 위축, 죄책감 등 이들 각각의 정서가 무엇에 비유될 수 있을 것인가? 최근에 그 정서를 경험했던 순간의 자아에게 비유법을 활용하여 이메일을 보내 보자.
4. 사이버상담 사이트의 게시판 메뉴를 방문하여 답장하고 싶은 사례 하나를 골라 보자. 그 사례에 대하여 가능한 한 많은 기법, 적어도 다섯 가지 이상의 기법을 사용하여 답장을 작성하고 발표해 보자.

제3부

사이버상담의 실제

- 6장 사이버상담의 유형
- 7장 사이버상담의 단계
- 8장 사이버상담의 사례
- 9장 사이버상담의 효과
- 10장 사이버상담의 과제
- 11장 사이버상담의 전망

6장

사이버상담의 유형

이 장에서는 사이버상담의 유형을 몇 가지 기준으로 나누어 소개한다. 사이버상담의 종류에서는 사이버상담 서비스의 종류를 메뉴별로 제시하였다. 사이버상담의 메뉴에는 채팅상담, 영상상담, 이메일상담, 게시판상담, 데이터베이스, 심리검사, 상담카페, 온라인 지지그룹 등이 있다. 이들 각각의 메뉴에서 공통적으로 나타나는 사이버상담 서비스의 특징을 강점과 단점으로 나누어 정리하였다. 사이버상담의 강점에는 시공의 초월성, 기록 용이성, 문제의 외재화 용이, 상담과정에서의 평등성과 익명성으로 인한 내담자의 자율성 증진 등이 있다. 사이버상담의 단점에는 비언어의 결여, 시각단서 확보의 어려움, 상담과정에서의 산만함, 대화 진행상의 혼란 등이 있다. 사이버상담을 대면상담의 보조 수단으로 활용하는 방안을 등교 거부와 거식증 내담자의 예를 들어 소개하였다.

다섯 명의 호기심 많은 장님이 사이버상담의 진실을 알기 위해 라자브(Rajab) 궁전을 방문하였다. 그들은 컴퓨터와 함께 각자의 연구 과제를 부여받았다. 컴퓨터에는 스크린과 음성인식 프로그램이 내장되어 있었다.

첫 번째 장님은 항우울제의 부작용을 점검하기 위해 검색 엔진을 사용하였다. 그는 "사이버상담에는 백과사전처럼 모든 게 다 있다."고 발표하였다.

두 번째 장님은 컴퓨터로 전문 상담자에게 이메일을 보냈다. 그는 답장을 받고 나서 "사이버상담은 'Dear Abby'*처럼 은밀하다."라고 말했다.

세 번째 장님은 상담자에게 코끼리에 대한 또 하나의 꿈을 꾸게 되었다는 이메일을 보내고 나서 말했다. "그래, 맞아. 사이버상담은 내가 원할 때마다 내 치료자에게 접근할 수 있게 해 주는 거야."

네 번째 장님은 멀리 떨어진 곳에 사는 상담자와 대화를 나눴다. 그리고는 "사이버상담은 전화야."라고 말했다.

다섯 번째 장님은 채팅방에 들어가서 그가 장님이라는 것을 모르는 치료자와 한 회기 상담을 하였다. "사이버상담은 장애가 없는 세상으로 날 데려다 주는 마법의 양탄자야."라고 말했다.

(Hsiung, 2002: ix)

1. 사이버상담 서비스의 종류

사이버상담 서비스의 종류에는 실시간 상담서비스인 채팅상담과 영상상담, 그리고 비실시간 상담서비스인 이메일상담, 게시판상담, 데이터베이스, 심리검사, 상담카페, 온라인 지지그룹 등이 있다.

* 미국의 한 유명한 상담칼럼 코너를 말함.

1) 채팅상담

실제공간에서 이루어지는 면대면상담에서 상담자와 내담자가 나누는 일대일의 대화방식을 사이버매체에 그대로 옮기려는 시도에서 나온 방법이다. 상담이 실시간으로 진행되며 상담자와 내담자가 동시에 접속하고 있다는 점은 면대면상담의 시간개념과 같다. 다만 상담자와 내담자가 서로에 대한 시각적인 단서를 확보하지 않은 상태에서 상담이 이루어지기 때문에 문자중심으로만 상담이 이루어져야 하는 특성이 있다.

내담자의 음성, 표정, 제스처 등 비언어적 단서를 확보하기 어렵기 때문에, 사이버상담이 갖는 제한적인 의사소통 채널이라는 단점을 채팅상담도 갖게 된다. 따라서 내담자에 대한 전체적인 진단이나 심층적인 이해, 내담자 진술에 있어서의 현실성 여부 등을 판단하는 데는 상당한 어려움이 따른다.

2) 영상상담

영상상담은 채팅상담의 기능에다 컴퓨터 화면을 통해 상대방의 모습을 보면서, 음성 메시지를 나눌 수 있는 기능을 첨가한 상담방법이다. 사이버상담의 메뉴 중 대면상담과 가장 흡사한 모습을 가지고 있다. 그럼에도 프로그램을 구동시키는 데 요구되는 컴퓨터 사양이 높다. 2~3년 전까지만 해도 기술적인 구현이 가능하기는 하지만, 대중적으로 사용될 수 있을지에 대하여는 의문시되었었다. 최근에는 OS로 Window XP가 대중화되면서 개인용 컴퓨터에 소형카메라와 스피커를 설치하는 것이 기본 사양으로 될 만큼 영상상담을 위한 기술적인 준비는 완벽하게 갖추어졌다. 그럼에도 불구하고 아직 컴퓨터 매체를 통한 대화는 문자기반으로 이루어지는 것이 대체적인 경향이며, 실시간 사이버상담에서는 특히 영상상담보다 문자기반의 채팅이 주종을 이루고 있다.

그 이유는 사이버상담을 원하는 내담자들에게는 영상상담이 신속성이나 익명성의 확보에 있어서 문자중심의 상담보다 불리하기 때문일 수 있다. 문자중심의 상담에서는 자신의 성, 나이, 얼굴모습 등을 보이지 않은 채로 편안하게 자신이 원하는 대화를 나눌 수 있다. 그러나 영상상담에서는 얼굴이 노출됨으로써 내담자의 성과 대략의 나이가 드러나게 된다. 내담자가 실시간 상담을 원할 때에는 대개 신속한 상담을 직접적으로 받고자 접속하는 경우가 많다. 그런데 기술적인 기반이 갖추어져 있다 할지라도 그것들을 구동하기 위해 드는 시간적 정신적 소모를 들이기가 쉽지만은 않다. 또한 사이버상담에서는 내담자가 직접적이고 신속한 대화를 우선적으로 추구하기 때문에 영상상담은 신속성을 원하는 내담자에게는 다소 부담스러운 절차를 거쳐야 하는 메뉴로 여겨질 수 있다.

3) 이메일상담

이메일상담은 기존의 편지상담 방식을 사이버매체에 옮겨 놓은 것이다. 헬스온 코퍼레이션(Healtheon corporation)이 보고한 바에 따르면 일만 명의 의사들 중 85%가량이 인터넷을 이용하였고, 1999년 당시에 벌써 3분의 1가량은 환자와 이메일로 메시지를 교환하고 있을 만큼 보편화되어 있는 서비스다(Stroh, 1999). 이메일은 파일 내용이 잘리기도 하고, 시스템이 제대로 가동되지 않기도 하며 프로그램에 바이러스가 감염되기도 하며 ISP의 서버에 문제가 생기기도 한다. 그렇기 때문에 시작할 때 내담자에게 이러한 가능성들을 알려 주어야 한다. 이런 일이 발생했을 때 어떤 조취를 취할지에 대한 계획도 가지고 있어야 한다. 예를 들어 만일 답장을 얼마 후에도(기관의 지침에 따라 구체적인 기간을 정해야 함) 받지 못하면, 그 사실을 상담기관에 전화 또는 그와의 접근 가능한 수단을 사용하여 알리고, 답장을 요구하도록 내담자에게 촉구해야 한다. 사라진 이메일은 큰 오해를 낳을 수 있기 때문이다.

최근 1~2년 사이에 많은 청소년이 미니 개인 홈페이지인 블로그 이용자로 옮겨 가고 있지만 아직까지는 청소년층이 가장 열광적인 이메일 사용자들로 알려져 있다. 청소년 이용자의 숫자가 기하급수적으로 늘어나고 있으며, 사용 시작 연령도 급속도로 낮아지고 있다. 그들은 이메일이 강력한 의사교환 수단이 되어 감을 발견하였다.

우리나라에서 행해지는 이메일상담은 주로 내담자가 자신의 어려움을 호소하는 메일을 사이버상담실에 보내는 것으로 이루어진다. 회원제로 운영되는 사이트에서는 내담자가 자신의 신분을 회원 가입 시에 남겨 놓으면 내담자의 실명과 기본적인 인적사항을 상담자가 확보한 상태에서 이메일상담을 시작할 수 있다. 그러나 대개는 내담자의 ID와 편지 내용으로 내담자를 식별하게 된다.

캐나다의 사이버상담 사이트인 테라피 온라인(www.therapyonline.ca)은 내담자가 VSI(Virtually Solve It)라는 일종의 상담신청서를 작성하여 상담자에게 제출한다. 상담자가 내담자의 VSI 요청서와 동의서를 접수하고 나서 그들에게 온정적으로 환영하는 이메일로 VSI를 보낸다. 그러면 내담자는 변화의 과정을 시작하기 위해 VSI를 오프라인으로 보낼 수도 있다.

[그림 6-1] 테라피 온라인의 화면

VSI는 이야기 치료적 접근과 해결중심상담 접근에서 만들어진 질문들로 구성되어 있다. VSI의 목표는 내담자가 자신의 문제를 외재화하고, 변화를 향한 정향을 갖도록 하는 것이다. 종종 VSI 자체가 더 이상의 치료적 지원을 요구하지 않을 정도로 변화의 촉매가 되기도 한다. 내담자가 치료에 가담하고자 결정하면, 그들은 완성된 VSI를 상담자에게 이메일로 보낸다.

완성된 VSI를 보면서 상담자들은 내담자의 생활과 그가 문제에 대처하는 방식에 대한 정보를 얻는다. 상담자는 돌봄, 전문적 치료적 반응에 대하여 준비를 한다. 거기서부터 therap-e-mail('이메일로 이루어지는 상담' 이라는 뜻으로 머피와 미첼의 1998년 논문에서 사용된 말)과정이 시작되어, 내담자와 상담자 사이에 고도로 치료적인 이메일을 교환하게 된다. 이 과정에서 치료적 이메일의 편지는 상담자와 내담자가 공저하는 것이 된다(Murphy & Mitchell, 1998).

〈이메일상담의 예〉

제가 아는 사람이 고민이 많이 있답니다. 그 사람은 어렸을 때부터 친구랑 사귀는 게 너무 힘들었고, 그리고 아직까지도 힘이 든답니다.

어떻게 하면 동기들이나 아님 다른 사람이라도 대화하는 게 왜 이렇게 힘이 들까요? 맨 처음에 말을 걸어서 얘기하고 나면 좀 지나서 외면하여 버리는 거. 그래서 아직까지 사람을 만나지 못하는 게 아닐까요?

지금 하는 일도 혼자하면 힘들고 2인 1조로 해야 되는데, 그 사람은 동기들과 어울리지를 못해서 혼자하고 있답니다.

혹시 성격이 좋지 않아서 그런가 싶어서 성격도 바꾸려고 많이 노력도 해 봤고요. 성격 바꾸는 게 너무 힘들더라고요.

왜 나는 친구들과 어울리지도 못할까. 직장을 다닐 때나 학교에 들어와서나 나는 왜 외톨이(요새는 왕따)가 될까. 난 어딜 갈 때나 혼자였고. 친구들하고는 연락도 안 되고. 다른 친구들은 잘 어울리는데 왜 나만 어울리지 못할까. 그리고 집에서도 동생들은 친구들에게 전화 자주 오지만 난 지금까지 친구가 전화한 적도 없고. 어쩌다 소꿉친구 한 명이 있긴 하지만, 그 친구에게 가끔 연락이 오고.

성인으로서 내 옆에 상대방을 대하는 것도 너무 힘들고. 나는 동기들이나 친구들에게 잘한다고 했지만 하는 일도 힘들고. 그러다 보니 외톨이가 되어 버렸어요. 그래서 그것 때문에 기도도 많이 했지만 정말 그것 때문에 기도도 많이 했는데……. 성격도 고쳐 보려고도 많이 했고.

그런 저는 언제나 외톨이에서 해방이 될까요? 정말 이제는 혼자 다니는 것도 지겨울 정도예요. 시내를 나가 보면 남자나 여자나 혼자 다니는 사람이 없어요. 옆에 꼭 한 사람이 있지. 근데 하지만 저는 아니에요.

물질로도 많이 노력했고, 기도도 많이 했고. 어떻게 하면 나도 다른 사람처럼 옆에 친구가 많을까 생각이 되네요.

안녕하세요.

소망 님이 보내 주신 메일 잘 읽었습니다.

소망 님의 힘든 마음을 함께 나누며 도움이 되어 드리고 싶습니다.

어릴 때부터 친구를 자연스럽게 사귀지 못했다는 생각에 힘들어하시는군요. 말을 걸기도 하고, 물질로도 많이 노력하고, 기도도 하고, 성격을 바꾸려고 노력해 왔는데, 아직도 지속적인 친구를 자연스럽게 사귀는 것이 어려워서 낙심되나 봅니다.

소망 님의 좌절되는 마음이 저에게도 전해집니다. 소망 님으로서는 처음에 말을 거는 것도 많은 용기가 필요한 일이었을 것이고, 친구문제로 기도하며 성격을 바꾸려고 했던 순간마다 많은 노력이 필요했을 텐데, 그 열매가 보이지 않으니 얼마나 답답하겠어요. 더구나 소망 님이 보기에는 다른 사람들은 모두 늘 한 명 이상의 친구들이 있는 것으로 보이니 자신의 처지가 더 힘들게 느껴질 것 같습니다.

이 글을 쓰고 있는 선생님도 겉보기와는 달리 속으로는 내성적이기 때문에 친구랑 함께 있는 것이 어색하다고 느낄 때가 많다 보니 소망 님의 마음을 어느 정도는 헤아리고 이해할 수 있을 것 같습니다.

〈중 략〉

이 편지가 소망 님에게 이 세상에 님은 혼자가 아니라는 사실을 확인시켜 주는 계기가 되었기를 바랍니다. 소망 님 곁에는 상담자도 있음을 기억하세요. 소망 님의 기도가 이루어지기를 바라며……. 고민 있을 때 또 연락 주세요.

– 소망 님 옆의 친구가 되고 싶은 사이버상담실 드림

4) 게시판상담

게시판상담은 자신의 고민을 상담사이트의 게시판에 올려 놓으면 상담자뿐 아니라 여러 이용자들이 보고 답변할 수 있는 상담메뉴다. 요즈음은 공개게시판과 비밀게시판이 나누어져 있기도 한데, 비밀게시판의 경우 제목은 사용자 모두 볼 수 있지만 내용은 글쓴이와 운영자만이 볼 수 있다. 게시판은 홈페이지를 제작하고 운영하는 데서 기본 메뉴로 인식되고 있으며, 상담 홈페이지에서도 예외는 아니다. 게시판상담은 내담자가 답변을 요청하는 글을 올리면, 상담자가 대답을 해 준다는 면에서 형식은 이메일상담과 같다. 그러나 공개게시판의 내용은 남들이 볼 수 있다는 점에서 다르다. 여러 사람이 함께 보는 것을 전제로 하는 메뉴이기 때문에 많은 이들의 피드백을 받을 수 있다는 장점이 있다. 내담자는 자신의 주소나 신분을 밝히지 않은 채 많은 사람들의 조언이나 정보를 얻어 갈 수도 있다. 게시판상담은 상담실 운영시간에 구애받지 않고 이메일을 작성하듯이 간단한 절차만 거치면 되기 때문에 많이 이용되고 있다.

게시판의 공개적 특성을 알고서 이용하는 내담자는 전문가의 답변뿐 아니라 일반인의 답변도 폭넓게 듣고 싶어 하는 경우가 많다. 게시판을 이용하는 내담자의 폭넓은 의견수렴 욕구를 살려서 청소년을 대상으로 하는 사이버상담 사이트 중에는 또래상담 사이트를 운영하는 곳도 많이 있다. 또래상담 사이트에서는 일반인에게도 글쓰기 권한을 준다.

게시판상담이 이용하기 쉽고 응답하기 쉬운 특성을 가지고는 있으나 상담내용과 응답시간 등이 모두 공개되기 때문에 상담사이트의 이미지에 큰 영향을 미친다. 모든 사이버상담 내용이 신속한 응답을 중요한 요건으로 하겠지만 상담사이트의 이미지 관리를 위해서라도 특히 게시판 상담에 대한 신속한 응답 및 질 관리가 중요하다. 상담요청 내용이나 응답이 며칠 이상 이루어지지 않는 사이트는 사이버 상담이 활성화되지 못한 사이트임을 무언으로 표현하는 것이다. 상담자와 내담자의 상호작용이 활발하게 이루어지지 않는 게시판을 운영하는 사이트에는 내담자가 관심을 보이지 않는다.

사이버상담 운영자들은 사이버상담 사이트는 저절로 '통폐합'이 이루어진다는 말들을 하곤 한다. 운영이 활발하게 이루어지는 사이트에는 더 많은 내담자가 찾아오지만 그렇지 못한 사이트에는 방문하지 않는다는 것이다. 운영이 활발하게 이루어지는 사이트임을 알리는 방법에는 디자인 개선, 프로그램 업그레이드 등 여러 가지가 있겠지만, 가장 간단하고도 직접적으로 표현하는 방법은 게시판상담을 활성화하는 것이다.

글쓰기 권한을 일반인에게도 주는 경우에는 응답이 신속하게 올라갈 수 있다는 장점이 있다. 상담자가 답변할 수 없는 시간에도 이용자 중 해당 문제에 관심이 있는 이용자들이 응답할 수 있기 때문에 일반인에게도 글쓰기 권한을 부여하는 것은 게시판상담의 운영을 활성화하는 데 도움이 된다. 응답내용에 있어서도 동일한 고민을 겪어 본 경험자가 주로 관심을 갖고 응답하기 때문에 내담자의 마음 상태에 대한 공감이나 응답자 자신의 해결방법 노하우 등을 공유할 수 있다는 강력한 장점이 있다.

그러나 흔치 않은 경우이기는 하지만 간혹 내담자를 비난하거나 내담자의 문제를 악화시킬 우려가 있는 응답내용이 올라가 있기도 한다. 예컨대 죽고 싶다고 표현하는 내담자에게 죽어 버리라는 응답을 올리는 경우도 있었다. 이러한 응답내용이 내담자에게 미칠 악영향을 최소화하기 위해서 게시판상담 운영자는 정기적으로 시간을 정해 놓고 하루에도 여

〈게시판상담의 예〉

[글번호 : 000]

작성자 : ○○ 게시일 : 0000-00-00 조회수 : 53
제 목 : ... 점점 고립되어 가는것 같아요.

저는, 무척 활발한 성격의 아이였어요.

이젠...과거의 얘기가 된 것 같아요.

저는 친구들과 같이 어울려서 수다떨고 웃고 즐기는 걸

무척이나 좋아해요.

그런데, 얼마전 부터는 그게 힘이 들어요.

그냥 누군가와 눈이 마주쳤는데 그 애 표정이 무표정이면

그애가 날 보며 욕하는 것은 아닌지..

이런 고민이 들기도 하고,

같이 어울려 노는 애들하고도 싸움이 잦아져서

이젠 ....

[글번호 : 000]

작성자 : ○○ 게시일 : 0000-00-00 조회수 : 29
제 목 : 용기를 내시기 바랍니다.

님의 글 잘 읽어보았습니다.

예전에는 활발하고 친구들과도 잘 어울렸는데 이제는 친구들을 대하는 것도 힘들고 친구의 반응에 고민하고 싸움이 잦아지고... 이로 인해 얼마나 속상하고 슬프고 견디기 힘드셨을까..... 님의 어려운 심경들이 그대로 느껴져 마음이 아프네요.

그래도 님께서 친구와의 관계개선을 위해 저의 상담실에 문의를 하고 자기 스스로 근심도 하며 도움을 요청하는 모습에 격려를 드리고 싶어요....또한 님께서 현재 자기변화에 대한 의지를 가지고 있고 이래서는 안된다고 자신에게 말하며 인식하고 있는 것을 볼 때 충분히 발전할 수 있을 것이라는 희망을 보게 됩니다.
님께서 노력하고 포기하지 않는 한 친구와의 관계는 예전처럼 꼭 나아질 것이라는 확신을 드리고 싶습니다.

그런데 그러한 문제 해결을 위해서는
님께선 좀 더 구체적으로 언제부터 이런 어려움이 있었는지, 어떤 계기가 있었는지 생각해 보는 것도 필요할 것 같습니다.
또한 지금은 없어졌다고 느낄지 모르지만 활발하고 친구와 잘 어울렸던 님의 모습은 아직도 님의 내부에서 숨쉬고 있으며 언제든 피하지 말고 용기를 내서 자신과 마주서기만 하면 다시 되 살릴수 있다는 말씀을 드리고 싶습니다.

님께서 친구와 눈이 마주칠 때 친구가 욕하는 것은 아닌지 라는 고민을 한다고 했는데...
그때 왜 친구가 자신을 보고 욕을 한다고 느끼는지...꼼꼼히 자신의 생각들을 살펴볼 필요가 있을것 같습니다.

러 번씩 게시판상담에 새롭게 올라와 있는 글들을 열어 보고 체크해야 한다. 공개게시판에 올린 내담자의 호소와 상담자의 응답을 누구나 반복적으로 열어 볼 수 있다. 이는 내담자의 반복학습 내지는 대리학습을 도울 수 있는 특징을 갖고 있다. 위의 게시판상담에 대하여도 호소문제 조회수는 53회, 응답메일의 조회수는 29회로서 내담자의 반복조회 또는 여러 사람들이 사례를 조회하였음을 암시한다.

5) 데이터베이스

데이터베이스 프로그램은 IP(Information Provider)나 CP(Contents Provider)가 가지고 있는 문서, 프로그램 등과 같은 유용한 자료를 수많은 다른 이용자들과 공유할 수 있게 해 주는 서비스다. 일종의 게시판 형식인데, 자료를 작성하는 사람이 상담운영진이고 내담자의 글에 대한 대응이 아니라 특정 내담자의 직접적인 요청을 받지 않은 상태에서 운영진의 판단에 의해 필요하다고 생각되는 자료를 제공한다는 점이 게시판상담과 다르다.

상담에 관련된 자료를 문자, 그래픽, 음성 또는 동영상을 사용하여 제작하고 상담 사이트에 관리자가 올려놓으면 많은 사람들이 동시에 시간적 공간적 제약을 받지 않고 사용할 수 있다. 데이터베이스 프로그램으로 인해 내담자는 상담사이트를 방문했을 때, 상담자가 근무하지 않는 시간이라 하더라도 자신에게 도움이 되는 정보나 상담자료를 접할 수 있다.

컴퓨터 회선 속도가 빨라지고, 듀얼 CPU가 PC에 부착되고, RAM이나 HDD의 용량이 확대되면서 멀티미디어를 이용한 상담서비스들이 가능해졌다. 멀티미디어를 이용하면 같은 내용이라도 훨씬 생동감 있게 전달할 수 있으며, 멀티미디어에 익숙해져 있는 신세대 내담자에게 친근감을 줄 수 있기 때문에 내담자들에게 접근하는 데 한결 유리함을 확보할 수 있다. 상담 사이트에서도 동영상 화면이 등장하기 시작하였으며, 멀티미디어를 상담사이트에 응용하는 일은 더욱 가속화될 것으로 보인다.

문자중심 상담자료들을 데이터베이스화 하는 작업은 1999년 한국청소년상담원에서 유코넷을 개통하기 이전에도 많이 이루어져 있었다. 유코넷은 문자중심 데이터베이스에 일러스트레이션 삽화를 첨가하고, 시각자료 중심의 만화를 첨가하였다. 최근에는 플래시 애니메이션 원고들의 비중이 높아지고 있다. 사이버상담에 관심이 있는 전문가들은 멀티미디어를 이용한 상담에 큰 기대를 걸기도 한다.

예를 들어 청소년이 선호하는 게임방식을 빌려 멀티미디어를 활용하여 상담콘텐츠를 제작하면, 이용자의 욕구를 극대화할 수 있을 것으로 기대하였다. 스타크래프트나 메이플 스토리와 같이 흥미진진한 화면과 스토리 전개방식에 상담교육적 내용을 담는다는 아이디어도 있었다. 이는 글을 읽기 싫어하는 청소년에게 적응 행동을 가르치는 효과적인 방법일 수 있다. 그러나 현재는 사이버상담의 운영 여건이 매우 영세하다 보니 논의에만 그칠 뿐 실행에 옮기는 팀은 없는 듯하다. 가장 직접적인 이유는 예산과 시간 그리고 인력의 부족이다. 아직 상담계를 이끌어 가는 중심세대가 멀티미디어 게임에 익숙하지 않다 보니 상담게임을 제작하기 위해 밟아야 할 다학문적 접근을 감행할 팀이 구성되는 것과 그에 대한 합리적인 예산요청 및 지원과정이 활발하게 이루어지기 어려운 상황이다.

[그림 6-2]는 한국청소년상담원에서 운영하는 사이버상담실의 상담만화용 화면이다. 글로만 제작된 자료보다는 이용자의 가독성을 높여준다. 초보적인 멀티미디어 기법이지만, 멀티미디어를 활용한 상담기법의 효시라 볼 수 있다.

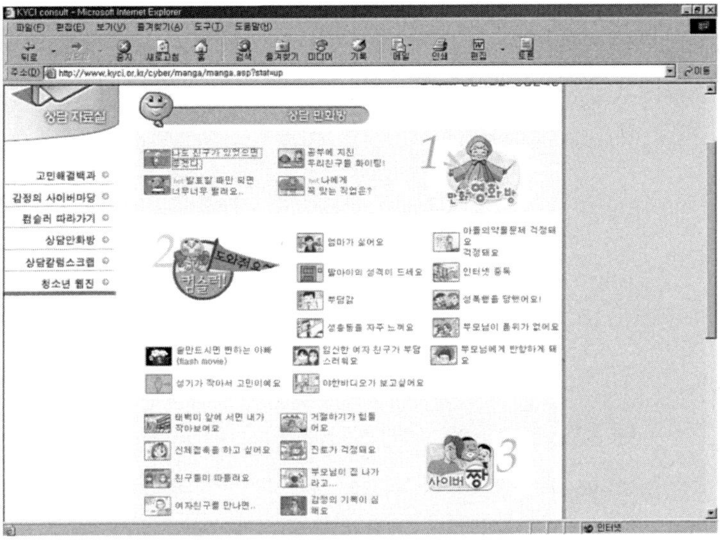

[그림 6-2] 한국청소년상담원 사이버상담실의 상담만화방

6) 심리검사

사이버공간에서 심리검사를 실시하고 결과를 전달하는 것은 여러 가지 면에서 경제적이다. 우선 정신과 의사, 간호사, 심리학자, 심리상담자, 사회복지사, 일반 상담자, 기업가, 교육자 등 서비스 제공자들은 심리검사의 실시, 채점, 해석절차가 쉽거나 자동화되기를 원한다. 일반인들도 보다 쉽고 값싸게 양질의 심리검사를 받기를 원한다. 사이버 공간

과 컴퓨터 프로그램을 통한 심리검사는 이런 요구에 적합한 편이다. 아직 보편적으로 일어나는 현상은 아니지만 현재 우리나라에서는 사이버 공간을 통해 심리검사를 받을 수 있는 사이트들이 많이 있으며, 그중에서는 양질의 검사를 무료로 제공하는 곳도 있다.

사이버 공간에서 체계적인 심리검사가 이루어지면 상담 받는 사람이나 상담자 모두에게 많은 도움이 될 것이다. 사이버 공간에서의 심리검사는 편리하고 경제적이고 객관적이라는 장점을 가질 수 있다. 심리검사의 분석과 판독도 전산화하면 결과를 바로 알 수 있기 때문에 신속하고 효율적일 수 있다. 검사받는 사람이 원하는 시간과 장소에서 편리하게 검사를 받을 수 있다. 예를 들어 한국고용정보원에서 운영하는 워크넷(www.work.go.kr)에서는 진로 관련 심리검사를 무료로 제공하면서 심리검사의 기술적 특성에 대한 전문적인 보고를 함께 하고 있다. 워크넷의 심리검사의 대상은 청소년과 성인이다. 심리검사 결과보고를 개인별 프로파일과 함께 하고 있으며, 검사 해석에 필요한 주의사항들도 함께 제시해 주고 있다. 검사결과를 출력할 수도 있고, 개인별로 워크넷 서버에 장기적으로 저장할 수도 있다.

심리검사결과를 자동저장하면 반복조회를 가능하게 하여 자기이해를 도울 뿐 아니라 경력관리에 유용하게 활용할 수 있다. 상담시간에 편리하게 꺼내 보면서 내담자에 대한 체계적인 탐색을 할 수도 있다. 특히 진로정보와 연결된 심리검사결과해석 웹페이지는 개인별로 적합한 학과나 직업에 대하여 하이퍼링크 기능을 통해 후속적인 학과탐색이나 직업탐색까지도 가능하게 해 준다. 진로상담의 3대 요소라 할 수 있는 자기탐색, 직업세계의 탐색, 진로의사결정의 전 과정에 유용한 자료로 활용할 수 있다. 한국직업능력개발원에서 운영하는 커리어넷(www.careernet.re.kr)

의 심리검사도 무료로 활용할 수 있으며, 커리어넷의 경우 학교청소년을 중심으로 초등학생, 중학생, 고등학생, 대학생 코너로 대상을 분류한 후 각 학급에서 필요로 하는 정보와 함께 진로, 학업 및 성격 관련 심리검사를 제공하고 있다.

그러나 투사검사처럼 주관적 분석이 필요한 경우는 사이버공간에 적용하는 데 어려울 수 있다. 심리검사나 임상척도를 사이버공간에서 전산화하면 검사자가 직접 개입되지 않기 때문에 프로그램에 입력되지 않은 독특한 반응들에 대한 분류가 불가능할 것이다.

그리고 컴퓨터 기억장치에 저장되어 있는 검사자료를 잃어버릴 수도 있다. 자료를 잃게 되면 검사결과를 분석할 수 없고 처음부터 다시 해야 하는 경우도 생길 수 있다. 혼자 검사해야 하기 때문에 불편할 수도 있고, 검사절차가 복잡해서 끝까지 마치지 못할 수도 있다. 문장을 이해하지 못하는 내담자는 검사를 할 수 없을 수도 있다. 컴퓨터를 통한 심리검사가 실수를 정정할 수 있는 장치를 갖추지 않으면 잘못된 결과를 얻거나 처음부터 다시 검사해야 하는 경우도 생길 수 있다. 또한 컴퓨터를 이용한 사이버 공간의 심리검사는 컴퓨터를 다루는 능력에 따라 오차가 생길 수 있다. 예를 들어 반응 속도를 측정할 때 컴퓨터 자판을 다루는 능력에 따라 달라질 것이다. 이는 측정된 심리반응을 왜곡시킨다.

이와 같이 사이버공간에서 이뤄지는 심리검사는 편리함과 기록 가능성을 중심으로 하는 장점도 있고, 기계적인 절차에 따르는 불편함도 있다. 사이버공간의 심리검사는 장점도 있고 단점도 있지만 심리검사에 있어 새로운 방향을 제시하고 있는 것은 사실이며, 점차 다양하고 체계적인 방법으로 확산되고 있는 추세다.

7) 상담카페와 온라인 지지그룹

최근 들어 사이버카페중심의 동호회 운영이 활발히 진행되고 있다. 아직은 내담자들을 위한 카페 운영을 사이버상담 사이트에서 진행하는 곳은 거의 발견되지 않는다. 그러나 사이트별로 상담주제별 카페를 운영하는 것은 내담자들의 소속감을 증진하고, 유사한 경험을 가진 사람들 간에 해결방식의 노하우 교환 내지는 집단원 간의 응집력을 확보하기에 유리할 것으로 예상된다. 카페의 운영은 참가자들 간의 자발적인 모임을 전제로 한다. 공통의 관심사를 지속적으로 찾아가면서 운영하도록 전문가나 성인이 직접적인 관여를 하지 않는 것을 원칙으로 한다. 그러나 청소년이 모이는 상담카페의 경우 모임의 성격이 변질되는 것을 막기 위해서는 게시판상담에서처럼 정기적인 점검이 필요하다. '공부방법카페', '친구관계 카페', '○○가 되고 싶은 사람들의 모임(진로상담카페)' 등 여러 가지 주제를 생각해 볼 수 있다. 평소에는 온라인 모임으로 운영하다가 방학 때나 휴가철을 골라서 오프라인에서의 만남을 통해 현실성과 유대감을 확보하는 것도 필요하다.

외국의 경우 '상담카페'에 해당하는 온라인 지지그룹들이 많이 있다. 온라인 지지그룹은 사이버공간을 통해 자신의 고민을 세계 도처에 있는 사람들과 나누는 집단을 말한다. 1990년대부터 성행하였으며, 사람들은 익명의 온라인 지지집단을 통해 다른 사람들과 함께 자신들의 스트레스를 의논하고 대응방법을 논의한다. 주로 논의되는 주제들은 가정폭력, 에이즈, 외상 그리고 자연재해나 전쟁에 의한 사망 등 다양하다.

온라인 지지그룹의 운영자는 대개 전문가는 아니지만 풍부한 자원을 갖고 있는 일반인이다. 호스트는 전화상담, 자조자원, 대면 지지그룹, 지역상담센터, 위기센터 그리고 수용센터 등으로 내담자를 리퍼하기도 한다. 호스트의 리퍼기능과 리퍼가 가능하도록 하는 네트워크의 형성이 온라인 지지그룹의 성공요건이며 강점이다. 다양한 문화를 잘 알고 있는 호스트들은 문화적으로 다양한 온라인 지지그룹을 이끄는 데 유리하기 때문에 공동호스팅을 하기도 한다.

문화적으로 수용될 수 있는 해법을 제시하고, 문화적으로 적절한 지지와 개입을 제안할 뿐 아니라 개방적인 관계를 유지하고 문화를 초월하는 데 효과적으로 임하기 위해 호스트는 문화적 장벽과 의사소통의 장벽을 초월해야 한다.

게리(Gary, 2001)는 미국의 온라인 지지그룹에 대하여 정리하였는데 그가 정리한 지지그룹들은 상실감이나 슬픔 등 분명한 정서적 지지를 필요로 하는 그룹들로 이루어졌다. 대개 미국인들을 중심으로 이루어지고 있었으나 인터넷이 전 세계적으로 개방되어 있음을 감안하여 여러 국가와 민족, 인종 등의 다문화적 특성이 고려될 것을 언급한 바 있다. 한 연구에 따르면 온라인지지 그룹은 다양한 나라와 문화적 출신의 사람들 간 접촉을 촉진시키고, 인종, 종교, 민족, 문화, 언어적 배경에 대한 다원화 사회를 양성하고 있다(McFadden & Jencius, 2000). 참가자들은 각자의 문화적 바탕에 연유한 생활 경험, 대응 기제, 개인적 태도, 편견, 신념 그리고 도움을 추구하는 능력에 영향을 미치는 지식들을 가지고 온다. 게리와 레몰리노(Gary & Remolino, 2000)가 운영한 '상실한 사람들과 슬픈 사람들을 위한 온라인 지지집단'의 경우에는 대부분의 참가자가 미국인이었다.

〈호스트가 집단원들에게 추천하는 주요 사이트〉

www.nativeweb.com: 세계 도처에 있는 토착문화를 위한 자원

www.allhealth.com/onlinepsych: 정신건강 웹사이트

www.behavior.net/JOB: 국제적 온라인 이슈에 초점을 둔 전문사이트

온라인 지지그룹은 다양한 국적의 내담자들이 참가할 것을 염두에 두고 있지만 아직은 대개 주로 영어권 운영자들에 의해 운영되고 있다. 그래도 영어가 세계 공용어다 보니 세계 도처에서 참가할 수 있다. 문화적인 이슈들이 주요 주제로 부각되며, 또한 문화를 초월하게 하기도 하고, 문화적 차이로 인한 장애도 겪는 등 그 발달과정에서 다양한 시행착오와 새로운 발견들이 이루어질 것이다.

2. 사이버상담의 장점과 한계

1) 사이버 상담의 장점

(1) 공간 제약의 초월

사이버상담은 상담자나 내담자가 자신의 생활공간을 떠나지 않고서도 진행될 수 있다. 이러한 공간 제약의 초월성은 대개가 직장이나 학교의 일과시간과 동일한 근무시간을 갖고 있는 상담기관 소속의 상담자와 내

담자의 만남의 기회를 증가시켰다. 이동을 위한 준비, 실제 이동거리에 드는 시간을 소비하지 않고서도 상담자와의 접촉이 가능해졌다. 교통 혼잡 등으로 장소 이동에 부담을 느끼는 도시의 생활인이나 하교 후 사교육장으로 이동해야 하는 청소년 내담자들에게도 상담에 손쉽게 접근할 수 있는 기회를 주고 있다. 상담기관이 없는 소도시나 산간벽지 지역의 내담자, 공간이동에 불편을 겪는 장애인 내담자를 위해서는 사이버상담이 갖는 공간적 제약의 초월성은 더욱 유익한 특성이다.

더 나아가 특정 문제의 전문가를 반드시 만나야 할 필요가 있는 내담자의 경우 전문가와 먼 거리에 거주하더라도 사이버매체를 통해 상담자에게 부담없이 접근할 수 있다. 아직 상담 분야 인물 중 인터넷이나 컴퓨터를 통한 상담을 친근하게 여기지 않는 세대에 속한 전문가가 많기 때문에 이 기능이 성행하지는 않고 있다. 그러나 N 세대가 전문가로 성장하는 시기가 도래하고 있기 때문에 사이버매체를 통한 전문가와 원거리 거주자인 내담자와의 상담이 점차 성행하게 될 것으로 전망된다.

(2) 시간제약의 초월

사이버상담의 여러 가지 메뉴 중에서도 비실시간 상담 메뉴는 상담이 시간적 제약을 초월하여 이루어질 수 있다. 데이터베이스를 이용한 상담의 경우 상담 전문가가 작성한 상담 자료들이 24시간 연중무휴로 내담자에게 제공될 수 있다. 게시판상담의 경우 상담내용이 공개되기 때문에 내담자는 언제라도 자신의 문제와 유사한 문제에 대한 이전 상담의 내용을 보면서 도움을 받을 수 있다. 이메일상담의 경우에도 내담자는 자신에게 도움이 필요한 시간에 편지를 작성할 수 있다. 편지를 부친 후 상담자의 응답을 받으려면 얼마 정도 시간을 기다려야 한다는 점에서 기존의 편지상담과 동일하다. 그러나 이메일상담은 발송절차가 지극히 간단하며 발송과정에 걸리는 시간이 거의 몇 분 이내라는 신속함을 지닌다. 컴퓨터가 네트워크에 연결되어 있기만 하면 용량이 크거나 사양이 최신식일 필요가 없고, 또한 자신의 고민을 남에게 공개하지 않고 상담자에게만 알리는 등으로 비밀보장이 가능하기 때문에 많은 이용자에게 접근이 용이한 방법이다.

(3) 영구적인 기록 가능

사이버상담의 내용들은 별도의 큰 노력이 없이도 저장할 수 있으며, 통신기술과 컴퓨터 기술의 발달로 인해 저장 수준은 점차 완벽해지고 있다. 상담자와 내담자 모두 상담과정을 저장할 수 있고 필요할 때 다시 읽어 보며 사용할 수 있다.

상담기록은 내담자에게 큰 가치를 가지며, 내담자는 기록된 상담내용을 반복해서 다시 보면서 통찰상태를 유지하고 상담의 성과를 지속적으로 유지시킬 수 있다. 재독(再讀)은 여러 면에서 가치를 갖는다. 내담자는 그들이 상담을 받을 당시에 비해 얼마나 많이 변화했고, 얼마나 많이 진행되었는지를 볼 수 있다. 내담자는 그들이 이전의 문제를 극복하는 과정에서 사용했던 기법과 접근들을 볼 수 있고, 이는 후에 발생할 문제에 대처하는 데도 도움이 된다. 중독문제로 고통받았던 내담자라면 회복과정에 있는 경우에 그가 과거에 심한 문제 상태를 극복하기 위해 사용했던 기술을 다시 읽고 사용할 수 있다. 이에 비해 대면상담에서는 기록하는 것이 쉽지 않은 일이며, 특히 축어록 모두를 기록하기 위해서는 녹음을 하고 녹음된 내용을 글로 옮기는 번거로움을 감수해야 한다. 이와 같은 일이 사이버상담에서는 쉽게 자동적으로 이루어질 수 있다.

내담자들은 또한 상담자가 그들에게 해 주었던 긍정적이고 격려하는 말과 행동들을 검토할 수 있는데, 이는 내담자의 기분이 우울해질 때 더욱 유효하다. 화이트와 엡스톤(White & Epston, 1990)은 자신들의 문제가 스며있는 이야기를 하면서 찾아오는 내담자에 대하여 이야기한다. 그들의 접근에는 이러한 이야기들을 무효화시켜 주는 것이 포함된다. 이는 이메일상담과 비슷하다. 그들이 세미나에서 밝힌 한 예는 1년 전에 상담받을 때 써 놓았던 편지를 꺼내 읽은 한 여성 내담자의 다음과 같은 체험담이다. 이 체험담을 통해서 보관된 기록은 현재에도 영향을 미칠 수 있음을 알 수 있다.

> "어느 날 벤치에 앉아서 그 편지를 다시 꺼내 읽었어요. 그 편지를 읽는 순간 난 울음을 멈췄어요. 남편이 또 실직을 했었거든요. 난 그게 내 책임이 아니라는 것을 그 편지를 읽을 때까지 깨닫지 못했던 거예요. 그래서 난 편지 내용을 봤어요. 그게 뭐냐구요? 난 남편의 실직에 대한 책임이 없다는 거예요. 그 편지는 예전에도 나에게 그런 역할을 했었어요. 그리고 그때 또 내 마음 한 구석에 그런 깨달음을 주었던 거예요."

(4) 슈퍼비전과 자문의 용이성

기록이 문자로 보관되면 슈퍼비전을 하는 것도 용이하다. 이메일상담에 대한 슈퍼비전에서 저자는 서로 서로를 지도감독해 줄 수 있다. 서로에게 내담자가 쓴 편지와 상담자가 응답한 내용 전체를 보내 줄 수 있다. 그러면 내담자는 상담자에게 그러했듯이 슈퍼바이저 앞에서도 현존하는 것이다. 이로 인해 슈퍼바이저는 내담자의 말을 직접 경험할 수 있는 기회를 얻게 된다. 상담자의 입장을 취할 수 있게 되고, 상담자의 선택에 대한 인식을 하지 않을 수 없다. 게다가 이메일 메시지는 비동시적으로 교환되기 때문에 상담자는 슈퍼바이저에게 지도감독을 받고 나서 내담자에게 응답 메시지를 보냄으로써 실수를 줄일 수 있다.

자문에 대한 이메일상담의 잠재력은 어마어마하다. 다양한 학문적 배경이나 상담접근을 갖고 있는 전문가들이 응답메일을 위해 자문을 해 주면, 상담실에서 즉각적으로 응답이 이루어져야 하는 대면상담에서는 불가능한 매우 균형 잡히고 정보가 풍부한 응답을 해 줄 수 있다. 이메일은 자문을 쉽게 할 수 있게도 해 준다. 해당 전문가가 어디에 있든지 자문메일을 보낼 수 있다.

이메일의 여러 가지 특성은 내담자를 자문가로 고용할 수 있게도 해준다. 내담자와 함께하는 자문은 상담자가 내담자에게 그들은 문제를 극복할 때 무엇을 어떻게 했는지를 묻는 과정이다. 이는 내담자에게 그들의 성공을 강조할 수 있는 기회를 준다는 점에서 유익한 과정이다. 또한 유사한 문제를 가진 내담자를 도울 수도 있다. 이 과정은 상담이 끝날 즈음에 상담자와 내담자가 함께 구성한 상담편지 속에서 이루어진다.

그러나 한편으로 문서를 보유하는 것은 상담자가 적절한 반응을 해야 한다는 막중한 책임감을 안긴다. 내담자로 하여금 지난 회기에서 오고간 대화를 정확하게 볼 수 있고 지적할 수 있도록 해 준다. 내담자는 그들이 이해하지 못하는 말이나 구에 대한 구체화나 명료화를 요구할 수 있다. 내담자가 이해할 수 있는 말로 써야 한다는 부담을 지우기도 한다. 기록된 저술은 상담자에게 윤리적인 측면에서 흠이 없을 것을 요구한다. 항의 메일이 편지 파일을 첨부하여 게재되는 사례도 드물지 않다.

(5) 문제의 외재화 용이

외재화란 '그들을 짓누르고 있는 문제를 대상화시키고 형체화시키기도록 내담자를 격려하는 치료적 접근(White & Epston, 1990)' 이다. 외재화는 내담자로 하여금 자신의 문제를 멀리 떨어져서 볼 수 있도록 해 주고, 자기 자신과 관계를 문제 자체와 분리시켜서 볼 수 있도록 해 준다.

상담편지를 쓰는 과정은 그 자체로서 내담자의 문제를 외재화시키는 것이다. 그들은 타자를 치면서 그들의 이슈에 대한 추상적 표현을 그들 앞에 있는 컴퓨터 스크린에서 바라본다. 이러한 과정은 문제를 자기로부터 분리시켜서 들여다보는 외재화 작업을 촉진시키고, 그럼으로써 치료적 변화를 촉진시킨다.

(6) 편지내용을 스스로 읽으며 영향 미치기

편지쓰기는 회귀적인 과정이다. 대개는 글을 쓰면서 사람들은 자신이 쓴 것을 읽는다. 즉, 쓰는 동안 스스로가 영향을 받는다. 이메일을 쓰면서도 앞의 내용을 자꾸 읽어 볼 수 있으며 그것들을 남에게 보이기 전에 전체적 맥락에 맞도록 바꿀 수 있다. 언어적 의사교환과는 달리 우리는 쓴 것에 대해 생각하고 모든 부분이 다른 부분에 영향을 미쳐서 글 자체가 일관성을 갖도록 한다. 저술의 회귀적인 특성이 내담자로 하여금 자신과 자신에 대한 이야기에 의미를 주기 위해 노력하게 한다. 그들은 상담자의 관찰이나 처치를 받기 전에도 미리 자신의 모순을 볼 수 있고 통찰을 얻을 수 있다. 이는 내담자의 돈과 시간을 아껴 주는 것이다.

어떤 내담자는 '난 내가 하고 있는 것과 느끼고 있는 것이 무엇인지를 알고 있어요. 하지만 지금은 내가 알고 있는 것이 무엇인지를 알아요.' 라고 응답하였다. 감정과 느낌에 대하여 저술을 하면서 내담자 스스로가 자신에 대한 인식을 하도록 만드는 것이다. 다음은 저술하는 것에 대한 킹(King, 1996)의 생각이다.

"내담자에게 쓰기 숙제를 내주는 정당한 이유는 쓰기가 사람들로 하여금 자신의 내적 대화를 명료화하고 인식하도록 돕기 때문이다. 글쓰기는 말하기보다 훨씬 더 천천히 진행되고 생각을 필요로 하는 과정이다. 이런 식으로 자신의 생각을 글로 표현하는 가족구성원들은 그들의 말속에 내재된 정서와 보다 깊이 연결되는 느낌을 체험할 것이다."

(King, 1996: 5)

머피와 미첼(Murphy & Mitchell, 1998)은 이메일상담의 내담자에게도 글짓기가 매우 중요함을 발견하였다. 자신의 불건강한 측면들에 대한 정보들을 쓰게 되면, 내담자들은 다음번에는 동일한 불건강한 선택을 하기를 거부할 수 있는 능력이 생긴다는 것이다.

(7) 상담과정에서의 평등성 확보

치료적 체제 안에서 힘의 불균형에 대처하는 것은 중요한 일이다. 실제적, 윤리적으로 볼 때 내담자가 그들의 전문성을 공유하고 발달시키도록 하며 전문가로서의 치료자의 위치를 낮추는 접근이 더 우월한 접근이라고 볼 수 있다(Murphy & Mitchell, 1998). 근래의 치료법 중 이야기치료와 해결중심 접근법은 상담자와 내담자 사이의 힘을 균형 있게 해 주는 대표적인 접근법이다. 특히 이야기치료법은 치료적 변화는 내담자가 자신의 이야기에 주의를 기울이고 그것을 스스로 말하게 될 때 일어날 가능성이 가장 많으며 또한 강력하게 일어난다는 핵심적인 신념을 갖고 있다.

대개의 인터넷을 통한 의사소통 양식, 특히 이메일은 이러한 평등화를 지지하고 강력하게 한다. 내담자는 단지 회원으로 가입만 하면 된다.

많은 이메일 회원그룹들의 연령이나 학력분포는 대학 신입생부터 박사 과정에 이르기까지 매우 다양하다. 대학 신입생 중 상담소에 직접 들려서 상담자와 대면하여 자신의 이야기를 하는 경우가 얼마나 될까? 그러나 이메일상담에서는 기꺼이 쓰고 기꺼이 질문하며, 정보를 요청한다. 이메일의 속성은 개인 간의 힘의 차이를 평등화하는 경향이 있으며, 적어도 낮은 교육적 사회경제적 신분의 사람이 더욱 과감하게 행동하도록 해 준다.

(8) 현재 경험하는 감정의 기록 가능

이메일상담의 비동시성은 또 하나의 큰 장점이다. 내담자는 사건이 생길 당시의 상황과 감정 상태를 생생하게 기록해 놓을 수 있다. 면대면상담에서 예약된 상담시간까지 내담자가 기다리는 경우, 상담시간에 관련 사건에 대해 이야기를 하다 보면 자신이 왜 그렇게 흥분했었는지를 이해하기 어려운 경우가 있다. 그러나 이메일상담에서는 내담자가 자신의 감정이 일어날 때마다 세부적인 기록을 해 놓을 수 있다. 나중에 자신이 쓴 것을 보고 놀라며, 적어도 그 기록들을 함께 검토할 수는 있다. 이는 대면상담에서 내담자가 그들이 왜 그랬는지를 종종 잊어버리는 것과는 대조적이다. 대면상담에서는 내담자가 스스로를 더 잘 이해하도록 하기 위해 검토할 자료를 얻을 수 있는 시점을 놓치는 경우가 많다.

(9) 익명성으로 인한 자유로운 자기노출

사이버상담에서는 메시지의 내용에 집중하여 대화가 이루어지고, 대화과정에서 익명성을 확보할 수가 있기 때문에 신분이 노출될 것에 대한 불안에서 벗어날 수 있다. 이러한 효과는 실명제 회원가입 사이트에서도 동일하게 일어난다. 상담자가 원하면 내담자의 아이디를 가지고 실명을 알아낼 수 있음을 내담자 자신도 알고 있지만, 상담과정 동안 단말기와 마주하기 때문에 익명적이라는 인상을 바꾸지 않게 된다. 이에 대면상담에서 꺼내놓기 어려운 문제를 가졌거나 또는 남 앞에서 자신을 잘 드러내기 어려워하는 내담자에게는 자유로운 의사표현의 기회를 준다. 채팅상담의 사례 중에는 처음 만난 상담자와 내담자가 이루어가는 단회 상담임에도 불구하고 대면상담에서보다 훨씬 깊은 자기노출이 적절하게 행해지는 순간들을 종종 볼 수 있다.

다음은 첫 회기가 시작된 지 30분 정도 경과되었을 때 깊은 자기노출이 부담 없이 이루어진 채팅상담의 예다. 컴퓨터를 통한 의사소통에 따르는 탈억제는 중요한 정보를 더욱 빠르게 개방하도록 해 준다. 상담자가 온라인 상호작용에 익숙해지면 내담자의 개방성을 더욱 빠르게 변화하도록 촉진하는 데 사용할 수 있다. 내담자의 심도 깊은 공유와 상담자의 능력은 치료관계를 고양시키고, 이는 내담자의 성장과 변화를 유도한다(Stofle, 2002).

여고 1: 근데 자위할 때 그곳에서 이상한 물이 나와요.
상담자: 물이라면 ?
여고 1: 오줌도 아니고
여고 1: 잘 모르겠어요.
상담자: 음... 자위를 할 때 유백색 약간 점성이 있는 액체가 나오죠?
상담자: 그건 윤활유와 같은 건데...
상담자: 성적 흥분으로 인해 분비되는 거예요.
여고 1: 괜찮은 건가요 ?
상담자: 그럼요... 나중에 진짜 성관계를 갖게 될 때

상담자: 그 액체가 성기 삽입을 부드럽게 도와주는 역할을 하거든요.
여고 1: 남자의...
여고 1: 그게요?
여고 1: 저만 나오는 줄 알고
상담자: 많은 사람들이 혼자 걱정을 많이 하죠.

(10) 문화적 경계의 초월

게리(Gary, 2001)는 사이버상담의 여러 가지 메뉴 중 온라인 그룹의 문화적 잇점을 다음과 같이 정리하였다.

- 가상연계성(Cyberconnections): 외딴 곳이나 서비스가 닿지 않는 곳의 거주자들에게 소외감을 줄여 준다.
- 세분화된 온라인 지지그룹(Specialized Online Support Group): 몇몇 주제들은 특정 문화에서는 면대면으로 토의되는 것을 금기시하는 것일 수 있다(가정폭력, 성폭력 등). 그렇기 때문에 몇몇 온라인지지 그룹은 문화적 관습에 적응하기 위해 연령 특정적 또는 성 특정적으로 운영될 필요가 있다. 이런 면에서 지역적인 경계선의 제한을 받지 않으므로 광범위한 인구들로부터 성공적으로 구성될 수 있다.
- 인터넷 시간(Internet Time): 인터넷 시간은 타임존을 넘어서서 온라인지지 그룹을 기획하는 것을 촉진해야 한다는 새로운 세계적 시간 개념이다. 온라인 지지그룹은 타임존을 초월하며 모든 타임존에 대하여 시간을 동일하게 만들 수 있다.
- 보편성(universality) 확보: 보편성은 참가자들이 유사한 생각, 감정,

두려움 또는 가상의 공동체에서의 반응들을 공유하게 함으로써 참가자들을 연합시켜 준다.

- 프라이버시(Privacy): 온라인지지 그룹은 참가자들에게 프라이버시를 보호해 준다. 문화적인 오명으로 생각될 수 있는 행동에 대한 도움을 요청하게 하고, 자신의 신분이나 성이 알려져서 부끄러움 당하는 일이 없도록 해 준다. 참가자들은 사회적 장벽들을 극복할 수 있고, 조롱당할 두려움에서 벗어날 수 있으며, 그들의 지역사회 내에서도 문화적 오명이나 상처받을 가능성 때문에 두려워할 필요가 없다(Day & Schneider, 2000).

2) 사이버 상담의 한계

(1) 비언어의 결여

많은 전문가들은 비언어적 단서의 결여로 인해 온라인에서 상담을 하는 것은 불가능하다고 말해 왔다(Childress, 1998). 채팅상담자는 내담자가 언어로 표현한 것과 신체 움직임, 의상, 음성의 변화, 긴장과 이완 등 내담자의 실제모습을 비교할 수 없으며, 그 정보들을 가지고 내담자가 스스로에 대해 더 많이 배울 수 있게 도울 수도 없다. 채팅 상담자는 미소나 온화한 손동작을 통해 내담자가 치료과정에 진입하도록 할 수도 없다. 이것이 사이버상담의 효과에 있어 장애요인으로 지목되고 있다.

채팅상담의 비언어단서 부족현상의 대안으로 현존감(presence)이 논의되기도 한다. 현존감이란 비디오나 컴퓨터 등 매체를 통한 의사소통에서 실제로는 존재하지 않지만 상대방이 있는 것처럼 경험하는 것을 말한다. 현존감은 비언어적 단서가 부족하여 의사소통되기 어려운 부분을 명백히 하는 데 도움을 줄 수 있다(Fink, 1999; Lombard & Ditton, 1997). 채팅상담을 진행하는 동안 치료자와 내담자 각각은 마치 타인이 물리적으로 존재하는 것처럼 느낄 수 있다. 현존감은 치료자와 내담자 양자가 그 순간에 채팅상담실에 있는 것 같은 느낌을 갖도록 하는 데 기여한다. 현존감을 느끼게 하는 요인들은 스크린, 대화명, 폰트, 타이핑 속도, 상호작용 속도, 표현의 양, 대화체의 사용 그리고 이모티콘, 철자와 문법 등이다. 이런 현상의 다른 이름은 비언어(nontextuals)다. 즉, 글 자체 이외의 모든 것을 말한다. 이 모든 요소들이 온라인 상담 동안 구체적으로 평가될 수는 없지만 많은 것들은 축어록을 검토하여 평가될 수 있고, 그것들이 현존감을 더할 수 있다. 민감한 치료자는 내담자의 기본적 채팅 태도와 그것으로부터의 이탈을 감지할 수 있다. 비언어를 민감하게 감지할 수 있는 능력은 채팅상담자에게 필수적이다.

(2) 보이지 않는 내담자: 상담자의 주의 산만

'보이지 않는 내담자'의 문제는 상담자가 다른 사람들과 함께 있는 동안 내담자와 온라인에서 작업을 할 때 흔히 발생한다. 사이버상담은 대개 여러 상담자들이 같은 방에 모여서 수행하는데, 상담을 진행하고 있는 상담자 이외의 다른 상담자에게는 내담자가 채팅상담실에 접속해 있다는 사실이 보이지 않는다. 경우에 따라서는 동료나 가족이 상담자가 온라인 세션을 진행하고 있다는 것을 모르기 때문에 상담자를 방해할 수 있다. 간식을 가져오거나 일상적인 일로 말을 붙이는 등 상담과정에 집중하기 어렵게 만들기도 한다. 이로 인한 영향은 채팅상담에서 가장 심각할 수 있다. 이에 사이버 상담자는 채팅상담이 방해받지 않도록 하기 위해 채팅상담 중일 때는 주변에 상담중임을 알리는 신호를 하는 방법을 마련하고 주변 사람의 협조를 구해야 한다.

(3) 보이지 않는 상담자: 내담자의 주의 산만

내담자 또한 상담자의 행동을 보지 못함으로써 상담과정에 집중하지 않을 가능성이 있다. 채팅상담에서는 상담자가 보고 있지 않기 때문에 내담자는 내방상담에서보다 더 산만하게 창밖으로 시선을 던지고 방 안의 다른 물건을 바라보거나 만지는 등의 행동을 하게 될 우려가 있다. 상담과정에 주의를 기울이지 않을 우려는 내담자 측에도 다분히 있다. 이에 채팅으로 상담을 할 때는 훨씬 더 내담자의 주의를 집중시키려는 노력을 해야 한다. 상담자는 현재 진행 중인 이슈를 알고 그에 주의를 기울이고 있음을 나타내 주고 정확한 시간감각을 가지고 상담을 진행해야 한다. 예를 들어 상담자가 내담자에게 질문을 던졌을 때, 내담자가 적절한 시간 안에 반응하지 않으면 후속질문이 있어야 한다. 부주의 문제를 다루는 가장 직접적인 방법은 첫 회기에 내담자와 함께 그 문제를 직접적으로 다루는 것이다.

(4) 대화 진행상의 혼란

채팅 상호작용에서는 메시지가 수용된 순서대로 나타나지는 않는다. 하나의 주제에 대한 상대방의 응답이 올라오기 전에 다른 주제가 등장하기도 한다. 상대방의 모습을 볼 수 없기 때문에 상대방이 응답하기 위해 타이핑을 하는 중인지 응답을 생각하는 중인지 알 수가 없어서 생기는 현상이다. 응답 중이거나 응답 준비 중이라는 확신이 없기 때문에 상대방이 반응할 때까지 기다릴 수 없어 다른 의견을 또 올리는 것이다. 이러한 혼란은 두 사람 간의 채팅보다 집단 상호작용에서 더욱 두드러진다. 특히 양자가 상대방의 대화패턴에 익숙해지지 않았거나, 한쪽이 기존의 주제를 좀 더 논의하려고 하는데 상대방이 화제를 바꿀 때 혼란을 야기할 수 있다. 이 문제는 치료자가 내담자의 의사소통 스타일과 리듬을 잘 알고, 개입에 적용하면 해결될 수 있다. 아래의 예는 사이버 공부방법 집단상담에서 벌어진 대화과정의 예다.

〈공부방법 집단상담에서 벌어진 대화진행상의 혼란 현상〉

상 담 자: 공부환경을 한번 검토해 봅시다.
내담자 1: 저는 늘 정리가 안 되어 있다고 어머니가 꾸중을 하시는데...
내담자 2: 환경정리도 잘해야 되나요?
상 담 자: 그래, 어머님 꾸중을 듣는 경우가 종종 있지요.
내담자 3: 책상 위를 보면은...
내담자 2: 내 방은 잡스러운 물건들이 많아서리...
내담자 3: 놓여 있는 게 너무 많아서 어떻게 치울지 막막해요.
상 담 자: 그럼 선생님이 정돈된 방의 모습을 먼저 알려 주고 나서 각자 차례로 자기 방과 비교해서 글을 올리도록 할까요?
내담자 2: 교복 벗은 것에다가 학습지 쌓여 있고…
내담자 1: 넵
상 담 자: 스톱!!! 전달사항 있어요.^^ 정돈된 방이 어떤 방인지 먼저 듣고 이야기하면 어때요?
내담자 3: 네
내담자 1: 허걱~~ 넵. 조용 쉿!!

(5) 사이버상담에의 적절성 논란

사이버상담은 사이버상담에 적절한 내담자에게는 윤리적이고 효과적으로 적용될 수 있다. 사이버상담에 적절한 내담자가 어떤 내담자인지에 대한 연구는 꾸준히 진행되어야 한다. 아울러 사이버상담자로서는 어떤 상담자가 적합한지에 대하여도 연구되어야 한다. 대면상담에서 유능한 상담자가 반드시 사이버상담에서도 유능성을 발휘할지, 유능한 사이버상담자가 되기 위해 유능한 대면상담자가 되는 것만으로도 충분한지에 대하여는 지속적인 논의가 필요하다. 특히 역설적인 상담기법이나 직면기법을 많이 사용하는 상담자의 경우 내담자가 상담자의 비언어를 함께 볼 수 없기 때문에 역설적이거나 직면적인 글을 모니터로 접했을 대 내담자에게 미칠 영향에 대해서는 신중히 고려해야 한다. 사이버상담자는 대면 상담에 익숙할 뿐 아니라 온라인에서도 편안하고 효과적으로 상호작용할 수 있는 능력을 더 가지고 있어야 한다.

모든 내담자가 사이버상담에 적절하지 않듯이 모든 상담자가 사이버상담에 적절한 것은 아니다. 사이버상담을 사용하는 상담자의 수가 증가하고 있는 만큼, 사이버상담에서 유용한 기법들에는 어떤 것들이 있는지를 검증하기 위한 연구가 계속 수행되어야 한다. 구체적인 개입의 방법이나 그것의 효과가 탐색되어야 한다. 온라인 상담자에 대한 훈련과 슈퍼비전이 절실하다.

(6) 상담과정진행에서의 어려움

경우에 따라서는 상담자의 응답이 조금만 늦어져도, 상담자의 존재가 보이지 않음으로 인해 내담자들이 참지 못하고 나가 버리는 경우가 많이 있다. 아래의 대화 예는 채팅상담에서 상담자의 초기 반응이 10초 정도 지연되었을 때 내담자가 보인 행동으로서 채팅상담에서 즉각적인 응답을 하지 못했을 때, 그 응답지연이 어떤 결과를 낳는지 보여 준다. 다섯 번째 행에서 상담자가 '안녕하세요.' 라고 반응을 보였기 때문에 글의 흐름만 본다면 내담자의 퇴장은 어색해 보인다. 그러나 이러한 현상이 채팅상담에서는 자주 일어나는데, 축어록에 나타난 순서대로 대화를 주고받는 것이 아니라 내담자는 상담자가 보낸 '안녕하세요' 반응이 내담자의 화면에 나타나기 전에 이미 기분 나쁘다는 반응과 끝인사를 한 후 방을 나가 버린 것이다.

〈채팅상담 초기에서 10초 동안 응답이 없는 경우의 내담자 반응 예〉

알　림: 고민녀 님이 들어오셨습니다.
고민녀: 안녕하셔요?
고민녀: 여보쇼.
고민녀: 상담을 할거요, 말거요.
상담자: 안녕하세요.
고민녀: 기분 나뻐.
고민녀: 안녕히 계세요.
알　림: 고민녀 님이 방에서 나갔습니다.

(7) 기계적인 오류의 발생 가능성

영상상담이나 채팅상담은 상담을 진행하는 도중에 컴퓨터 소프트웨어 프로그램, 네트워크, 하드웨어 프로그램의 영향을 가장 민감하게 받는 사이버상담 메뉴다. 기계적인 오류로 인해 상담이 갑자기 중단되기도 한다. 영상상담과 채팅상담이 더욱 안정되게 진행되려면 하드웨어, 소프트웨어, 네트워크에 대한 정기적인 점검과 보강이 필요하다. 기계적인 보완이 이루어지는 한편으로는 이러한 현상의 발생 가능성에 대하여 화면에 상시 공지를 띄워 놓아 내담자가 불필요한 오해를 하지 않도록 조치를 취해야 한다.

또한 영상상담이나 채팅상담은 상담 진행도중 내담자의 환경에도 영향을 많이 받아서 내담자 측에서 채팅상담 도중 자신이 상담하고 있다는 사실을 알려 주고 싶지 않은 대상이 나타나거나 다른 약속 시간이 되어서 접속을 끊는 경우도 생긴다. 이러한 우발적인 상황들에 대한 대비책이 필요한 실정이지만 내담자 측에서 벌어지는 우발적인 상황으로 인해 상담이 중지되는 부분에 대하여는 적절한 조치를 취하기가 어렵다.

(8) 온라인 지지그룹의 문화적 한계

사이버매체를 통한 교류에는 기술적으로 국경이 없다. 이에 온라인 지지그룹은 국제적인 모임으로 발전할 가능성이 높다. 여러 문화권에서 모인 지지그룹의 경우 각각의 구성원이 속한 국가의 법률이나 생활습관, 사고방식, 표현양식 등의 차이로 인해 예기치 않은 일들이 벌어질 가능성도 있다. 게리(Gary, 2001)는 온라인 지지그룹의 문화적 한계를 다음과 같이 정리하였다.

- 정부의 통제(Government Control): 어떤 나라의 경우(사우디아라비아, 중국, 쿠바, 이라크, 북한 등)에는 정부가 검열해서 온라인 지지그룹에 참가하는 것을 불법화하거나 불가능하게 한다.

- 만병통치약(Panacea)으로의 남용 가능성: 온라인 지지그룹은 모두에게 적합한 것은 아니다. 어떤 참가자들은 의료적 교육적 정신 건강적 서비스를 필요로 하며, 영적 · 토착적 치료자나 종교인의 자문을 필요로 할 수도 있다.
- 호스트의 능력(Host Competency): 호스트의 전문적인 학위와 경험은 웹사이트, 포털, ISP마다 다양하다. 호스트가 어떤 훈련과 교육을 받았는지에 대한 정보를 명시하여 참가자로 하여금 호스트의 능력, 가치관, 세계관, 문화적 역량에 대하여 알고서 참가하도록 도와야 한다.
- 언어능력이 부족한 참가자들(Members with Limited Language Skills): 언어능력, 외국어능력이 부족한 참가자는 온라인지지 집단의 빠른 진행 속도, 문자기반의 의사소통, 다양한 대화들에 좌절을 느낄 수 있다. 신체언어나 비언어적 의사소통의 도움을 받지 않고 언어로서 감정과 생각을 전달하고 이해하는 것이 어려울 수 있다.
- 윤리적 법적 문제(Ethical and Legal Concerns): 몇몇 정신건강 전문기관, 자격위원회, 국제기관들은 가상공간의 윤리적 법적 이슈로 인해 논쟁하고 있다. 가상공간에서 윤리적 법적인 결정을 내릴 때는 지역적 경계의 불분명함으로 인해 독특한 어려움이 발생할 수 있다. 예컨대 호스트가 거주하는 국가나 주의 법에 의해 판단했을 때는 합법적인 내용의 제언이 참가자가 거주하는 국가나 주의 법에 의해 판단했을 때는 불법적인 것에 해당할 수 있다.

3. 사이버상담의 보조적 활용방안

사이버상담은 독자적으로 사용되기도 하지만 보조적 상담도구로서의 가치도 크다. 내담자와 상담자가 사이버상담 사이트를 통해 첫 접촉을 했을 경우 사이버상담만으로 상담과정을 이끌다가 종결할 수도 있고, 사이버상담 과정 중에 내방상담을 실시할 수도 있다. 경우에 따라서는 대면상담으로 신청한 상담에 대하여 사이버상담을 보조적으로 사용하여 상담 효과를 높일 가능성도 있다. 아래에 소개된 사례 이 외에도 상담자의 창의성과 상담 여건에 따라 상담과정을 능률화하는 데 사이버상담을 보조적으로 활용하는 수없이 많은 방안이 개발될 수 있을 것으로 기대된다.

1) 등교거부

최근에 필자는 한 학부모로부터 지속적인 집단따돌림으로 인해 두려워하는 고등학생이 등교를 거부하고 있다는 다급한 연락을 받았다. 이 사례의 집단따돌림에는 은밀한 따돌림과 언어폭력 및 중상모략이 개입되어 있었다. 우선 등교를 거부하는 피해학생과 만나 상황을 파악하면서, 학부모, 교사, 학교와 한 팀이 되어 사례에 접근하는 것이 효과적이라는 판단이 들었다. 그러나 학기 초인지라 필자와 학부모 그리고 교사는 모두 자기 일에 분주하므로 만날 시간을 낼 수 없었다.

전화 통화를 시도해 본 결과 교사는 집단따돌림 가해자의 심리적 특성에 대한 인지 수준이 높아 보이지 않았다. 오히려 피해 학생이 피해를 과장되게 해석하는 면이 있다고 받아들이는 듯하였다. 필자 또한 단 한 번의 만남으로 피해학생의 현실지각이 완전히 정확하다고 확신할 수는 없었다. 이에 부모와 학생의 양해를 구하여 필자가 지각하는 내담자의 정황과 문제 그리고 처방에 대하여 이메일로 발송하였다.

이메일을 통해 내담자의 상황에 대한 인식을 공유한 후 교사와 필자 및 부모가 내담자에게 인본주의적 접근으로 대처하면서, 내담자의 타인지향적 성향을 자기주도적 성향으로 변화시키기 위한 심리상담 서비스를 병행하였다. 교실에는 두 명의 또래 상담자를 두어 내담자를 향한 유언비어가 나돌더라도 변함없이 내담자를 존중하는 역할을 맡도록 하였다. 이 사례에서 이메일을 통한 공동의 상담사례관리로 인하여 긴밀한 협조체제 아래 내담자는 학교에 적응할 수 있는 용기를 얻었고 정상적인 학교생활을 하고 있다.

2) 거식증

야저(Yager, 2002)는 거식증으로 고통받는 외래환자들을 치료할 때 이메일을 보조수단으로 유용하게 사용한 예를 소개하였다. 첫째는 상담회기를 증진하기 위해 이메일을 사용하였다. 그는 상담 회기 사이에 내담자와 이메일을 교환하였다. 심리치료와 약물치료를 받는 고등학교 상급생 환자를 2주 만에 한 번씩 만나고 있었는데, 상담회기의 보충 수단으로 이메일을 사용한 바 있다. 회기 사이에 여러 번씩 오가는 이메일상담에서는 식사의 종류, 열량 섭취량, 때로는 학교나 가정 문제 등이 논의되었다. 환자는 이메일을 통해 매일의 식사량을 측정한 것이 동기유발제가 되었으며, 이메일에 대한 상담자의 응답은 격려가 되었다고 평가하였다. 그러나 프라이버시의 문제가 대두되었는데, 그녀가 집에서는 자신의 이메일 계정을 갖고 있지 않았기 때문이었다.

둘째는 멀리서 치료과정을 모니터하기 위해 사용하였다. 18세 소녀가 상담자와 만난 지 한 달이 채 되지 않아서 멀리 떠나야 했고, 그녀의 의사는 지난 2년간의 체중감소에 대하여 걱정하고 있었다. 섭식장애가 발생하기 전에 그녀는 다소 완벽주의적이지만 여러 면에서 잘 지내고 있었다. 학기 중에 상담자와 체중조절에 관하여 이메일을 통해 의논했고, 만일 그녀가 학기 중에 체중을 증가시킬 수 없었다면, 학교를 그만두고 입원하게 되었을 것이라고 이메일의 효과를 평가하였다. 상담자는 적어도 2주에 한 번씩 접촉하면서 감독자(overseer) 역할을 담당하였다.

셋째는 매일 음식 섭취량을 체크하기 위해 사용하였다. 내담자와 함께 내담자가 매일 먹는 음식의 양을 체크하고, 피드백한 결과 내담자는 자신이 섭취하는 열량을 객관적으로 체크하여 거식증세가 호전되었다.

3개월 만에 초기에 수립한 상담목표를 이루어서 내담자는 불면, 나태, 혼란감 등에서도 의미 있게 회복되었다. 내담자는 이메일상담이 없었다면 섭식행동을 무시했을 것인데, 매일 편지를 씀으로써 지킬 수밖에 없었다고 술회하였다.

넷째, 조력 제공자들 간의 의사소통을 위해 이메일을 사용하였다. 치료자의 이주로 인해 새로운 치료자를 만나야 하는 상황에서 새 치료자가 내담자를 맞을 준비가 될 때까지 내담자가 새 치료자와 관계를 형성할 때까지 야저는 내담자의 섭식과 기분, 가족상황, 건강관리, 약물의 부작용, 사회적 · 직업적 발달 등에 대한 구체적인 정보가 담긴 메일을 내담자와 주고받으며 내담자의 동의하에 새로운 상담자와도 이메일 메시지를 공유하였다. 그녀의 기분은 어느 정도 증진되었고, 그녀의 섭식과 체중도 유지되었다. 내담자는 치료자를 자주 만나기 어려울 때 치료

〈환자가 보낸 음식섭취 보고서의 예〉

팥 = 117cal, 단백질 7g, 무지방

딸기 1컵 = 45cal, 단백질 0.9g, 지방 0.6g

망고 85g = 67cal, 단백질 0.8g, 지방 0.3g

옥수수 한 봉지 = 100cal, 단백질 3g, 무지방

구운 감자 200g = 220cal, 단백질 4.7g, 지방 0.2g

버터 없는 프리첼 = 470cal, 단백질 11g, 지방 0.5g

무설탕 요구르트 120g = 56～68cal, 단백질 3.28g, 지방 0.24g

(Hsiung, R. C., 2002: 53)

자와의 접촉을 유지하기 위해 이메일을 사용하는 것이 효과적이라고 술회하였다.

다섯째, 가족 구성원들과의 의사소통을 위해 이메일을 사용하였다. 점점 체중을 잃어 가고 있는 9세의 거식증 소녀가 이메일을 통해 자신의 섭식량을 전달하면서 이메일의 내용이 풍부해졌고, 그녀에게 먹는 것이 얼마나 힘든 일인지, 가족을 떠나 입원하는 것이 얼마나 힘든 일인지를 표현하였다. 상담자는 이러한 사항을 소녀의 아버지에게 이메일로 알리면서 협력하여 내담자가 병원치료를 받도록 하는 데 성공하였다.

여섯째, 한 명의 환자를 공동으로 돌보기 위해 이메일을 사용하였다. 15세부터 거식증을 앓고 있고 현재는 골다공증을 합병증으로 앓고 있는 여대생이 스스로 자신의 병을 고쳐 보려고 전문적인 치료에 저항을 보

였다. 치료에 대한 저항이 심해지면서 이메일까지 거부하던 중 그녀의 증세는 악화되었고, 그녀의 부모와 주치의가 치료자에게 도움을 요청하였다. 주치의는 부모의 요구에 어떻게 응해야 할지, 현재 잘 지내고 있다는 환자의 보고를 어떻게 받아들여야 할지, 환자가 목표로 삼고 있는 45kg 이하의 체중유지는 적절한 것인지 등을 질문하였다. 주치의와 전문적인 의견을 공유하면서 그녀의 거식증과 치료에 대한 저항에 대처하였다.

일곱째, 위기개입에 이메일을 사용하였다. 상담자는 금요일 오후 퇴근 시점에 수치심에 시달리며 자해욕구를 호소하는 이메일을 받았다. 상담자는 시간을 절약하기 위해 편지를 보낸 내담자와 그녀를 보살피고 있던 심리학자에게 전화연락을 취했지만 되지 않았다. 비서에게 심리학자와의 지속적인 연락, 심리검사와 개입에 대한 준비 등을 부탁한 상태에서 이메일로 내담자에게 이러한 사실들을 알리고, 내담자 스스로 도움을 요청할 방법을 여러 가지 제시하였다. 다음 날 아침 내담자는 한 차례 위기를 넘긴 상태에서 감사의 이메일을 보내 왔고, 상담자도 내담자에게 축하와 조언을 보냈다. 이 모든 예에서 이메일은 좀 더 정교한 치료 과정의 한 요소였고, 환자 편에서나 치료자 편에서나 이메일의 부정적인 측면은 발견되지 않았다.

3) 보조적인 이메일 사용의 장점

이메일의 보조적인 사용은 내담자와 상담자 간의 접촉빈도와 양을 늘려준다. 회기 사이에 내담자들에게 여러 차례 이메일을 주면 상담자가 현존하며, 경청하고 있고, 자신에 대해 생각하고 있음을 알게 해 준다.

이메일 답장의 빈도, 길이, 즉각성은 내담자로 하여금 상담자와 접촉하고 있으며, 접촉 받고 있다고 느끼게 해 준다.

또한 이메일은 내담자로 하여금 감정이 일어날 때마다 메시지를 써서 보낼 수 있게 해 준다. 이메일 통신을 명시적으로 허락받은 상태에서는 그들의 메시지가 편안하게 읽힐 것이라고 믿게 되고, 상담자를 방해하거나 상담자의 개인적인 시간을 침해한다는 걱정을 하지 않게 한다. 미안함 없이 접근하도록 해 주는 것은 이메일의 비동시적 특성이 갖는 장점 중의 하나다(Negroponte, 1996).

이메일은 마음에 떠오르는 것을 편안하게 표현하도록 해 줌으로써 정서적인 부담을 없애 준다. 컴퓨터기반 의사소통을 연구하는 사회심리학자와 사회학자에 따르면 사람들은 사람에게 말하는 것보다 컴퓨터에 쓰는 데서 더 자유로움을 느낀다고 한다(Negroponte, 1996; Turkel, 1984, 1995). 내담자들은 이메일을 개인적으로 말하는 것을 확장하거나 재구성하거나 수정하거나 보충하기 위해 사용할 수 있고, 그들이 원하는 것을 전달했음을 확실히 하기 위해 사용할 수 있다. 온라인을 통해 내담자는 더욱 개방적이 될 수 있고 비공식적으로 대화할 수 있으며, 의미 있고 영향력 있는 관계를 형성할 수 있고, 더욱이 상담자가 명시적으로 이메일로 초대를 하면, 접촉의 주도권을 공인해 주는 것이 되고, 치료적 관계에서 상담자의 자율성을 증진시키며, 둘 사이의 힘의 차이를 줄일 수 있다. 거식증 환자의 치료에서 매일 주고받는 이메일의 가장 강력한 힘은 환자들로 하여금 자신들의 행동과 자신들이 치료 중에 있음을 끊임없이 자각하도록 해 준다는 것이었다.

거식증의 인구학적 임상적 특성 때문에 거식증 환자를 위해 이메일을 보조적으로 사용하는 것에는 두 가지 이점이 있다. 첫째는 많은 환자가 청소년과 젊은 성인이라서 컴퓨터와 이메일 사용을 즐길 가능성이 많기 때문이다. 둘째는 컴퓨터에다 말을 하는 것은 순종적이고, 순응적이고, 정직하고, 부지런하고, 해를 받기 싫어하고, 수줍어하고, 소심한 성격일 가능성이 많은 거식증 환자에게 유익하고 비교적 쉬운 방법이다. 보조적인 이메일 사용은 거의 항상 긍정적인 전이를 경험하게 해 주었다.

심리치료의 보조수단으로 이메일을 사용하는 것은 치료에 대한 성실성과 효과성을 높일 수 있다. 홈스(Holmes, 1998)에 따르면 섭식장애 환자를 위한 집단이 이미 존재한다. 다만 참석자들에게 프로그램이 미치는 영향을 조절할 만큼 체계적인 평가가 수행되지는 못하고 있다. 야저는 정신분열증, 양극성 장애, 우울증 등의 진단을 가진 환자들을 위한 이메일 지지 집단이 매우 교육적이고 동기유발적이고 유익하다고 주장하였다(Yager, 2002).

4) 사이버상담의 보조적 사용에서의 유의사항

우선은 사이버상담은 익명적임에도 불구하고 파일로 저장이 되기 때문에 어떤 점에서는 비밀보장에 어려움이 따른다는 것이다. 특히 내담자가 컴퓨터를 가족과 공유할 때 이런 일이 생길 수 있다. 상담자가 특별히 주의를 기울이지 않으면 내담자가 보낸 메시지가 답장 속에 포함되어 있어서 내담자가 원하지 않을 때에도 가족들에게 상담내용이 공개될 가능성이 있다.

내담자가 긴급하고 어려움에 빠져 있음을 알아채지 못하는 것도 위험의 요인이 될 수 있다. 편지만으로는 평가나 확진을 내리기에 충분하지 못하며 이런 경우는 전화나 대면상담이 효과적이다. 적시에 적절한 양식으로 반응하지 못할 경우가 있다. 위기가 없다 해도 내담자에게 무시당했다는 느낌을 줄 수 있다. 내담자로부터 과도하거나 부적절한 메시지가 올 수 있다. 이는 개인 상담이나 다른 전이 관련 상호작용에서도 있을 수 있는 일이다. 내담자가 이메일상담에 저항하는 것은 이후의 상담과정에도 저항할 수 있음을 암시한다. 이 초기 경고 사인이 내담자와 함께 적절히 토의되어야 하고, 경우에 따라서는 부가적 동기유발 조치가 필요할 수도 있다.

5) 기타 쟁점

내담자는 이메일이 반드시 안전한 의사소통 양식이 아님을 알아야 한다. 내담자에게 남들과 공유하는 이메일주소로 상담하기보다는 자신의 개인 계정을 가지라고 조언해야 한다. 다른 사람들이 보기를 원치 않는 어떤 것을 쓰지 말라고 알려 주어야 한다. 이메일을 주기적으로 사용할 경우 별도의 서면동의를 받아 둘 필요가 있다. 이메일로 전달되는 메시지가 상담전략을 수립하거나 슈퍼비전을 받기 위해 저장될 수도 있음을 알려야 한다. 내담자와 주고받는 이메일에 소비하는 시간이 밝혀지면 적절한 정도로 상담료를 정산할 수도 있게 될 것이다.

요 약

1. 사이버상담 메뉴에는 여러 가지가 있다. 가장 빈번하게 쓰이는 메뉴는 이메일상담과 게시판상담이라고 볼 수 있다. 이 외에도 대면상담과 가장 유사한 메뉴인 영상상담 및 채팅상담이 있는데, 영상상담의 경우 현재 기술력은 있으나 활성화되지는 못하고 있다. 영상상담보다는 채팅상담이 현저하게 많이 사용된다. 이 외에도 데이터베이스를 이용한 상담, 심리검사, 상담카페, 온라인 지지집단 등이 있다. 사이버상담 서비스의 종류는 컴퓨터기술의 발달과 네티즌의 취향 및 컴퓨터 활용능력에 따라 점차 다양해지고 있다.
2. 사이버상담 서비스에는 독특한 강점이 있다. 사이버상담의 강점으로는 공간적 제약의 초월, 시간적 제약의 초월, 영구적인 기록 가능, 문제의 외재화 용이, 상담과정에서의 평등성 확보, 현재 경험하는 감정의 기록 가능, 익명성으로 인한 자유로운 자기노출 등을 들 수 있다. 이와 같은 사이버상담의 강점들은 더욱 많은 내담자들이 상담서비스를 받게 해 주며, 사이버상담 진행 시에 내담자의 참여도를 높여 주고, 상담개입을 명료화하는 데 도움이 되고 있다.
3. 사이버상담 서비스에는 한계점도 있다. 사이버상담의 한계로는 비언어적 단서의 결여, 상담자와 내담자가 보이지 않음으로 인한 주의력 분산, 대화 진행상의 혼란, 역설적 상담기법의 부작용, 상담과정 착수상의 어려움, 기계적인 오류의 발생 가능성 등이 있다. 이 외에도 사이버상담 서비스의 제공에는 국경이 없음에 따르는 여러 가지 법적, 윤리적 한계들이 있다. 이들 한계점 중 기계적인 오류의 발생 가능성, 상담과정 착수상의 어려움 등은 컴퓨터 공학과 네트워크의 발달로 개선될 수 있는 것들인데 비해 주의력분산, 역설적 상담기법의 부작용 등은 상담자의 능력 향상을 통해 개선되어야 한다. 국경이 없음으로 인한 문제들은 사이버 매체 사용에 관한 국가 간 논의를 통해 개선

되어야 하는 것들이라 해결에 많은 시간이 걸릴 것으로 예상된다.

4. 사이버상담은 보조적인 상담방안으로서의 가치도 크다. 본문에서는 사이버상담을 대면상담의 회기 사이에 실시함으로써 상담효과를 높이는 데 도움을 받을 수 있는 방법을 소개하였다. 사이버상담의 보조적인 활용은 여러 가지 문제의 상담에서 가능한데, 그 예로는 등교거부 상담에서의 이메일 사용, 거식증 치료에서의 이메일 사용, 조력제공자들 간의 의사소통을 위한 이메일 사용 등을 들 수 있다.
5. 사이버상담의 보조적인 사용은 상담자와 내담자 사이의 접촉빈도와 양을 늘려 줌으로써 상담자-내담자 간 관계를 증진시키고, 내담자의 생생한 감정을 기록에 남아 있게 해 주며, 치료에 대한 성실성을 높여 주는 등의 긍정적인 효과가 있다. 그럼에도 불구하고 파일이 노출될 우려, 상담자가 내담자의 편지를 확인하지 못해 오해를 살 우려 등 주의해야 할 점들이 많이 있다.

과제

1. 사이버상담을 진행하면서 상담자는 어떤 경험을 하고, 내담자는 어떤 경험을 하는지 분석해 보자.

   〈방법〉 (채팅상담 경험) 교내의 전산실을 대여한다(또는 과제로 상담을 진행하여 출력한 다음 대본을 보면서 진행해도 좋다). 2인 1조를 편성한다. 상담자 역할과 내담자 역할을 결정한다. 40분간 대화를 진행한다. 대화내용을 출력한다. 출력본을 가지고 각각의 대사를 짚어 보며, 각각의 대사를 작성할 때 어떤 심리상태였는지를 나누어 보자. 역할을 바꾸어 한 번 더 진행해 보자.
2. 우리나라에서 운영되고 있는 온라인 지지집단을 2개 이상씩 찾아서 발표해 보자. 온라인 지지집단 사이트와 운영자, 응답간격, 응답 내용 등을 토대로 비판적으로 분석해 보자. 참가 회원에게 어떤 도움을 주

고 있으며, 지지집단의 취지가 유지되기 위해서 더 보완되어야 할 사항들은 무엇인가?

3. 온라인상의 카페 중 상담을 목적으로 하는 카페를 찾아보자. 카페 회원들은 어떤 사람이며, 어떤 효과가 있기에 회원 신분을 유지한다고 여겨지는지 토론해 보자.
4. 심리검사 실시 사이트를 방문하고 심리검사를 받아 보자. 검사결과를 통해 자기에 대해 무엇을 발견하였는가? 검사결과를 얼마나 신뢰하는가? 검사결과를 자신에게 어떻게 적용하기로 하였는가?
5. 본문에 나와 있는 것 이외에도 대면상담 중간 중간에서 사이버상담을 보조적으로 사용할 수 있는 방안이 있는지 토의해 보자. 어떤 문제 영역에 대하여 어떤 방식으로 사용할 수 있겠는가?
6. 본문에 제시된 사이버상담의 강점과 한계점을 다시 한 번 정리해 보고, 찬반 입장을 정한 후 자신의 의사를 발표해 보자.

7장

사이버상담의 단계

단회성과 짧은 시간을 특징으로 하는 사이버상담을 진행할 때는 상담자가 상담과정을 주도면밀하게 통제해 갈 필요가 있다. 사이버상담의 단계는 짧은 상담시간에 한 편의 상담을 완결하기 위해 참고할 만한 자료다. 제시된 대로 순서대로 사용해야 하거나 제시된 모든 단계를 사용하려고 할 필요는 없다. 제시된 단계 중 해당 사례에 필요한 단계들을 사례에 적합한 순서로 구성하여 사용하는 것이 더 효과적이다.

채팅상담의 단계는 환영하기, 경청하기, 반영 및 공감하기, 상담목표 설정하기, 상담구조화, 탐색, 요약 및 해석, 정보 제공 및 제안, 직면, 역할연습, 마무리로 이루어진다. 이메일 및 게시판상담의 단계는 환영하기, 문제의 명료화, 공감, 상담목표 설정, 정보 제공, 추가정보 탐색방법 안내, 결론, 끝인사로 구성된다.

사이버상담의 단계를 설정하는 작업은 필자가 한국청소년상담원에 있을 당시인 2000년도 말쯤 그 필요성을 절감하여 실시하게 되었다. 그 당시에 사이버상담을 수행하는 데 참고할 만한 지침들이 준비되지 않은 채 사이버상담실을 개통하여(1998년 5월) 실시하고 있었다. 사이버상담센터가 전국적으로 홍보되면서 상담요청이 쇄도하였다.

정작 사이버상담 요원들은 사이버상담에 대한 많은 경험을 쌓아 놓은 상태가 아니었기 때문에 사이버상담에서 상담자와 내담자가 어떤 경험을 하는가에 대한 호기심과 흥분, 불안으로 차 있었다. 업무량이 많아지면서 새로운 상담요원들이 투입되었고, 빠르고 신속하면서도 체계적으로 답장을 해낼 수 있는 지침이 필요하게 되었다. 신속한 응답은 사이버상담에서 내담자를 향한 관심을 표현하는 가장 적극적인 방법이기 때문이다. 2년 가까이 이메일상담과 게시판상담에 답장을 하고, 1년 가까이 채팅상담에 응하다 보니 어느새 운영요원들 간에도 이메일상담을 작성해 가는 순서와 채팅상담을 풀어가는 대략의 흐름도가 필요하다는 인식을 공유하게 되었다.

동일한 편지나 채팅상담 사례에 대하여 상담자들 간의 접근방식에 상당한 차이가 있었고 경우에 따라서는 같은 상담자라도 각 사례에 응하는 태도나 방법에 있어 큰 차이가 느껴지기도 하였는데, 이러한 일들은 상담자들의 작업스트레스를 가중시켰다. 매 사례마다 '무'에서 '유'를 창조하는 과정을 거쳐 답을 해야 했기 때문이다. 또한 상담자들은 연수교육과 세미나, 언론홍보를 통해 사이버상담실이 점차 알려지고 내담자 수가 많아지면서 한 사례에 할애할 수 있는 시간이나 노력이 줄어들 수밖에 없었다. 폭주하는 사례를 감당하기 위해 임시로 상담요원들을 동원해야 하는 일도 잦아졌다.

지금도 그렇지만 당시 한국청소년상담원의 사이버상담실에서는 사이버상담요원을 상담을 전공한 석사 출신으로 선발하였다. 상담전공 석사 출신이라고 해도 오리엔테이션 없이 사이버상담에 투입되어 바로 이메일 답장이나 채팅상담에 응하는 데는 어려움이 있었다. 명색이 전문상담자들이 실시하는 사이버상담실이니 어느 정도의 질을 유지해야 한다는 압박감도 있었다. 어떤 것이든 상담자들에게는 의지할 수 있는 틀이 필요했고, 사이버상담의 단계는 그 필요성에 의해 설정되었다.

이메일상담의 단계는 한국청소년단체협의회에서 발행하는 『오늘의 청소년』에 기고한 사례발표 원고에 초안을 제시하였다(임은미, 2000). 채팅상담 요소의 초안은 2001년 하반기에 한국인성교육협의회에서 주관하고 크레듀에서 기술제작을 맡았던 '상담교육 기본과정'의 원격강의(임은미, 2001)에서 제시하였다. 이메일상담의 단계는 한국청소년상담원에서 발간한 『사이버진로상담지침서』(임은미, 이영선, 김지은, 2000)를 통해 출판된 바 있고, 채팅상담의 단계는 미출간 상태로 한국청소년상담원의 연수교재로 사용된 바 있다. 필자 나름의 상담경험을 기초로 하여 설정했던 요소들이라 부족한 부분, 중복된 부분들이 많이 있어서 나름대로 정리작업을 거쳐서 제시하고자 한다. 여기에서의 상담단계는 강제적인 것이 아니며, 다만 상담을 진행할 때 좀 더 수월하게 그 다음 과정을 이어 나가기 위한 기준으로 간주하는 것이 적절하다고 보인다.

1. 채팅상담

채팅상담은 현재 성행되고 있는 사이버상담의 방법 중 아직까지는 면대면상담 방식을 가장 현실에 가깝게 사이버매체에 올려놓은 상담방법이다. 내담자는 시간과 공간의 제약을 받지 않고 상담자와 실시간으로 접속하여 대화를 통해 상담을 할 수 있다. 또한 상담자는 상담과정에서 전문적인 탐색과 조언 등을 실시간으로 수행할 수 있기 때문에 내담자와 상호작용이 가장 극대화되는 상담 방법이다. 채팅상담의 과정은 다음의 열한 가지 단계로 구성되어 있다.

1) 환영하기

열려진 채팅방 화면을 주시하면서 내담자가 들어오기를 기다리는 것부터 환영의 자세다. 채팅상담방에 입장하는 내담자에게 직접적으로 표현할 수 있는 최초의 환영반응은 내담자가 방에 입장하자마자 민첩하게 자판을 두드리는 것이다. '안녕하십니까?' '사이버상담실의 상담자입니다.' '무엇을 도와드릴까요?' 등의 인사말을 건네도록 한다. 몇 가지 전형적인 인사말들을 단축키로 저장해 놓으면 처음에 놓친 몇 초를 절약할 수도 있다. 채팅상담 모니터에 내담자가 입장했다는 신호가 들어오면 곧바로 응답을 해야 내담자와 상담이 이루어진다. 불과 몇 초 동안만 응답이 없어도 내담자는 채팅상담을 해 줄 상담자가 없다고 단정 짓고 접속을 끊어버린다.

그렇기 때문에 상담자가 단 몇 분만이라도 자리를 비워야 할 경우에는 반드시 내담자가 볼 수 있는 화면에 공지사항을 남겨야 하며, 돌아오기로 약속된 시간에는 돌아와 있어야 한다. 그러나 상담자가 아무리 노력해도 몇 초간의 오차로 인해 내담자를 놓치는 경우가 많이 있다. 채팅상담을 운영할 때 내담자가 방에 입장하면 벨소리가 나도록 프로그램을 짜

〈환영하기 대화의 예〉

- 안녕하십니까?
- 사이버상담실의 상담자입니다.
- 무엇을 도와드릴까요?
- 우리 사이트를 방문해 주어서 반갑습니다. ^^
- ○ ○ 님, 반갑습니다. ^^

기도 하고, 다녀간 내담자의 이메일과 바로 연결되는 화면을 띄워서 쪽지기능을 사용하여 내담자에게 상담자가 돌아왔음을 알리며 상담을 시도하는 프로그램을 사용하기도 한다.

2) 경청하기 및 질문하기

채팅상담에서 경청은 내담자의 글을 잘 읽고 이해하는 것을 말한다. 경청을 통해 내담자가 제시하는 정보들을 수집하고 평가해야 한다. 불분명한 글이 올라올 경우 보충 설명을 요청한다. 예를 들어 내담자가 '친구 때문에 화가 나요.' 라고 올렸다면, '친구의 어떤 점 때문에요?' 라고 질문을 할 때 내담자에 대한 이해를 더할 수 있다.

〈경청하기 및 질문하기 대화의 예〉

- 그래요! 그 다음엔 어떤 일이 있었나요?
- 난처했겠네요. 그래서 어떻게 대응하셨어요?
- 좀 더 이야기해 주시겠어요?
- 어떤 일로 그런 불편한 마음이 드세요?
- 음...

3) 반영 및 공감하기

반영 및 공감이 효과적으로 이루어지려면 이전 단계인 경청이 잘되어 있어야 한다. 반영은 내담자가 말한 감정적인 내용을 다시 한 번 언급해 주는 것이고, 공감은 반영을 포함하지만 반영이 내담자가 표현한 감정을 언급하는 데 주안점을 두는 데 비해 공감은 내담자가 표현하지 않은 감정에 대해서도 정확히 읽어 주는 것을 말한다. 적절한 반영과 공감을 통

〈반영 및 공감하기 대화의 예〉

- 그렇군요... 걱정이 많겠네요.
- 에이즈에 걸릴까 봐 걱정이 되시는군요
- 주변 사람들이 ○ ○ 님을 무시하는것 같이 느껴지는군요.
- 단짝 친구에게는 서운한 감도 있겠고요.

해 짧은 시간에도 깊이 있는 상담관계를 맺을 수 있다.

4) 상담목표 설정하기

경청, 반영 및 공감의 단계를 거치면서 내담자의 고민이 상담자에게 이해되고 내담자 스스로도 자신의 고민을 어느 정도 이해하게 되면 상담목표 설정의 단계로 들어간다. 채팅상담에서는 상담목표를 구체화시키는 것이 매우 중요하다. 대부분의 상담이 단회기로 끝나기 때문이다. 40분 또는 50분 이상 모니터를 주시하며 상담을 지속하기가 어렵고, 기계적인 한계로 인해 접속이 중단될 수도 있기 때문에 채팅상담의 목표는 구체적이고 명확한 것으로 설정하는 것이 필요하다.

"그래요. 오늘 채팅상담에서는 친구와 싸워서 불편한 마음을 나누고, 감정을 잘 다스릴 수 있는 방법에는 어떤 것들이 있는지 알아보기로 하죠." 등으로 명확하게 상담목표를 설정한다.

〈상담목표 설정하기 대화의 예〉

- 자, 그럼 이 상황에서 ○ ○ 님이 바라는 것은 무엇인가요?
- ○ ○ 님의 기분이 좋아지기 위해 이 시간에 무엇을 할까요?
- 검정고시 정보 알아보는 것을 이번 상담의 목표로 삼아도 될까요?
- 여학생에게 말 거는 방법을 알고 싶으세요?
- 시험 계획을 함께 세워 볼까요?
- 자녀에게 화가 폭발할 때 어떻게 하는게 좋을지 생각해 볼까요?

5) 상담구조화

목표가 합의된 후에는 상담구조화를 실시한다. 사이버상담은 단회상담으로 이루어지는 경우가 많고, 동일한 내담자가 여러 번 상담실을 찾는다 해도 매 회기마다 내담자의 자발적인 필요와 요구에 의해서 회기가 성립되기 때문에 매 회기의 상담은 단회임을 염두에 두고 진행한다. 채팅상담에서는 특히 내담자가 상담회기 시간을 명확히 알고 정해진 시간 내에 자기표현을 충분히 하고 상담목표를 달성할 수 있도록 도와야 한다.

회기별 상담시간으로는 몇 분 정도가 가장 적당한 시간인지는 사례의 내용과 심각성에 따라 달라진다. 다만 내방상담이 회기 당 대략 50~60분 사이로 이루어진다는 점, 채팅서버에 부과되는 부담(채팅상담은 일반채팅과 달리 상담내용을 저장하도록 프로그램을 구성한다.), 상담자의 VDT증후

〈구조화 대화의 예〉

- 네, 기계가 우리를 도와주면 50분까지는 할 수 있어요.
- 허락된 시간 50분을 알차게 써 봅시다.
- ○ ○ 님은 이야기하고 생각하고, 나는 듣고 생각하죠.^^
- 서로 마음을 여는 게 중요합니다.
- 여기는 전문상담사이트랍니다. ○ ○ 님이 스스로를 이해하고 해결책을 찾도록 돕는 게 제 일이죠.
- ○ ○ 님은 열심히 자신을 돌아보도록 해요.^^

군 예방(Visual Display Terminal: 상담자들이 주로 겪는 신체증상은 안구 충혈, 안구 건조, 어깨-허리 통증이었음) 등을 고려하여 50분 이내로 이루어지는 것이 좋을 듯하다.

"예, 통상 상담이 40~50분으로 이루어집니다. 그 시간 안에 우리가 설정한 목표를 달성하도록 함께 노력해 봅시다." 등의 표현으로 시간 한계를 설정하여, 허락된 시간 동안 내담자가 자신의 요구를 충분히 표현하고 해결방안을 강구하도록 도와야 한다.

채팅상담에서는 상담자와 내담자가 서로를 볼 수 없기 때문에 역할 구조화를 분명히 하는 것도 효과적이다. 짧은 시간을 의미있게 사용하기 위해 내담자는 중요한 이야기를 적극적으로 공개하고 상담과정에 집중해야 함을 알리는 것이 필요하다.

구조화 작업을 간단하고 명확하면서도 자연스럽게 진행하는 것은 상담과정을 원활하게 하는 데 큰 도움이 된다.

6) 탐 색

내담자를 더 깊이 있게 이해하고 내담자 스스로 통찰을 해 나가도록 돕기 위한 질문을 하는 것이 탐색이다. 단, 채팅상담이 단회기임을 고려하면 탐색질문은 설정된 목표를 이루는 데 직접적인 도움을 줄 수 있는 것으로 하고, 해결 중심적인 방향으로 제기하는 것이 중요하다. 전화상담 기법에서 제시되었던 탐색질문들이(구본용, 김병석, 이재규, 1995) 유용한 참고자료가 될 수 있다. 예를 들어 "지금까지 친구와 잘 지내기 위해 님이 노력한 것들을 정리해 볼까요? 아주 작은 것이라도 좋아요."와 같은 탐색 질문을 통해서는 내담자의 대인관계 패턴을 더욱 깊이 있게 이

〈탐색 대화의 예〉

- 계획은 세워 본 적이 있었나요?
- 그중 가장 효과적이었던 것은 무엇이었나요?
- ○ ○ 님이 어떻게 했기에 그런 효과가 있었을까요?
- 이 상황에서 ○ ○ 님이 할 수 있는 일에는 무엇이 있을까요?
- 그중 한 가지만 바꿔 본다면 무엇을 어떻게 바꿀 수 있을까요?

해할 수 있을 것이다.

"그랬군요. 그런 행동들의 효과는 어땠나요?"와 같은 질문을 통해서는 내담자 스스로가 자신의 행동을 평가할 수 있는 기회를 주게 될 것이다.

"효과적이지 못했던 이유는 무엇일까요?"와 같은 질문을 통해서는 내담자의 역기능적인 패턴을 스스로가 통찰할 수 있는 기회를 주게 될 것이다.

7) 요약 및 해석

요약반응은 대면상담에서도 상담내용의 초점을 분명히 하기 위해 이루어지는 중요한 작업이다. 채팅상담에서 요약반응은 대면상담에서와는 또 다른 의미에서 중요하다. 채팅상담은 메시지 내용을 중심으로 이루어지고 간혹 대화과정에 혼란이 생겨 내담자나 상담자의 질문과 응답이 순차적으로 이루어지지 않는 경우가 많다. 서로의 모습을 볼 수 없기 때문에 기다려야 할 때인지 반응을 해야 할 때인지 구분이 되지 않는다. 때로는 상담자와 내담자의 컴퓨터와 네트워크 상태에 따라 전송시간이 서로 달라지기도 한다. 그래서 경우에 따라서는 질문이 연달아 게시되기도 하고, 이미 지나갔다고 생각했던 질문에 대한 대답이 늦게 나오기도 한다. 이로 인해 이야기의 흐름에 혼선이 생기는 경우가 있고, 이때 이야기의 초점과 흐름을 분명히 하기 위해서도 요약반응의 사용이 필수적이다.

〈상담자-내담자 반응 흐름에 혼선이 생기는 대화의 예〉

상담자: 안녕하세요. 상담실의 상담자입니다. 무엇을 도와드릴까요?
내담자: ...
상담자: 어떤 도움이 필요하신지요.
내담자: 안냐셔염. 날씨가 좋군요.
상담자: 네, 반갑습니다.
내담자: 무슨 말부터 해야할지...
상담자: 네 화창하네요.

해석은 내담자가 현재 겪고 있는 문제의 원인이나 발생 배경에 대하여 상담자가 시도하는 설명이다. 내담자의 말과 행동에 대해 설명이나 해석을 해 줄 때에는 내담자가 받아들일 수 있는 범위 내에서 해야 한다. 채팅상담의 경우 특히 상담자가 주려는 해석을 내담자가 받아들일 준비가 얼마나 되어 있는지를 평가하는 단서가 오직 글뿐이기 때문에 해석이나 설명이 조심스럽게 이루어져야 한다. "나는 이렇게 생각하는데, ○○님의 생각은 어떤지요?" 등과 같은 부드러운 어투로 해석을 시도하는 것이 효과적이다.

〈요약 및 해석반응의 예〉

- 시험칠 때 친구들이 은근히 ○○ 님을 괴롭히는데 이번 시험에서도 그럴까 봐 걱정이 된다는 말이군요.
- 인터넷에 야동을 띄워 놓고서도 자위행위를 하지 않게 되기를 바란다고요. 야동을 앞에 놓고 자위행위를 안 하는 게 참 어려운 일같이 느껴지는데 ○○ 님은 어떠세요?
- 그렇게 말하는 걸 보니 그 친구들에게 마음이 없는 건 아닌 것 같군요.
- 그렇다면 지금 사람들을 만나고 싶은 마음은 있는 거군요.
- 여러 상담사이트를 돌아다녔지만 시원한 대답을 얻지 못하다 보니 상담에 대해서 신뢰하지 못하게 되었다고요. 그럼에도 불구하고 이 사이트를 들어오신 걸 보니 변화하고 싶은 마음이 정말 크신가 봐요.

8) 정보 제공 및 제안

내담자가 필요로 할 경우 비교적 객관적인 사실이나 지식 등의 정보를 주거나 상담자가 생각하는 전문적인 제안을 내담자에게 해 줄 수도 있다. 정보를 제공할 때는 구체적이고 정확하게 제공하는 것이 중요하며,

제안을 할 때에는 상담자의 의도가 명확히 내담자에게 전달되도록 표현해야 한다. 이때 상담자가 내담자에게 정보나 제안을 하는 것이 내담자의 선택권을 침해하지 않도록 주의해야 한다. 상담자가 제공한 정보나 제안을 선택할 것인지의 결정은 내담자 스스로에게 달린 것임을 명확히 해야 한다.

〈정보제공 및 제안 대화의 예〉

- ○ ○ 님, 성관계를 만족스럽게 하기 위해서는 신체도 건강해야 하고, 성관계가 이루어지는 물리적 환경도 쾌적해야 하고 무엇보다 서로에 대한 신뢰가 있어야 한다고 합니다.
- 그 문제라면 ○ ○ 교육청 중등교육과에 문의하는 것이 좋을 것 같은데요. 전화번호는 ○ ○ ○ - ○ ○ ○ ○ , 담당자는 ○ ○ ○ 장학사 님으로 나와 있네요.
- 졸업하면 일반고등학교와 마찬가지로 고등학교 졸업자격이 주어지는 학교들이 있는데요. 예를 들어 간디학교, 한빛고, 성지고, 푸른꿈고 등이 있어요.

9) 직 면

채팅상담에서도 내담자가 저항을 보일 때가 있다. 본인이 원해서 상담을 하는 중인데도 문제해결을 위해 노력해야 할 부분에 대해 상담자가 제안을 할 때나 정보를 제공할 때 좀처럼 변화하지 않으려고 저항하는 모습이 보일 때가 있다. 이런 경우 직면을 할 수 있는데, 직면은 내담자의 불일치를 지적하는 것이다.

예를 들어 "○ ○ 님은 문제를 해결하고 싶어 하는 마음이 강하면서도, 막상 해결하기 위해서 노력하는 것에는 어려움을 느끼나 봐요."라는 상담자의 반응은 문제를 해결하고자 하는 내담자의 욕구와 행동적 노력 간의 불일치를 직면시키는 반응이다. 이때 유의할 점은 내담자에게 상담자가 자신을 돕기 위해서 노력한다는 확신을 심어 준 후 비공격적으로 직면을 해야 한다는 것이다. 그러기 위해서 상담자는 친절한 문구를 사용해야 한다. 그렇지 않으면 내담자는 거부당했다고 느끼고 상담을 포기하거나 접속을 끊기도 한다.

〈직면 대화의 예〉

- 방을 갖고 싶은 건가요, 아니면 다른 곳으로 이사를 가고 싶은 것인가요?
- 여자분이시라고요. 그런데 실명으로 가입하신 저희 회원 명단에는 17세 남자라고 되어 있네요.
- 독립할 수 있을 만큼 ○ ○ 님의 여건이 마련되어 있는 것 같진 않은데요. ○ ○ 님 보기에는 어떠세요?
- 야한 사이트를 끊고 싶으면서도 컴퓨터를 공개적인 장소에 두기는 싫다고요. 어느 쪽이 ○ ○ 님의 진심일까요?

10) 역할연습

상담시간을 통해 일어난 통찰을 행동으로 연결시키기 어려운 듯이 보이는 내담자에게는 역할연습을 하는 것이 필요하다. 예를 들어 내담자가 친구와 사이좋게 지내기 위해 내일 아침 학교에 가서 사과를 하기로 했는데, 스스로 해낼 수 있다는 확신이 부족하거나 구체적인 방법을 잘 모를 경우에는 상담자가 친구역할을 맡고 내담자와 함께 그 상황을 연습해 보는 것이 내담자에게 유익할 것이다.

〈역할연습의 예〉

상담자: ○ ○ 님, 지금부터 선생님이 ○ ○ 님 역할을 해 볼게요. 시작합니다. ○ ○ 님은 친구역할이에요.
상담자: 야, 꿔 간 거 갚아.
내담자: 뭐? 째째하게. 그러니까 애들이 너 싫어하는 거야. 쪼잔하게.
상담자: 나도 쪼잔하단 얘기 듣기 싫지만, 그래도 꾼 건 갚아야지.
내담자: 싫어. 재수 없어.
상담자: 화만 내지 말고, 갚을 건 갚고 이야기하자.
상담자: ○ ○ 님 어때요? 이 정도 이야기해 본 적 있어요?
내담자: 없어요. 그래도 속이 시원해요. 쎈 거 같아서 함부로 못하겠고.
상담자: 그렇다면 선생님이 쓴 대로 ○ ○ 님도 써 볼래요?
내담자: 네. 나도 쪼잔하단 얘기 듣기 싫지만 그래도 꾼 건 갚아야지.
상담자: 잘했어요. 이번에는 그걸 소리내서 읽어 보세요.

11) 마무리

채팅상담은 단회기로 이루어지고, 회기당 지속시간도 짧지만 그럴수록 마무리에 비중을 두어야 한다. 구조화에서 밝힌 상담 종료시간 10분 전부터는 마무리 작업에 들어갈 준비를 하는 것이 효과적이다. 상담을 받고 난 후 내담자가 갖는 느낌, 상담 초기에 설정했던 목표에 도달한 정도, 내담자에게 남아 있는 과제 등을 의논하는 것이 마무리 단계에서 해야 하는 활동들이다. 필요에 따라 내담자에게 과제를 제시할 수도 있는데, 사이버상담에서는 내담자의 과제수행 여부를 검토하거나 과제에 대한 피드백을 할 기회를 확보할 수 없다. 그러므로 가능한 한 명확하고 실천하기 쉬우면서도 내담자의 행동변화에 직접적인 도움이 되는 과제를 부과할 필요가 있다.

〈과제 제시와 마무리의 예〉

- 잘했어요. 앞으로도 그렇게 하는 거예요.
- 매일 아침 거울 앞에서 "나는 나를 사랑한다."라고 말하며 웃으세요. 이게 숙제예요.
- 오늘 반가웠습니다.
- 언제든지 다시 들러도 환영이에요. ^^
- 다음에 또 들르세요.

2. 이메일 및 게시판 상담

이메일은 이제 청소년뿐 아니라 성인들에게도 빼놓을 수 없는 의사소통 수단이 되고 있다. 사이버상담에서도 이메일상담 메뉴는 사용하기 간

편하고 프라이버시를 보장받는다는 느낌 때문에 가장 널리 이용된다. 이메일상담과 유사한 메뉴로 게시판상담이 있다. 게시판상담은 편지 내용이 다른 사람에게 공개된다는 점이 다르지만 편지를 주고받는 형식이라는 점에서 성격상 이메일과 비슷하다. 게시판상담은 또 상담자뿐 아니라 다른 이용자들의 글도 답장으로 받을 수 있어 게시판상담 또한 사이버상담의 내담자들이 선호하는 메뉴다. 이메일상담과 게시판상담은 작성하는 것만으로도 내담자는 자기 생각을 정리할 수 있는 기회를 갖게 된다. 상담자가 비록 답장을 즉각적으로 해 주지 못하는 상황이라 해도 자신의 문제를 글로 표현하면서 감정정화와 자기정리를 할 수 있다. 상담자의 입장에서 보면 이메일상담과 게시판상담에는 근무시간에 와서 답변을 할 수 있기 때문에 시간 사용에서의 자율성을 비교적 확보할 수 있는 매우 경제적인 상담방법이다. 그래서 사이버상담을 운영하는 거의 모든 상담기관에서 이메일상담 서비스와 게시판상담 서비스를 제공하고 있다. 이메일상담이나 게시판상담에도 반드시 지켜야 할 기법이나 단계가 정해진 것은 아니지만, 사이버상담을 진행하는 운영요원들이 상담사례들을 검토한 결과 체계적으로 잘 쓴 이메일상담이나 게시판상담은 다음과 같은 단계들을 포함하고 있는 것으로 분석되었다.

1) 환영하기

이메일상담에서도 가장 처음으로 밟아야 할 단계가 서로 간의 관계를 형성하는 단계다. 내담자가 자신이 '환영 받는다' 는 느낌과 상담자가 자신을 도와줄 전문적-인간적 자질이 있음을 느끼게 되면 기본적인 신뢰관계가 형성된다고 보아도 좋다. 이를 위해 사이버상담 사이트의 디자인은 포근하고 아기자기하게 구성하는 것이 좋고, 상담사이트에서 일하는 전문상담인력에 대한 소개를 충분하게 하는 것이 필요하다. 내담자는 개인상담을 요청하기에 앞서 사이트의 이모저모를 살펴볼 것이기 때문에, 상담시작 전에 사이트에 대해 갖게 되는 느낌도 관계형성에 중요한 역할을 하게 될 것이다.

〈환영하기의 예〉

- 안녕하세요. 사이버상담실입니다.
- 보내 주신 편지 잘 받았습니다.
- 다시 ○ ○ 님의 편지를 받으니 더욱 반갑습니다.
- ○ ○ 님, 글은 잘 보았어요.

여기에 더하여 이메일 답장의 첫 머리에서는 상담자가 따뜻한 글 인사와 도와주고 싶은 마음을 직접적으로 표현하는 것이 필요하다. 표준적인 인사표현들을 미리 만들어 놓고 참고하면서 사용한다면 관계 형성에 도움을 받을 수 있을 것이다.

2) 문제의 명료화

내담자들은 어려움을 느껴 상담을 요청할 때 대개는 혼란스러운 상태로 온다. 자신에게 도움이 필요하다는 것을 막연히 인식할 뿐 정확히 어떤 문제로 어떤 도움을 받아야 할지 모르는 경우가 많다. 그러므로 내담자의 호소내용을 들으면서 초점을 명확히 맞추는 명료화 작업이 필요하다. 이때 내담자의 문제를 구체적이고 해결 가능한 형태로 제시하는 것이 단회 상담을 풀어 가는 데 유익하다.

예를 들어 내담자가 다음과 같이 호소한다면 상담자는 심리학적 지식과 상담 경험을 토대로 내담자의 문제를 파악하여 글로 명확하게 표현해 주는 것이 좋다.

> "친구들이 저를 따돌려요. 나를 보면 재수가 없대요. 내가 선생님들과 친하게 지내니까 스파이인 줄 아나 봐요. 숙제 꼬박꼬박 해 오는 것도 싫대요. 나 때문에 자기들이 혼난다나요. 공부하기도 싫어져요. 숙제도 안 해 오면서 즐겁게 사는 애들이 얄미워요. 그래서 선생님께 숙제 검사 안 하시냐고 여쭤봤고, 숙제 검사를 하시면서 애들을 엄청 혼내셨거든요. 선생님 나가시고 나니까 저만 욕하더라고요. 저만 더 욕먹었죠."

이에 대해 "친구들이 ○○ 님을 재수 없어 하니까 무척 속상하죠?"라고 한다면 친구들이 문제의 주인이 되고, 그 친구들은 상담에 참가하지 않기 때문에 문제해결의 길이 더 멀어진다.

이에 비해서 "○○ 님이 선생님과 대화를 나누는 장면이 자주 목격되어 친구들이 오해를 하나 보군요." 또는 "○○ 님의 말로 인해 선생님께서 숙제를 상기하시게 되었고, 친구들은 예상치 않은 벌을 받게 되었군요."라고 응답한다면 친구들의 오해나 친구들이 벌을 받게 된 결과의 원인이 내담자에게 있게 되고, 내담자의 행동변화를 위한 상담목표로 바로 연결될 수 있는 문제의 명료화 방법이라고 할 수 있다.

〈문제 명료화의 예〉

- ○ ○ 님에게 요즘 친구들의 결점만 보인다고요.
- 하루 6~7시간씩 공부하는데 성적이 기대만큼 나오지 않는다고요.
- 오빠한테 진심을 이야기했는데 받아 주지 않는 것 같다고요.
- ○ ○ 님이 좋아하는 친구를 다른 친구들도 모두 좋아한다고요.

3) 공 감

내담자가 이메일을 보내기까지 얼마나 고민을 했는지, 얼마나 많은 심리적 고통을 경험했는지를 공감하고, 문제를 더욱 잘 해결하기 위해 상담이라는 방법을 택하고 실천에 옮긴 성장 동기까지 격려해 준다.

〈공감의 예〉

- 마음에 상처가 됐을 것 같기도 해요. 그래도 자신의 마음을 점검하려는 ○ ○ 님은 참 건강한 사람이니 이겨낼 수 있을 것 같습니다.
- 많이 속상하겠어요. 하지만 잘해 보려고 전문상담실을 찾은 ○ ○ 님이니 상담을 통해 좋은 방법을 새롭게 알게 될 것 같아요.
- 섭섭하고 초라한 마음이 들 것 같기도 해요. 그래도 이렇게 직접 편지를 쓴 걸 보니 ○ ○ 님에게는 틀림없이 문제를 해결할 수 있는 힘이 있어요.

"숙제를 하는 등의 바람직한 행동에도 질타를 보낸다고 생각하니 속상할 것 같아요." "이렇게 편지를 보내 주니 얼마나 반가운지 몰라요. ○○ 님이 친구들과 잘 지내고 싶어 하는 마음의 표현인 것 같습니다." 등이 공감반응의 예다.

4) 상담목표 설정

사이버상담은 단회로 이루어지는 경우가 대부분이다. 이메일상담이나 게시판상담의 경우에도 상담자의 응답메일에 대하여 내담자가 답장을 하지 않으면 상담이 종결된다. 그렇기 때문에 매번의 메일에서 단회로 상담이 끝날 수 있음을 염두에 두고 상담목표를 명확하고, 구체적이고, 세분화하는 것이 좋다. 한 번의 메일로 다루기에 적합한 정도의 상담목표를 찾아내서 다루는 것이 이메일상담에 적절해 보인다. 그 다음의 상담과정이 목표를 달성하는 쪽으로 더욱 집중될 가능성이 높아진다.

〈목표설정의 예〉

- 이번 기회에 자신의 기대를 다시 한 번 점검하고 혹시 내가 지나친 것을 바랐던 것은 아닌가 생각해 보세요.
- 이번 편지에서는 ○○ 님의 집중 정도에 대해 점검해 보기로 해요.
- 무엇보다 중요한 건 오빠에 대한 ○○ 님 자신의 마음입니다. 진심으로 오빠를 좋아하는지, 얼마만큼 좋은지, 혹시 정말 집착은 아니었는지 생각해 보기로 해요.

"오늘 이 편지는 ○○ 님이 요청하신 대안학교에 대한 정보를 드리고, 그 정보를 활용하는 방법에 대한 제 의견을 드리는 것을 목표로 진행하겠습니다." 등이 그 예다.

5) 정보 제공

내담자가 궁금해하는 사항에 대하여 객관적이고 정확한 정보를 제공하는 것을 말한다. 사이버상담에서 내담자들이 정보 요청을 가장 많이 하는 상담의 영역은 진로상담과 성상담이다. 진로상담의 경우 진학정보, 취업정보, 자격정보, 직업훈련정보, 검정고시정보 등을 요청하는 경우가 많이 있다. 성상담의 경우 피임방법, 성병, 가임기간 등에 대한 정보들이 많이 요청된다. 경우에 따라서는 정보제공을 통해 내담자와 관계 형성이 증가되기도 한다. 얼굴을 보고서는 묻는 것 자체가 어려웠던 질문을 사이버상담의 익명성으로 인하여 마음 편안하게 물을 수 있고, 상담자의 친절한 정보제공 서비스를 받게 되면 상담 및 상담자에 대한 호감도가 높아질 수 있다. 내담자의 요청을 충분히 반영하여 개방적으로 제공해야 한다. 성상담에서 간혹 상담자의 가치관에 비추어 내담자의 질문을 평가하고 정보를 제공하지 않는 경우가 있다. 그럴 경우 내담자와의 상담관계가 유지되기 어렵고 내담자는 마음의 문을 닫는다. 내담자의 마음이 닫히면 긍정적인 상담효과를 기대하기 어렵다.

내담자가 원하는 정보를 충분히 주고, 그 정보를 선택할 수 있는 결정권한도 내담자에게 있음을 분명히 하는 것이 효과적이다. 상담자의 주장은 이후 단계인 '결론' 부분에 제시하는 것이 무난하다.

〈정보 제공의 예〉

• 지난 번 말씀드린 학교들 중에서 정규고등학교과정과 가장 유사한 곳은 대전광역시에 있는 '한빛고' 이고, 그 외에 간디학교, 성지고, 푸른꿈고, 원경고, 세인고, 양업고도 정규학교형 대안학교입니다.

※ 진학 정보는 해마다 바뀔 수 있으니 최근 정보를 가지려고 노력해야 하며 정보의 정확성을 확인한 후 응답해야 한다.

6) 추가정보 탐색방법 안내

모든 사례에 대하여 한 회기의 상담을 통해 내담자가 원하는 조언이나 정보를 완벽하게 주는 데는 무리가 따른다. 상담자로부터 받은 응답내용으로부터 추가적인 질문이 유발되는 경우도 많이 있다. 상담이 한 회기로 만족스럽게 끝날 수 없다고 판단될 때, 내담자 스스로 추가정보를 탐색할 필요가 있다고 여겨질 때, 추가정보를 탐색하는 방법을 알려 주는 것이 좋다. 내담자에게 필요한 정보를 어디에서 어떻게 찾을 수 있는지 구체적으로 알려 주어야 한다.

예를 들면 진로상담에서 다음과 같은 반응은 추가정보 탐색방법을 안내하는 예다.

"지금까지 말씀 드린 정보는 서울시교육청 홈페이지에서 얻은 정보입니다. ○○ 님이 어느 지역에 사시는지 확실히 알 수가 없어서 서울시의 정책을 중심으로 말씀드렸습니다. 다음 번 편지에서 ○○ 님의 거주지를 알려주시면 ○○ 님에게 더 알맞은 정보를 드릴 수 있을 것 같습니다. ○○ 님이 직접 서울시 교육청 홈페이지(www.sen.go.kr)에 접속하셔서 관련사이트에 링크되어 있는 ○○ 님의 거주지역 교육청에 접속하셔도 좋습니다."

대인관계 문제일 경우 다음과 같이 알려 준다면 내담자에게는 자신에게 필요한 추가정보를 자율적으로 탐색할 수 있는 계기가 될 것이다.

"○○ 님. 한국청소년상담원(www.kyci.or.kr)사이트의 고민해결백과나 우리들의 상담세계를 참고해 보세요. ○○ 님과 비슷한 고민을 하는 친구들이 많이 있다는 것을 알 수 있을 거예요. 또 고민내용마다 상담선생님들이 도움이 되는 글을 작성해 놓으셨기 때문에 ○○ 님이 참고할 만한 조언들이 많이 있을 거예요."

7) 결 론

내담자는 문제에 정서적으로 휘말려 있어서, 자신의 문제에 대한 이해와 판단이 흐려질 수 있다. 자신의 사고방식이나 행동방식을 바꾸지 않으려는 경향이 있으며, 문제를 다양한 각도에서 분석하는 유연성이 줄어든 상태일 수 있다. 결론 부분에서 상담자가 전문가로서 느끼는 점, 생각하는 점 등을 정리해 주면 내담자에게는 대안적인 행동이나 인지양식을 첨가시켜 주는 효과를 얻게 될 것으로 기대된다. 이때도 결론을 너무 지시적인 언어로 주기보다는 내담자의 주위를 환기시키는 정도로 부드럽게 전달하는 것이 중요하다. 친구관계로 인해 고민하는 사례의 경우 다음과 같이 상담자의 결론을 줄 수 있을 것이다.

"친구들과 잘 지내고 싶은 마음, 학생으로서 공부를 열심히 하고 싶은 마음은 참 훌륭한 마음입니다. 포기하지 마시고 힘내세요. 선생님과 친한 것을 친구들 앞에서 자주 큰 소리로 말하거나 친구들의 잘못을 덮어 줄 수 없어 선생님께 말씀 드리는 것들을 자제하는 정도로 작은 행동부터 고쳐 나가면 어떨까요?"

〈결론의 예〉

- 선생님은 ○○ 님이 ○○ 님의 마음을 귀하게 받을 수 있는 사람을 만났으면 좋겠어요.
- 노력하는 모습이 대견합니다. 이번 기회에 공부 방법에 대해 한번 점검해 보고 더 발전할 수 있는 계기가 되었으면 좋겠습니다.
- ○○ 님이 친구들과 진실한 마음을 나누고, 친구들에게 바라는 자신의 기대를 조절하여 편안한 관계를 맺을 수 있기 바랍니다.

8) 끝인사

끝인사에서는 내담자가 다음에 도움을 또 요청하고 싶은 마음이 들도록, 자신이 진심으로 환영과 배려를 받았다는 느낌이 들도록 친절하게 하는 것이 중요하다.

"○○ 님에게 도움이 되었기를 진심으로 바랍니다." "저희 상담실은 님이 더욱 행복해지기를 기원합니다." "어려움이 있으면 저희 상담실을 언제든 다시 이용해 주세요." 등을 포함하여 친절하게 내담자의 기억에 남는 끝인사들을 많이 개발하는 것이 필요하다.

〈끝인사의 예〉

- 좋은 변화가 있기를 바랄게요. 힘내세요. 파이팅!
- ○○ 님. 힘내세요! 사이버상담실 드림
- 조금이라도 도움이 되었으면 합니다. 힘든 점이 있으면 언제든지 상담실로 찾아와서 함께 고민해요. 사이버상담실 드림
- ○○ 님 힘내요. 변화를 이루려면, 많은 노력이 필요하답니다. 하지만 작은 변화를 통해 행복이 올 수 있다는 사실을 잊지 마세요. 파이팅!!

– 사이버상담실 드림

요 약

1. 사이버상담이 효과적으로 진행되기 위해서는 사이버상담의 단계를 숙지하고 참고하는 것이 도움이 된다. 채팅상담의 단계에는 환영하기, 경청하기, 반영 및 공감하기, 상담목표 설정하기, 상담구조화, 탐색, 요약 및 해석, 정보제공 및 제안, 직면, 역할연습, 마무리 등이 있다. 이와 같은 단계를 모든 사례에 일률적으로 적용하는 것보다는 사례의 특징과 주어진 여건에 따라 알맞게 차용하여 활용하는 것이 바람직하다.
2. 이메일상담의 단계로는 환영하기, 문제의 명료화, 공감, 상담목표 설정, 정보제공, 추가정보 탐색방법 안내, 결론 등이 있다. 이러한 상담의 단계들도 사례의 특징과 주어진 여건에 따라 알맞게 차용하여 활용하는 것이 바람직하다.
3. 사이버상담은 단회로 이루어지는 경향이 있다. 그러나 한 번의 회기에 다룰 수 있는 문제들이 많지가 않다. 비언어적 단서, 맥락적인 단서들이 배제된 채 대화가 진행되어야 하기 때문에 메시지 중심적으로 1～2개의 초점적 화제에 대해 대화를 시작하고 맺는 것이 효과적이다. 이러한 특징은 자칫 내담자 중심적으로 흐를 수 있는 사이버상담에서 상담자가 상담과정을 능동적으로 통제할 것을 요구한다. 사이버상담의 단계는 반드시 지켜야 하는 규칙은 아니지만 상담자가 상담과정을 이끌어 갈 때 지침으로 사용하기에 유용하다.

과 제

1. 2인 1조를 편성하여, 한 사람이 내담자 역할을 맡고 한 사람이 상담자 역할을 맡아 채팅상담을 실시한다. 실시할 때 본문에서 제시한 채팅상담의 단계대로 따라해 본다. 제시된 단계를 따라 상담하는 것이 어떤 면에서도 도움이 되었고, 어떤 단계를 활용할 때 어려움이 많았는가? 추후에도 두 세가지 사례의 채팅상담을 실시하고 채팅상담 단계와 비교 분석하여 자기만의 채팅상담 과정을 개발하는 데 참고하도록 하자.
2. 전체인원을 3~4개 조로 편성하여(학생 수가 많을 경우 각 조 안에 하위그룹을 만들 수도 있다) 8장에 제시된 이메일상담과 채팅상담의 사례 중 하나를 골라 본문에 제시된 단계대로 답메일을 작성해 보자. 각 단계에 대한 각 조의 반응을 비교하고, 각 단계를 적용할 때 경험했던 바를 공유해 보자. 이 외에도 2~3건의 이메일상담을 실시하고 주어진 이메일상담의 단계와 비교 분석하여 자기만의 이메일상담 과정을 개발하는 데 참고하도록 하자.

8장

사이버상담의 사례

여기에서는 사이버상담의 사례를 소개한다. 자살충동을 호소하는 게시판 상담 사례, 이메일 진로상담 사례, 중도탈락 문제에 대한 이메일상담 사례, 이차성징과 교우관계에 대한 채팅상담 사례, 사이버매체를 활용한 컨설팅 사례를 소개하였다. 이 사례들을 통하여 사이버상담의 특징을 살펴보는 것은 사이버상담의 실제를 이해하는 데 도움이 될 것이다.

> 인터넷을 통해 서로를 지지하는 작업에는 공간의 제약이 없다. 인터넷의 동시성으로 인해 멀리서도 편리하게 동시적으로 비동시적으로 상호 작용할 수 있다.
>
> (Fenichel, 2000)

여기에서는 사이버상담의 사례 6건을 소개한다. 3년 이상 경과된 사례들을 토대로 하여 사례 내용을 첨삭하였다. 그래서 부분적으로 가상적 사례의 성격을 띠고 있다. 사이버상담의 실제사례를 게재하는 것에 대하여 내담자의 동의를 얻기란 쉽지 않다. 단회 내지는 단기간에 이루어지는 경우가 대부분이다 보니 상담이 종결되기 전에 사례 게재에 대한내담자의 허락을 받는 다는 것이 쉽지 않다. 상담이 끝난 후 사례 게재에 대한 동의를 얻는 것은 더욱 어려운 일이다. 응답메일이 아닌 메일을 내담자에게 보냄으로써 상담기록이 다른 사람에게 노출될 우려가 있기 때문이다. 내담자를 직접 만난 적이 없는 경우에는 더욱 그 내담자의 상황을 알 수 없어서 사례 게재 허락을 받기 위한 목적으로 메일을 보내는 것이 내담자에게 끼칠 영향을 예상하기가 어렵다.

그러나 이 책의 취지상 사이버상담 사례를 소개하는 것을 빠뜨리기는 어렵고 출판을 염두에 둔 사례이다 보니 내담자의 신분이 노출될 우려가 있어서 실제에 기초하면서도 가상적으로 첨삭된 내용이 있는 '부분가상사례' 의 형태로 소개하게 되었다.

사례 1은 자살시도가 염려되는 사례로서 필자가 모 응급상담 사이트의 게시판에 올라 있는 내담자의 글을 발견하고, 긴급한 응답이 필요하다고 판단되어 즉시 답변을 올린 게시판상담 사례다. 사례 2와 3은 이메일을 통한 진로상담 사례로서 임은미, 이영선, 김지은(2000)에 수록된 바 있는 사례다. 사례 4와 5는 단회채팅상담 사례로서 임은미, 김지은, 이영선(2000)의 『채팅상담 성과 측정도구 개발』에 제시되었던 사례다. 사례 6은 모 응급상담 사이트의 게시판에 올라 있는 사례에 대하여 자원봉사자가 답한 것을 필자가 슈퍼비전한 사례다.

1. 자살충동을 호소하는 게시판상담 사례

이 사례는 필자가 사이버상담의 현황을 분석하던 중 우연히 발견한 게시판상담 사례다. '내일이 오는 게 두려워요' 라는 제목을 보고 호기심으로 사례를 읽다가 내담자가 자신의 실수로 인해 교우관계에서 궁지에 몰려 해결점을 찾지 못하고 있음을 알게 되었다. 게시판 내용으로는 문제의 원인은 분명히 보이지만 해결책은 보이지 않았다. 내담자 또한 자신이 절망상태에 빠져 있으며 '아스피린 50알' 을 가지고 있다고 하였다. 자살을 구체적으로 준비하는 것으로 보였고 누군가 빠르게 반응해 줘야 한다는 판단이 들었다. 게시판상담이므로 사이트 접속자는 누구나 글을 쓸 권한이 있었으므로 일단 답장을 하였다. 사이버상담은 단회로 이루어진다는 생각이 들지만 내담자가 워낙 절박한 상황에 놓여 있고, 의지할 만한 존재를 다시 찾게 될 것이라는 생각에 그 사이트를 즐겨찾기에 등록시켜 놓고 한동안 매일 방문하였다. 1차 호소에 대하여 응답메일을 올린 지 이틀 만에 2차 호소가 게재되었고, 1주일쯤 지난 후에 3차 마무리 편지가 게재되어 있었다.

1) 1차 호소

제목: 내일이 오는 게 두려워요

아이디: 중 3 여학생

저도 제가 왜 그랬는지 모르겠습니다. 남자친구와 헤어진 뒤 힘들어하던 저에게 몇몇의 친구들이 다가와 절 위로해 주었죠. 그 친구들이 너무 고맙고 좋았어요. 정말 세상 끝날 때까지 믿고 영원할 거라고 생각했죠.

그런데 어느 날 학교 수업이 끝나고 친구네 놀러갔는데 깜빡 잠이 들고 말았어요. 몇 시간이 흘렀을까. 전 눈을 떴고 문득 친구 옷장 서랍을 열었어요. 평소에 갖고 싶어 하던 모자와 옷들...

무의식적으로 가방에 넣었어요. 왜 그랬는지 몰라요. 너무너무 후회가 돼요. 절 믿어 준 친구의 물건을 훔쳤어요.

집에 와서 생각해 보니 정말 못할 짓이라는 걸 알았어요. 어떻게든 둘러댔어요. 거짓말을 일삼았고, 결국 그 친구는 제게 미안하다는 소리까지 했어요. 사실은 제가 더 미안했는데... 제 자신이 너무 추하게 느껴졌죠.

그 뒤로 저도 모르게 자꾸만 거짓말을 일삼았어요. 이러면 안 되는데...

어제 친구에게 물건들을 돌려줬어요. 많이 고민하고 생각한 끝에... 저도 무척이나 괴롭고 힘들었는데 드디어 돌려줬어요. 그런데 제가 이때까지 했던 모든 말들을 하나씩 트집을 잡아 가며 절 타락시키려 하는 거예요.

네가 전학을 가면 그 학교에 도둑년이라고 소문내겠다. 지금도 거의 모든 애들이 네가 도둑년이란 사실을 알고 있다. 그렇게 살고 싶어? 왜 살어?

도둑년... 도둑년...

저도 제 딴엔 무지 힘들었어요. 제 행동에 대해 반성도 했고. 그런데 지금 제 행동이 너무 당돌해서 짜증난대요. 씨발년... 미친... 도둑년... 도둑년... 도둑년... 오늘 아스피린 50알을 준비했어요. 이거 먹으면... 죽을 수 있을까요?

2) 사례 개념화

첫 번째 호소 문제를 보고 상담자가 정리한 사례 개념화의 내용은 다음과 같다.

- 내담자 인적사항: 중학교 3학년 여학생
- 호소문제: 하루하루를 살아가는 게 힘듦. 이 상황에서 도피하고자 아스피린 50알을 준비함
- 문제 현황: 교우들의 집단 언어폭력과 협박을 받고 있음
- 문제발생배경: 교우의 집에서 도벽을 행한 후 이를 은폐하기 위해 거짓말을 함
- 현재정서상태: 막막함, 두려움, 미안함, 수치심, 절망감
- 상담목표: 자살시도행동 중지, 자신이 혼자가 아님을 인식하기, 죄책감에서 벗어나기, 객관적인 시각 갖기
- 상담전략: 가급적 빠른 답장, 직접적인 자살시도 행동 중지 권유, 공감, 내담자의 장점 언급, 해결에 대한 희망 고취, 상담자의 시각 전달

3) 1차 답장

위의 개념화 내용에 근거하여 다음과 같이 1차 답장을 게재하였다.

중 3 여학생님.

중 3 여학생님의 글을 읽고, 지금 심정이 얼마나 막막할까 생각되어 딴 일 제쳐 두고 답을 씁니다.

자기도 모르게 한 일이 불어나서 이제는 진실을 고백해도 오히려 궁지로 몰리는 상황이 되었군요.

고마운 친구가 등을 돌렸으니 세상에서 이제는 혼자라는 생각이 들고, 아무리 노력해도 돌아선 친구의 마음을 돌이키기 어려우니 이 세상 밖으로 도망치려는 마음이 들 만큼 힘이 드나 봐요.

그런데 중 3 여학생님.

일단 제가 걱정하는 것은 사 놓았다는 아스피린 50알이에요. 어디에 사용하려고 산 것인지요? 중 3 여학생님이 그 아스피린을 가지고 있으면서 먹어 버릴까 생각을 한다고 상상하니 마음이 불안하네요. 절대 그러면 안 돼요. 큰일납니다.

중 3 여학생님.

한창 호기심 많고 꿈 많은 나이에 어떤 것에 탐을 내는 것은 있을 수 있는 일이에요. 지금 본인이 스스로를 용서하지 못하는 부분은 바로 자신을 도와준 친구의 것에 손을 대고, 그 뒤에 둘러대 왔던 것이죠.

이제 뉘우치고 고민 끝에 진실을 밝히니 오히려 친구들이 중 3 여학생님을 공격해대는 그 상황이 얼마나 난처하겠어요. 친구 앞에서 더 이상 거짓된 모습으로 있을 수 없어서 고백한 것이 오히려 친구들의 원성을 사게 되었으니 이러지도 저러지도 못하고 얼마나 힘이 들까요.

그런데 선생님은 그렇게 진실을 찾으려는 중 3 여학생님이 너무 아름

다워 보이고 정말 돕고 싶어요.

사실 친구들은 지금 믿었던 중 3 여학생님이 그동안 자신들을 속여 온데다 이제는 그 속였다는 마음의 짐마저 벗어 놓으려고 한다고 생각하니 중 3 여학생님이 미울 거예요. 그동안 님을 믿고 도와주려 했던 만큼 밉고 배신감이 들 거예요.

하지만 이 과정은 한 번은 거쳐 가는 것이 오히려 당연한 일 같아요. 님이 거짓말을 할 때도 믿었던 친구들인 만큼 이제 정직하게 자신들을 대하려 한다는 님의 결심과 진실이 흔들리지 않는다면 언젠가는 친구들의 마음도 풀릴 거예요.

그동안 님의 마음 변하지 말고 미안하다는 마음과 용서받고 싶은 마음을 간직하세요.

님이 변하지 않는다면 친구들은 돌아옵니다. 다만 시간이 필요할 뿐이에요. 그 시간 동안 마음의 의지처가 필요하다면 이 상담실을 이용하세요. 힘들 때마다 편지하세요. 도와드릴게요. 단, 아스피린은 갖다 버리고 이야기를 하세요. 이것이 님을 돕고자 하는 마음에 대한 유일한 대가입니다.

선생님은 진심으로 님을 돕고 싶어요. 그리고 지금 당장은 힘이 들더라도 이 모든 마음의 짐을 벗고 당당하고 행복하게 성장해 갈 님의 모습을 확실히 상상할 수 있어요.

님은 분명히 문제를 해결할 수 있어요. 행복해질 수 있어요.

– 사이버상담자 진솔이 드림

4) 2차 호소

이틀 뒤 밤에 내담자가 다음의 글을 또 게재하였다.

휴... 핸드폰을 꺼 놨어요.

오늘 켜 보니 수많은 문자들이 제 가슴을 아프게 했답니다. 너 안 아픈 거 다 아니까 빨랑 학교 와라. 네가 그런다고... 입에 올리기조차 심한 말들을 했더군요. 제가 한 짓들. 물론 용서받을 수 없는 짓이라는 것을 잘 알지만. 그래도 이해해 줬음 했어요. 제가 그 물건들을 돌려주기까지 얼마나 힘들었겠는지를 생각해 주면서요. 내일이면 학교를 가야 합니다. 오늘까지는 너무 몸이 아파서 장바이러스 감기에 걸렸어요. 학교를 이틀째 빠지고는 있지만 이젠 내일은 가야만 해요... 어쩌죠? 내일이 오는 게 두렵네요. 그 아스피린 50알을 다 먹었어요. 아무렇지도 않아요. 되는 일이 하나도 없어요.

5) 2차 응답

내담자의 편지를 읽는 순간 아스피린을 모두 먹었다는 내용이 눈에 들어왔다. 상담자로서는 바쁜 시간을 내서 응답을 하면서 '아스피린을 갖다 버릴 것'을 권유하였는데, 아스피린을 먹었다는 말에 상담자 입장에서 화가 나기도 하였다. 화가 난 상태에서 답장을 하는 것이 좋지 않은 상담효과를 낼 것 같아 일단 답장을 미루었다. 다음 날 다시 메일을 읽어보니, 일단 내담자가 건강한 상태로 메일을 작성할 수 있다는 사실이 다행이고, 그만큼 내담자의 스트레스가 심하며 좋아지지 않은 상황에서 고군분투하고 있다는 점을 생각할 수 있었다. 내담자에 대하여 긍정적인 감정과 도와주고 싶다는 진심 어린 마음이 들었을 때 메일을 작성하였다. 메일의 내용은 살아 있어서 반가운 마음 전달(환영하기), 내담자의 어려움에 대한 강한 공감(관계형성), 현재의 상황에 대한 상담자의 관점 제공 및 자해행동에 대한 직접적인 금지(조언)였다.

중 3 여학생님.

학교에 가지 못했군요. 스트레스가 너무 심해 몸도 아팠나 봅니다. 마음이 많이 힘들 때는 몸이 그걸 알지요.

지금은 회복되었는지 궁금하네요. 선생님이 답 메일을 쓰는 지금은 학교에 가야 할 시간이 다가오는 아침인데 학교 갈 준비를 해야 하는 중 3 여학생님의 움직임 속에 들어 있을 여러 가지 고민들을 생각하니 선생님도 눈물이 날 지경입니다.

아스피린 50알을 먹었다고요? 아무 일 없다니 천만다행입니다. 선생님이 처음에 그걸 읽었을 때는 왠지 중 3 여학생님에게 무척 섭섭하더라고요.

지난 번 편지에서 그렇게 말렸는데, 어쩌면 그럴 수 있었을까 하는 생각이 들어서요.

하지만 하룻밤 동안 생각해 보니 님이 나름대로 얼마나 힘들었으면 치명적일지도 모르는 약을 삼켰을까 하는 생각이 들었어요. 그 약을 이겨 낼 수 있는 힘을 가진 중 3 여학생님이 다행스럽게 여겨지네요.

친구들은 님이 정말 힘들게 결심해서 물건을 돌려줬다는 사실을 모르는 채 입에 올리기 어려운 말을 남겼다는데. 문자 메시지를 읽을 때마다 얼마나 가슴이 철렁하고 온 몸이 저렸을까요.

님이 학교에 오지 않아 친구들이 불안했나 봅니다. 적어도 궁금했나 봅니다. 그도 아니면 적어도 님에게 관심이 있나 봅니다. 님이 자기들의 화를 받아 주기를 바라나 봅니다.

중 3 여학생님.

친구들을 대할 때 마음으로 '그래, 얼마만큼 화를 내면 너희들 속에 풀어지겠냐.' 라고 되뇌면서 견뎌 보세요. '내고 싶은 만큼 화를 내라. 그것이 정직하게 살기로 결단한 나의 고민에 대한 대가라면, 믿는 친구에게 발등을 찍었던 내 과거의 행동에 대한 대가라면 책임 있게 받고 넘어가겠다.' 라고요.

화라는 것은 낼 만큼 내다가 지치게 되는 법이거든요. 더 이상 발산할 분노가 남아 있지 않을 때 비로소 친구들이 님의 마음을 이해하게 될 거예요.

많이 힘들겠지요. 하지만 님에게는 내일이 있어요. 님은 밝고 깨끗한 내일을 위해서 용기를 냈던 것이고요.

중 3 여학생님.

오늘 다녀오고 나서 편지하세요. 그리고 절대 자해는 하지 마세요. 선생님이 너무 걱정됩니다.

– 진솔이 드림

6) 3차 호소: 마무리

2차 응답메일을 게재한 후 1주일쯤 소식이 없었다. 궁금했지만 내담자에게 직접적인 연락을 취할 방도를 마련해 놓지 않은 터라 기다릴 수밖에 없었다. 필자가 운영하는 사이트가 아니기 때문에 회원가입 정보를 알아볼 수도 없고, 내담자에게 인적사항을 물어보자니 게시판으로 응답해야 하는 상황이고, 또 상담자의 개인 휴대폰을 알려 주자니 내담자를 어디까지 신뢰해야 하는지에 대한 판단이 서지 않아서 결국은 내담자와의 현실적인 접촉방법을 모색하지 못한 상태였다.

사이버상담의 역설적인 면이 여기에서 발견된다. 가장 깊은 정서 상태를 공유하지만 사실은 대면상담에서는 기본적 사항인 신분에 대한 신뢰감은 별도로 해결해야 될 문제라는 것이다. 다행히 1주일 뒤 내담자는 다음의 마무리 편지를 보내 주었다. 이 편지에서 내담자는 상담자도 미처 깨닫지 못했던 문제해결전략인 지지적인 환경의 활용을 시도한 상태였고, 친구들이 쫓아다니며 자신의 명예를 훼손할 것이라는 현실적인 두려움은 벗은 상태였다. 또한 자해하지 않겠다는 명시적인 약속도 할 수 있는 내담자였다. 자신의 실수에 대한 마음 아픈 기억은 간직하고 있었다. 그러나 얼굴 한 번 보지 않은 상담자에게 상담자가 요청하지도 않은 마무리 감사 편지를 보낼 정도로 힘이 있는 내담자이기 때문에 그 부분은 성장하면서 스스로 해결해 갈 것으로 믿어진다.

제목: 그동안 진솔이(상담자의 가명) 님의 답변으로 인해 안정을 좀 되찾은 것 같아 너무 감사드려요.

전 전학을 가기로 했어요.

엄마께서도 이 일을 아시게 돼서 그 친구네 집에 찾아가 진심으로 사죄하고 저도 물론 같이 가서 미안하다고 했죠. 이렇게 해서 이번 일은 대충 마무리가 되었어요.

하지만 어쨌든 제 잘못이 크고 어디를 가든지 도둑년이라는 칭호가 뒤따를 것이라는 아이들의 말이 제게는 너무 상처가 돼요. 다른 학교에 가서 적응 잘하고 이제 자해 같은 건 하지 않으려고요.

그동안 진솔이 님 너무 감사했습니다. ^_^

7) 3차 응답: 종결

그랬군요. 중 3 여학생님. 나름대로 해결책을 찾았군요. 믿음직한 응원군이 한 집안 내에 살고 계신 어머니이신 것을 발견했으니 얼마나 기쁠까요. 아직 실수에 대한 친구들의 반응이 마음 아픈 기억으로 남아 있나 봐요. 지금은 아프겠지만 이것이 중 3 여학생님이 훌륭하게 성장하는 데 좋은 양분이 될 것으로 믿어요.^^. 중 3 여학생님이 자해하지 않고 굳세게 잘 살아 나가길 바라는 내 마음을 잘 이해해 주고, 그러지 않겠다는 말까지 해 줘서 감사해요. 중 3 여학생님. 힘내세요! 변화를 이루려면 많은 노력이 필요하답니다. 하지만 작은 변화라도 큰 행복의 씨앗이 된다는 것을 잊지 마세요.

– 중 3 여학생님의 친구인 진솔이로부터

2. 이메일 진로상담 사례

다음에 소개되는 사례는 이메일을 활용한 진로상담 사례다. 진로상담은 자기탐색과 직업세계의 탐색 그리고 진로의사결정이 조화를 이루어 타당한 정보에 근거한 진로선택을 이뤄 나갈 수 있도록 돕는 역할을 한다. 진로상담을 사이버상담 특히 이메일상담으로 실시하면, 인터넷에 탑재된 풍부한 진로정보들을 자유롭게 활용함으로써 상담과정이 매우 능률적으로 진행될 수 있다.

대면상담으로 진로상담을 실시할 경우 내담자가 요청하는 정보를 상담자가 찾아보고 그것을 전달하기 위해서는 기다리는 시간이 필요하였다. 응답을 다음 회기에 전달하거나 내담자로 하여금 스스로 찾아봐야 한다고 하거나 요청 정보에 관련된 책자를 제공하는 것이 진로정보를 요청하는 내담자에 대한 대면 상담에서의 처치방법이었다. 그러나 이 과정을 사이버 이메일상담으로 진행할 경우, 내담자는 곧이어 발송되는 상담자의 답 메일 속에서 풍부하고 정확한 정보를 신속하게 받을 수 있다. 성장과정에서 원하는 진로의 정보가 계속 바뀌더라도 사이버상담의 익명성을 인식하는 내담자들은 이것저것 자꾸 물어본다는 핀잔을 들을 것에 대한 부담에서 벗어나 궁금한 것을 언제든지 문의하면서 진로의식을 높여 갈 수 있다.

1) 호소문제

전 고 3 남자입니다. 인문계인데요. 지금 성적이 무척 안 좋고요. 반에서 40등 해요. 그런데 제가 중학교 때부터 공부를 열심히 했거든요. 그땐 반에서 10등 안에 들었어요. 그런데 고 1부터 성적도 안 좋고... 참 후회되는 일이죠. 그래서 지금이라도 정신 차리고 제 진로에 대해 많이 생각하고 있어요. 지금 워드프로세서 1급 준비를 하고 있어요. 필기는 거의 다 끝냈고요. 실기는 제가 중 1부터 컴퓨터를 해서 컴퓨터에 대해서는 좀 알거든요.

〈중략〉

저 컴퓨터는 수준급입니다. 자칭이지만. 그리고 제가 전문대 가려고 하거든요. 그런데 컴퓨터 관련 자격증을 따면 좀 도움이 되는지요? 학교에서도 선생님이 자격증 공부하라고 하셨어요. 제가 워드프로세서를 올해 안에 따려면 어떻게 해야 하나요? 1급이나 2급으로 정보처리사 자격도 딴다면 전문대 특차로 갈 수 있나요 ? 공고나 상고 애들이 수능 안 보고 전문대 가는 거 보면 뭔가 길이 있는 거 같은데... 제가 지금 발등에 불이 떨어져서 어쩔 줄 모르고 있습니다. 저 그리고 자격증 공부 열심히 할 겁니다. 마음은 있는데 정보가 잘 안 잡혀요.

2) 사례 개념화

- 내담자 인적사항: 인문계 고등학교 3학년 남학생
- 호소문제: 전문대 특차 진학방법에 대한 진로정보 문의
- 문제의 현황: 정확한 진학정보 부족으로 인한 답답함
- 문제발생배경: 저하된 성적으로 인해 대학 진학에 대한 전망 불투명
- 현재정서상태: 궁금함, 후회감, 잘 살아 보고 싶은 의욕
- 상담목표: 타당하고 구체적인 진로정보를 근거로 한 진학 준비
- 상담전략: 지지, 격려, 정보 제공

3) 답 장

답장에서 상담자는 내담자를 환영하고 공감하면서 요청받은 정보를

풍부하게 찾아 정리하였으며, 정보의 출처까지 명확히 언급함으로써 필요에 따라 내담자 혼자서도 자신에게 필요한 정보들을 추가적으로 탐색할 수 있게 하였다. 또한 알찬 진로준비에 대한 격려와 지지도 잊지 않았다.

안녕하세요. 사이버상담실의 상담자입니다. 보내 주신 메일은 잘 받아 보았어요.

현재 자신의 위치에서 최선을 다하고자 하는 탱탱 님(가명)의 의지가 느껴집니다. 마음만 먹으면 뭐든 열심히 할 수 있는 능력이 있는 학생이라는 생각도 들고요. 지금 '자격증'과 '대학진학'이라는 새로운 목표가 생겨서 기대에 차 있는 마음도 느껴지네요. '제가 지금 발등에 불이 떨어져서 어쩔 줄을 모르고 있습니다.'라는 것을 보면 아직 정확한 방향은 잡지 못했지만 열심히 하고자 하는 의지만은 누구에게도 뒤지지 않을 것 같다는 생각이 듭니다.

그렇다면 탱탱 님이 좀 더 열심히 구체적인 계획을 세울 수 있도록 함께 방법을 찾아보기로 해요. 탱탱 님도 알다시피 최근 컴퓨터 관련 자격증이 증가추세에 있고, 점점 전문화 · 세분화되고 있는 추세입니다. 탱탱 님은 현재 워드와 정보처리사 자격증을 생각하고 있는 것 같은데, 전문대에서도 과에 따라 주로 요구하는 자격증의 종류가 다를 수 있으므로 탱탱 님이 가고 싶은 과는 어떤 과이고, 그 과에서 어떤 자격증을 가진 사람에게 가산점을 주는지 알아보는 것이 좋겠습니다.

우선 진학사(http://www.jinhak.co.kr)에 가서 '전문대학 학과가이드'를 클릭한 다음 컴퓨터, 통신계열을 선택해서 어떤 과들이 있는지 살펴보세요. 약 30개 정도의 과가 있는데, 각 과마다 학문적 특성, 필요한 자격증 종류, 전년도 경쟁률이나 입학 성적까지 자세히 나와 있으니 도움이 될 거예요.

그리고 컴퓨터 관련 자격증 정보는 아래 사이트들에 아주 상세하게 나와 있으니 도움이 될 거예요. 선생님이 살펴본 바로는 도움이 될 만한 유용한 정보가 많았습니다.

http://memebers.tripod.lycos.co.kr/kkt09072(소프트테크): 컴퓨터 그래픽스, 워드프로세서, 정보처리, 정보기기, 전산응용기계제도, 전산응용건축제도, 정보검색사 등의 컴퓨터 관련 국가 기술 자격증의 정보제공, 시험관련 기출문제, 심화문제, 모의고사 검색가능.

http://netian.com/~daola/(컴퓨터 자격증의 모든 것): 정보처리기사, 워드프로세서, 인터넷 정보검색사, PCT컴퓨터 기능인증 시험, 정보기기운용기능사, 해외자격증 등등에 관한 정보.

탱탱 님이 꼼꼼하게 살펴보고, 목표를 좀 더 구체적으로 세워 보세요. 뚜렷한 방향이 있고 계획이 선다면, 고 3이지만 지금부터라도 늦지 않아요. 지금 공부도 집중이 되고, 학교에서 선생님도 자격증 공부 지원해 주시고... 무엇보다 탱탱 님이 의지가 있으니 좋은 결과 있으리라 기대됩니다.

답장이 도움이 되었기를 바랍니다. 씩씩하게 기운내서 열심히 하세요. 도움이 필요할 때 사이버상담실을 잊지 말고 언제든지 편지 주시길 바랍니다.

– 사이버상담실 드림

3. 중도탈락 문제에 관한 이메일상담 사례

1) 호소문제

안녕하세요. 저는 생각이입니다.

길게는 많이 쓰지 않겠습니다. 많이 쓰면 읽기가 불편하시겠죠! 저는 이미 자퇴를 결국에는 선택했습니다. 다니던 고등학교는 다시는 가고 싶지 않고, 그 학교가 싫습니다. 성적이나 결석이 이유도 있고요. 저번에는 유학도 생각했지만 그 생각은 무심코 설레임에 어리석게 빠져 버린 헛된 꿈임을 알고 깨끗이 지웠습니다.

결국 이제는 자퇴를 하고 내년에 새로운 타 지역, 타 학교의 신입생으로 새로운 출발을 하려고 합니다. 그동안 1년의 공백동안 해낼지도 모르나 열심히, 열심히 제가 공부하고 싶고 지금 해야만 할 일을 하려고 합니다. 외국어 기초를 쌓고... 컴퓨터 자격증을 준비 중입니다. 헛된 1년을 안 보내기 위한 노력은 하지만 그것도 고생이라... 학교에서나 지금 새로운 2학년 담임선생님은 자퇴는 안 된다고 잘못된 생각이라고 하십니다. 지금이라도 학교에 와서 적응해 보라고 하시죠. 하지만 지금이고 다음 달이고 저는 그 학교에 다니고 싶은 생각도 없고, 생활기록부의 기록만이 두렵습니다. 고등학교의 시작이 하나, 하나... 열까지 잘못되었거든요. 자퇴를 할 생각은 확고하나 자퇴를 하고 내년의 입학이 걱정입니다. 아직 타 지역 학교는 썩 좋은 학교라고 정하지 못한 실정에... 그리고 2년차의 학우지만 친구처럼 내 나이를 지우고 17세인 친구하고 지내려고 했는데 주위에서 적응 쪽으로 어두운 생각만 들이밀어서 밝게만 생각한 제 생각이 점점 두려움에 가로막힙니다.

내가 가고 싶은 학교와 새로운 시작의 길로 2년차지만 17세의 나이로 내년을 준비하기는 어려울까요? 적응하기 과연 어려울까요? 자퇴나 지금 다니는 학교의 끝은 미련이 없는데… 보이지 않는 앞날이…

2) 사례 개념화

- 내담자 인적사항: 인문계 고등학교 2학년 남학생
- 호소문제: 전학정보 요청, 심리적 지지 요청, 자신의 결정에 대한 승인 요청
- 문제의 현황: 현재의 학교에서 자퇴하고 새 학교에 입학하여 고등학교 생활을 다시 시작하고 싶음
- 문제발생배경: 1학년 시절의 학업실패
- 현재정서상태: 불안감, 막막함
- 상담목표: 심리적 안정감을 바탕으로 한 합리적 의사결정
- 상담전략: 전학정보 제공, 공감, 지지, 격려 등

3) 답 장

안녕하세요.

보내 주신 편지 잘 받아보았습니다. 많은 걱정을 하면서도 생각이 님에게 주어진 시간들을 충실하게 사용하려고 애쓰는 모습이 훌륭합니다.

저희가 꼭 도움이 되고 싶습니다.

자퇴를 결심하셨다고요. 무슨 일인지 선생님은 잘 알 수 없지만 현재 다니는 학교에 대해 큰 실망을 했고, 학교를 떠나고자 하고 있군요. 속이 많이 상해서 후회도 되고 원망도 되나 봐요. 게다가 생각이 님이 싫은 상황을 박차고 나와 밝게 미래를 꾸며 보려고 하는데, 주변에서 오히려 용기가 꺾이는 말들을 많이 들으니 여러 가지로 두려운가 봅니다.

힘든 상황 박차고 나와 적극적으로 꾸미려는 미래에 대해 걱정하는 눈길들이 많으니, 생각이 님 자신도 흔들리고 많이 힘들 것 같아요.

생각이 님 자신의 일이니 누구보다 더 많이 생각하고 고민해서 내린 결정일 텐데 말입니다. 처음부터 다시 새로운 마음으로 열심히 생활하고 싶어 하는 마음도 충분히 이해가 갑니다. 내년 이맘때까지 외국어 기초를 쌓고, 컴퓨터 자격증을 딸 생각이라니 나름대로 계획 많이 세우신 것 같네요.

이 한 장의 편지로는 생각이 님의 그동안의 어려움을 다 이해하기 어렵지만, 선생님에게 확실하게 와 닿는 건 생각이 님이 무척 열심히 하는 학생이고 잘 살고 싶은 의지가 강한 학생이라는 것입니다. 생각이 님이 현재의 실망과 두려움을 극복하고 희망찬 미래를 준비하는 데 선생님이 힘이 되어 주고 싶습니다.

자퇴를 선택하기는 했지만 담임선생님의 태도로 보아 자퇴처리가 된 것은 아닌 것 같습니다. 선생님 생각에는 생각이 님이 몇 가지만 더 알고서 최종 결정을 내렸으면 좋겠습니다. 선생님은 생각이 님이 일생일대의 중요한 결정을 앞두고 현명한 선택을 할 수 있도록 몇 가지 정보를 주고 싶습니다.

하지만 몇 가지 생각이 님이 잘못 알고 계신 점들이 있는 것 같습니다. 미리 알고 다음 행동을 선택할 때 지침으로 삼으세요. ^_^

먼저, 현재 1학년을 마친 상황이므로 자퇴를 하고 재입학을 한다 하더라도 신입생으로는 안 되고, 2학년으로 편입학만 가능합니다. 그리고 서울시의 경우에는 전 가족이 서울시에 거주하고 있는 학생에 한해서 결원이 생길 때마다 대기자 순으로 입학을 허용하고 있고, 다른 지역의 경우에도 온 가족이 해당 지역에 거주하고 있어야 편입학을 허용하는 경우가 많습니다. 생각이 님이 다른 지역으로 편입을 하려면 전 가족이 먼저 해당 지역으로 주민등록을 옮겨야 하고, 해당 교육청에 편입학 배정원서와 주민등록 등본을 제출해야 합니다.

두 번째로 생활기록부에 관한 사항입니다. 현재 생각이 님이 자퇴를 하려는 가장 큰 이유는 지금까지 생활기록부 기록들을 지우고 새로운 마음으로 시작하고 싶어서인 것 같은데요. 자퇴를 하고 편입학을 한다고 하더라도 현재 생각이 님이 다니고 있는 학교에서 새로 입학한 학교로 생활기록부를 옮겨 가기 때문에 기록이 없어지는 않습니다.

지금까지 편입학과 생활기록부에 대한 정보를 알려 드렸습니다. 그에 관해 선생님이 주로 참고한 사이트는 서울시 교육청 홈페이지(www.sen.go.kr)입니다. 생각이 님이 어느 지방에 살고 있는지를 몰라서 서울시의 정책을 중심으로 알려드렸습니다. 서울 이외의 지역에 살고 있다면, 서울시 교육청 홈페이지에 접속하셔서 '관련사이트' 에 링크되어 있는 해당지역 교육청에 연결해 주시기 바랍니다.

새로운 학교에서 비록 생각이 님보다 나이는 어린 친구들이지만 허물없이 친하게 지내려고 한 생각이 님의 결심은 참 소중하다고 느껴집니다. 그만큼 공부도 열심히 하고, 생활도 열심히 하고 싶은 마음이 담겨 있으니까요.

지금처럼 이런 굳은 결심이라면 분명 앞으로는 생각이 님이 생각하신 대로 열심히 생활할 수 있을 것 같습니다. 그렇다면 도저히 지금 있는 학교에서는 불가능한지... 다시 한 번 생각해 보았으면 좋겠어요.

힘들어하던 1학년은 지나가고 어떻게 보면 이제 생각이 님이 바라던 새로운 환경으로 바뀌었는데... 새로운 담임선생님께서도 생각이 님에게 관심을 가져 주시고 적응하기를 바라신다니 한두 달 정도 기간을 두고 노력해 보았으면 좋겠습니다.

힘든 상황을 이겨내고 다시 적응해가는 생각이 님 자신을 바라보는 그 날에는 또 다른 용기와 자신감을 얻을 수 있을 것입니다. 모든 것을 한꺼번에 해결해 주는 마법의 해결책은 없답니다. 어떤 선택이든 장점과 단점이 있을 수 있습니다. 그러니 생각이 님께서 지금의 학교에 남는 것이 정말 단 하나의 장점도 없는지... 있다면 어떤 점이 있는지... 다시 한 번 생각해 보고 결정을 내리시기 바랍니다.

'열심히 공부하고 싶고, 지금 해야만 할 일을 하려고 합니다.' 라는 생각이 님의 결심이 참 미덥게 느껴집니다. 당장은 아니라 하더라도 이렇게 열심히 하려는 생각이 님에게 행운이 찾아올 것도 믿어집니다. 어려운 점이 있으면 언제든지 다시 편지 주시기 바랍니다. 생각이 님이 더욱 현명하고 후회 없는 결단을 내리기를 바랍니다.

생각이님, 결정하는 과정에서 어려운 일이 있을 때 꼭 다시 편지 주세요. 기다릴게요. ^^

– 사이버상담실 드림

이 사례에서 내담자는 현재 재학하고 있는 학교에 극단적으로 부정적인 감정을 표현하면서 학교를 떠나는 것에 집착하고 있다. 이는 내담자가 자신의 1년간의 고교시절을 전면적으로 백지화하고 이상적인 고교시적을 엮어 가고 싶어 하는 청소년기의 비현실적이고 극단적인 심리상태를 나타낸다. 여기에 대하여 상담자는 초반부에는 막막함에서 헤어 나오지 못하는 내담자의 모습을 긍정화시키고 격려하는 것으로 시작하였고,

중반부에는 내담자가 요청하는 정보를 정확히 제시하는 것으로 답 메일을 구성하였다. 사이버상담에서 정보는 특히 정확하고 구체적으로 제시해야 한다. 정확하지 못할 경우 내담자에게 피해가 갈 뿐 아니라 잘못된 내용이 담긴 파일이 남기 때문에 상담자가 책임을 피할 수도 없다. 정보를 구체적으로 주지 않으면 내담자가 임의로 잘못 해석하여 중요한 일을 그르칠 수도 있다. 이에 이 응답메일을 작성하면서 인터넷 정보를 참고하고, 그 정보의 진위 여부를 실무자와 전화통화로 확인하였고, 또 사이버상담의 특성상 내담자의 거주지를 정확히 알 수 없으므로 정보의 출처를 명확히 밝혔으며, 추가적인 정보를 탐색하는 방법도 제시하였다. 어른들이 일상적으로 가장 먼저 했음직한 충고 내지는 조언은 부드러운 말투로 이메일 종반부에 첨가하였다. 내담자의 부정적인 정서상태가 심하여 관계형성과 카타르시스를 상담에서 충분히 누리게 해야 하고, 응답메일에서 조언부분을 완전히 삭제하려는 생각도 있었다. 그러나 사이버상담이므로 다음 회기가 또 이루어진다고 계획할 수 없어서 1회 응답에서 조언을 빼놓을 수는 없었다. 사이버상담자의 이러한 대응이 내담자에게 어떠한 영향을 미쳤는지, 내담자는 결국 어떤 결론을 내렸는지를 확인할 수 없었던 점이 아쉬움으로 남는다.

4. 성폭력 피해경험에 관한 채팅상담 사례

1) 사례 소개

이 사례는 성에 관한 사이버 채팅상담 사례다. 2001년 봄에 실시했던 사례인데, 줄거리와 중요 대사를 보전하면서 내용은 상담자가 재구성하였다. 성폭행을 당했던 여학생이 좋아하는 남자친구를 사귀면서 겪게 되는 마음의 갈등과 생리적인 증상에 대한 대처방법을 잘 몰라서 고민하다가 채팅상담실에 접속하였다. 1시간 20분가량 소요된 상담이다. 한 회기의 채팅상담으로서는 긴 시간이고, 상담자도 꽤 피로를 느꼈지만 이 상담을 통해 내담자는 자신이 현재 처해 있는 고민사항들을 충분히 털어놓고, 그에 대한 해결방안을 얻었다고 여겨진다.

2) 축어록

무　니 1: 안녕하세요?
무　니 2: 안녕하세요?
상담자 1: 안녕하세요?
무　니 3: 상담 내용이...
상담자 2: 그래요. 이야기해 보세요.
무　니 4: 제가 남자친구를 사귀고 있거든요.
무　니 5: 그런데 고민이 있어서요.
상담자 3: 남자친구를 사귀는 과정에서 고민이 생겼나 봐요. ^^
무　니 6: 네.
상담자 4: 어떤 일인지 물어봐도 될까요?
무　니 7: 저는 고등학교 2학년 여학생인데요...
상담자 5: 네.
무　니 8: 2학년 들어와서 학원에서 남자친구를 사귀게 됐어요.
무　니 9: 되게 좋은 애예요..

무　니 10: 내 생각도 많이 해 주고

무　니 11: 센스 있고요. 다른 애들한테도 인기가 많아요…

상담자　6: 그래요.

무　니 12: 이제 만난 지 100일이 다 되는데요.

무　니 13: 100일이 되면 기념식을 하려고 하는데요…

상담자　7: 만난 지 100일이고, 기념식을 한다고요.

상담자　8: 좋은 친구라니 정말 축하할 만한 일이네요.

무　니 14: 그런데 기분이 좋지가 않고, 좀 떨리고 그래요.

상담자　9: 그래요? 그 친구를 많이 좋아하나 봐요.

상담자 10: 많이 좋아하다 보면 더 떨리고

상담자 11: 조심스럽고 그럴 수도 있어요. ^_^

무　니 15: 그게 아니라요. 제가…

상담자 12: 뭔가 다른 할 이야기가 있군요.

상담자 13: 마음 편안하게 이야기해도 되는데요.

무　니 16: 아… 사실은 어릴 때부터 오빠 친구한테 성폭행을 당하고 있었어요.

무　니 17: 초등학교 3학년 때부터요.

상담자 14: 그래요? 마음이 많이 안 좋겠어요. 조금만 더 구체적으로 이야기해 줄래요 ?

무　니 18: 저, 그 오빠가 우리 집에 자주 놀러왔는데,

무　니 19: 엄마 아빠가 낮에는 집에 안 계시는데, 그날도 우리 오빠가 가게에 뭐 사러 간 사이에

상담자 15: 네…

상담자 16: 아무도 없을 때 성폭행을 했군요. 오빠는 몇 살이었죠?

무　니 20: 네… 그게, 지금 대학교 1학년인데

무　니 21: 대학교 입학하고 나서 요새는 우리 집에 놀러오지 않아요.

상담자 17: 그렇군요. 그건 다행이네요.

무　니 22: 그런데 제가 사귀는 친구한테 그 일을 말해야 할까요?

무　니 23: 제가 자꾸 거짓말쟁이가 되는 것 같고

무　니 24: 말 안 해도 들킬 것 같고

무　니 25: 용기도 안 나고... 말하면 남자친구가 충격받을 것 같고

상담자 18: 여러 가지 생각이 떠나질 않는군요. 마음이 갈팡질팡하나 봐요. 이 상담을 통해서 말을 할지 말지 결정하고 싶은 거군요.

무　니 26: 네.

상담자 19: 그래요. 무니 님 마음이 이해가 돼요. 그러면 이렇게 한번 해 보면 어때요?

무　니 27: 어떻게요?

상담자 20: 무니 님이 남자친구의 입장이 되어보는 거예요. 무니 님을 많이 좋아하는 남자친구요.

상담자 20: 그 친구의 입장이 되어서, 그 말을 들었을 때의 기분을 헤아려 보는 거예요.

무　니 29: 네?

상담자 21: 만일 무니 님이 성폭행을 당했다는 사실을 이야기하면 기분이 어떨까요?

무　니 30: 많이 안 좋을 것 같아요.

상담자 22: 그래요.

무　니 31: 충격받고 그럴 것 같아요.

무　니 32: 말 안하는 게 좋을 것 같은데요.

무　니 33: 그런데 이렇게 거짓말해도, 그런 일을 당했어도 그 친구가 나를 좋아하게 될까요?

상담자 23: 친구에게서 소중하게 여김을 받지 못할까 봐 걱정이 되는군요.

무　니 34: …네.

무　니 35: 더럽고, 지저분하고…그렇잖아요.

상담자 24: 무니 님.

상담자 25: 그때 무니 님은 아무것도 몰랐잖아요. 그것이 성폭행이라는 것도 아마 몰랐을 걸요.

무　니 36: 네, 얼떨떨하고 기분이 이상했어요. 그런데 초등학교 6학년 때 알게 됐는데, 그래도 그 오빠한테 반항도 못하고, 엄마한테 알려 주지도 못하고… 엄마한테 알려 주면 우리 엄마 죽어요.

상담자 26: 그랬군요. 혼자 고민 많이 했군요.

상담자 27: 엄마 생각 많이 하는 딸이네요.

상담자 28: 무니 님, 성폭력은 가해자의 잘못이거든요. 무니 님은 위로를 받아야 할 사람이죠. 오랫동안 마음 고생 몸 고생 많이 했잖아요.

상담자 29: 오빠 친구가 또다시 그러면 어떻게 대응할래요?

무　니 37: 지금은 그런 일도 없고요. 내가 가만히 있지 않을 거예요.

상담자 30: 안 된다고 단호하게 말할 자신 있어요? '모든 게 가해자의 잘못이니 도움을 받기 위해 가족들에게 당당히 알려 줄 수 있다.' 고 상대방에게 단도직입적으로 말할 수 있어요?

무　니 38: 네, 제가 어떻게든 막을 수 있어요. 그쪽에서 더 이상 저를 못 건드리게.

상담자 31: 무니 님, 그 마음이 소중해요. 자신을 지키려는 마음과 단호한 행동이 중요하다고 생각해요.

상담자 32: 지난 일은 무니 님이 책임지기에는 너무 어릴 때 생긴 일이예요. 그러니 죄책감에서 벗어나세요. 무니 님 탓이 아니예요.

무　니 39: 네...

상담자 33: 무니 님 지금 마음은 어떤데요? 시간이 한 시간가량 됐는데요. 이제 상담을 정리해도 될까요?

상담자 34: 그러기 전에 무니 님 마음이 어떤지 들어보고 싶군요.

무　니 40: 선생님, 그런데요.

상담자 35: 네.

무　니 41: 제가요?

상담자 36: 네, 말해 보세요.

무　니 42: 얼마 전부터 아래에서 까만 물이 나오거든요.

상담자 37: 심한가요? 냄새는 어때요?

무　니 43: 냄새도 나요.

상담자 38: 그렇군요. 그럼 산부인과에 가서 정확하게 진단을 받아야죠?

무　니 44: 못 가겠어요. 혼자서 병원에 가 본 적이 없어요.

상담자 39: 어머님께 부탁드려 보세요.

무　니 45: 그럼 엄마가 알게 되잖아요.

상담자 40: 뭘요?

무　니 46: 성폭력당했던 거요.

상담자 41: 그게 염려돼요?

무　니 47: 네.

상담자 42: 무니님, 왜 질에서 색깔 있고 냄새나는 물질이 분비될까요?

무　니 48: 몰라요. 왜 그런지 저도 모르겠어요.

상담자 43: ^^ 그래요. 무니 님도 모르죠? 나도 모르겠어요. 그러니

상담자 44: 병원에서도 그렇게 말하면 되지 않을까요?

무　니 49: 네?

상담자 45: 모른다고요. 어머니도, 의사선생님도요. 사실 모르잖아요.
무　니 50: 네… 전 오랜만에 자유를 찾은 것 같아요.
무　니 51: 너무 힘들었어요.
상담자 46: 그래요. 무니님, 이제 죄책감에서 벗어나고 자신을 위해 안 된다고 단호하게 말하고…
상담자 47: 그리고 병원에 가서 자신의 몸을 보살필 수 있는 거죠?
무　니 52: 네… 고맙습니다.
상담자 48: 그래요. 그럼… 다음에 또 필요하면 접속하세요.^_^
무　니 53: 네. 안녕히 계세요.

3) 사례를 통해 본 채팅상담의 특징

사이버상담의 익명성이 아니면 내담자는 성폭력과 관련된 문제를 털어놓고 의논할 대상을 찾기 어려웠을 것이다. 용기를 내서 지속적인 대면상담을 시도한다 할지라도 이 정도 이야기를 꺼내놓으려면 상당한 시간이 걸렸을 것이다.

이 사례에는 사이버상담의 익명성과 문자기반 의사소통의 장점이 잘 반영되어 있다. 익명성으로 인해 내담자는 자유로운 자기노출을 시도할 수 있었고, 더욱이 문자기반 의사소통이기에 자신의 성폭력의 역사와 현재 겪고 있는 생리적 증상을 분명하게 기술할 수 있었다. 내담자 50번 반응에서 '자유'라는 표현이 나오는데, 이때 상담자도 강하게 공감할 수 있었다. 이 사례를 통해 사이버상담이 성적인 고민에 관한 한 대면상담보다 오히려 대담한 자기공개와 직접적인 개입의 가능성이 더욱 커질 수도 있겠다는 확신이 들었다.

5. 교우관계에 관한 채팅상담 사례

1) 사례 소개

이 사례는 교우관계로 인해 고민 중이던 내담자가 토요일 오후에 채팅상담실에 접속하여 이루어진 사례다. 청소년들은 정서 경험의 강도가 강하기 때문에 한 가지 고민이 생기면 다른 일을 시작하지 못하는 경향이 성인보다 더 강하다. 아래의 사례에서 내담자는 친했던 친구들과 자꾸 멀어지는 것이 불안해서 시험 준비를 하지 못한다고 호소하고 있다. 그 이유는 그 친구들과 놀이문화를 공유하지 못해서다. 상담을 통해 내담자는 친구들과 놀이문화를 공유하지 못하는 것은 자신의 선택이고 자신에게는 강한 학업동기가 있음을 발견하면서 정서적인 안정을 찾고 있다.

2) 축어록

달빛공주 1: 안녕하세요.
상 담 자 1: 어서오세요.
달빛공주 2: 네, 반가워요.
상 담 자 2: 달빛공주 님은 어떤 얘기를 하고 싶은지요?

달빛공주 3: 고민이 많아서...
상 담 자 3: 음 많이 힘드신가 봐요.
달빛공주 4: 그럭저럭
상 담 자 4: 지금 제일 얘기하고 싶은 건 뭔가요?
달빛공주 5: 응, 친구문제요...
상 담 자 5: 얘기해 보세요.
달빛공주 6: 학기 초에는 친구들이 많았거든요. 그런데 지금은 없는 것 같아요.
상 담 자 6: 네...
달빛공주 7: 내 느낌이 그런가?
상 담 자 7: 학기 초에는 친구가 많았다고 했지요?
달빛공주 8: 넵.
상 담 자 8: 그때는 친구들을 어떻게 사귀었죠?
달빛공주 9: 생각해 보니까 그때는 학기 초에는 활발하게 했거든요.
상 담 자 9: 아, 달빛공주 님이 활발할 때는 친구들이 많았군요?
달빛공주 10: 넵.
달빛공주 11: 학기 초에는 진짜 인기 있었는데...
상 담 자 10: 네...그랬군요!
달빛공주 12: 근데 친구들이 맨날 콜텍 가자고 꼬셔서요.
상 담 자 11: 그게 좀 부담스러운가 봐요.
달빛공주 13: 안 가자니 그렇고.
상 담 자 12: 콜텍은 싫은가요? 어떤가요?
달빛공주 14: 그야 좋을 때도 있죠.
상 담 자 13: 좋을 때도 있고, 귀찮고 싫을 때도 있고.
달빛공주 15: 네.
상 담 자 14: 귀찮을 때 친구들이 가자고 하면 고민이 되겠군요.

달빛공주 16: 계속 따라다니면 까질 것 같아요.
상 담 자 15: 까진다는 게 어떤 뜻인가요?
달빛공주 17: 날나리요.
상 담 자 16: 아, 친구들과 같이 다니면 까질 것 같고, 날나리가 될 것 같아서 싫은가 봐요.
달빛공주 18: 네, 싫어요.
상 담 자 17: 그러면 친구들과 뭘 하고 싶은지?
달빛공주 19: 음, 그냥 가끔 같이 독서실도 다니고 펌프도 같이 하고…
상 담 자 18: 아, 네, 같이 공부도 하고 신나게 펌프도 하고…
달빛공주 20: 넵.
상 담 자 19: 지금 그렇게 할 수 있는 친구가 있나요?
달빛공주 21: 한 명 있어요.
상 담 자 20: 아 그래요 ? 좋은 친구를 두셨네요.
달빛공주 22: 뭐 그럭저럭… 착한 애죠.
상 담 자 21: 그 친구랑 지내면 어떤가요? 그 친구에 대해 좀 이야기해 줄래요?
달빛공주 23: 그냥 편해요. 서로 따지는 것도 없고…
상 담 자 22: 네, 서로 편하게 지낼 수 있는 친구로군요.
상 담 자 23: 그런데 다른 친구랑은 그렇게 지낼 수가 없을까요?
달빛공주 24: 다른 애들은 좀 부담스럽고..
상 담 자 24: 혹시 친구들에게 바라는 게 있나요?
달빛공주 25: 음, 제가 학기 초에는 인기가 있었다고 했잖아요.
상 담 자 25: 네.
달빛공주 26: 근데 요새는 같이 있어도 조용한 날이 많고 그래요.
상 담 자 26: 그렇군요.
달빛공주 27: 음, 근데요. 저기

상 담 자 27: 네?

달빛공주 28: 사실은 제가 친구들을 따돌린 감이 있어요. 자꾸 콜텍 가자고 하니까 성적도 떨어질 것 같고...

상 담 자 28: 음, 그러니까 달빛공주 님은 그 친구들과 너무 가까워지면 날나리가 될까 봐 피한 거군요.

달빛공주 29: 네, 저는 공부도 잘하고 싶거든요.

상 담 자 29: 잘하고 싶어서 친구들의 콜텍 가자는 제안을 몇 번 거절했었나 봐요.

달빛공주 30: 그랬더니... 썰렁해진 것 같고, 눈치 보여서 얘기도 못 꺼내겠고, 걔네가 싫은 건 아닌데...

상 담 자 30: 그쪽에서 피했다기보다 달빛공주 님 스스로 자격지심에...

달빛공주 31: 네.

상 담 자 31: 그렇다면 달빛공주 님의 선택이 남았군요.

달빛공주 32: 선택이요?

상 담 자 32: 친구를 선택할 것인가? 외로움을 극복하고 학생의 본분을 선택할 것인가?

달빛공주 33: ...

상 담 자 33: 아직 계세요?

달빛공주 34: 네, 좀 더 생각해 봐야겠어요.

상 담 자 34: 둘 다 가능하면 좋겠지만... 달빛공주 님의 생활패턴과 다른 것을 반복적으로 요구하는 친구들을 만나는 게 많이 힘들다면...

달빛공주 35: 네, 좀 불편해요.

상 담 자 35: 한 번 친했던 친구와 끝까지 친해야만 한다는 생각을 강하게 가지고 있나요 ?

달빛공주 36: 뭐... 좀... 그렇기만 하지만 좀 분명해지네요. 끌려 다니지 않으려고요.

상 담 자 36: 나름의 결론을 얻었군요.

달빛공주 37: 그럼 안녕히.

상 담 자 37: 고민이 생기면 언제든 다시 오세요. 안녕!

3) 사례에 나타난 사이버 채팅상담의 특징

채팅상담실을 지키다 보면 순간의 감정을 주체하지 못해 혼자서 흥분하다 채팅상담실에 접속하고, 상담자와 이야기를 충분히 나누고 나서는 이제 안정이 되었다며, 미뤄 두었던 일을 해야겠다는 청소년 사례를 종종 접하게 된다. 사이버상담이 아닌 대면상담으로는 이런 도움을 주기는 어렵다고 느낄 때 사이버상담의 새로운 가능성을 발견할 수 있다. 내담자가 흥분했을 때 바로 그 순간에 개입해서 도움을 줄 수 있는 기회를 대면상담에서는 좀처럼 만나기 어렵다.

또한 사이버 채팅상담에서는 상담자가 자신의 글을 쓰고 다듬어 반응할 수 있기 때문에 공감능력을 유지하기가 용이하고, 앞에 나누었던 대화에 대한 문자 기록이 화면에 남아 있어서 화제에 집중하기가 용이하기 때문에, 상담주제 내지는 목표만 잘 선정하면 단회기의 짧은 상담 속에서도 한 가지 문제에 대한 충분한 논의와 해결방안 모색이 가능할 수 있다.

6. 사이버매체를 활용한 컨설팅

이 사례는 컴퓨터를 과다하게 사용하는 초등학생 자녀의 어머니가 컴퓨터 사용지도에 관하여 의논한 사례다. 사이버상담은 부모가 맞벌이여서 상담실을 직접 방문하기 어려운 상황에서 전문가와 의논할 수 있는 통로를 제공하였다. 그럼에도 불구하고 이 사례의 경우 문제행동을 하고 있는 내담자를 직접 접촉하지 못한 상태에서 어머니와도 문자만으로 의사소통을 하려니 문제상황이나 심리상태가 충분히 전달되었는지 확신하기가 어렵다. 이런 경우 그 한계를 명확히 하여 더 충분한 탐색과 개입으로 이어질 수 있도록 하는 것이 중요하다.

1) 내담자의 호소

제목: 자녀교육

아이디: 똘이 엄마

안녕하세요. 수고가 많으십니다.

저는 초등학교 5학년 딸아이와 3학년 아들아이를 둔 엄마입니다. 우리 부부는 맞벌이를 하고 있고, 두 아이는 제가 퇴근할 때까지 하교 후에 학원을 다니고 있습니다.

그런데 얼마 전부터 작은 아이가 학원에 결석을 한다고 합니다. 학원 선생님 전화를 받고 놀라서 딸아이에게 물어보니, 집에서 컴퓨터 게임을 한다고 해요. 못하게 말리고 컴퓨터를 금지시켰어요. 그래도 마찬가지입니다. 어제는 학교 선생님께서도 전화를 하셨습니다. 수업에 집중을 못하고 숙제를 자꾸 까먹고 안 해 온다고요.

이제는 숙제도 안 해 놓고, 점점 더 불성실해지는 것 같습니다. 너무 화가 나서 어제는 매를 들었습니다. 매 맞고 우는 걸 보니 저도 너무 속상했습니다. 누나가 학원에 가자고 하고, 숙제를 함께 하자고 해도 말을 안 듣는다고 합니다. 직장을 그만둘 수도 없고, 직장 다니면서 애 키우는 게 너무도 힘이 듭니다.

2) 사례 개념화

이 편지에서 내담자 호소내용을 요약해 보면, 아들의 학원 결석과 학교 수업시간 산만함 그리고 숙제도 안 챙기는 현 상태와 내담자가 도움을 요청할 대상이 두 살 위인 딸아이밖에 없고 '학원 가자, 숙제 함께하자.' 권해도 해결책이 안 되니 직장을 그만둬서라도 자녀지도에 노력해야 하는데 그럴 여건이 안 되는 안타까움이다.

뒤에 제시된 답장에서 상담자는 현재 내담자의 처한 직장생활과 가정생활 특히 자녀문제로 인한 고민을 전문상담 사이트를 찾고 의뢰한 노력부터 내담자를 지지하고 있다.

상담 내용을 전반적으로 살펴보면, 상담자는 초등학교 3학년의 발달상의 특징(바람직한 것보다 재미있는 것을 추구하며 자신의 욕구조절이 원활하지 못한 때)과 바람직한 자녀지도를 위한 부부간의 협조 필요성, 체벌에 대한 정보, 칭찬과 지지 및 대안활동의 필요성 등 전문적인 정보를 제공하고 있다.

이 사례의 내담자가 다시 상담을 요청해 온다면 다음과 같은 점에 중점을 두고 탐색을 시도하여, 내담자에게 지속적인 도움을 줄 수 있을 것이다.

첫째, 표면적 문제인 '컴퓨터 오락'이다. 문제와 관련된 사항들을 심도 깊게 탐색해 보면 대개의 경우 자녀들이 문제가 깊어지기 전에 가족들에게 도움을 요청했던 시기가 있었음을 새삼 기억하게 될 수 있다. 문제 발생 이전으로 되돌려 놓기에 시간이 오래 걸린다는 것을 주지하고 본격적인 자녀이해 작업으로 들어갈 수 있다.

둘째, 자녀가 어떤 사이트를 많이 방문하는지, 어떤 오락을 즐기는지, 폭력성은 없는지, 성문제는 없는지, 어떤 시간대에 많이 하는지, 한번 하면 얼마나 하는지, 컴퓨터 오락을 하고 싶은 충동을 많이 느끼는 상황은 언제인지 등을 자녀와 차분히 앉아서 대화를 나누거나 함께 체험할 필요가 있고 상담자와 지속적으로 의논하도록 유도한다.

셋째, 해결을 위해 가족이 단결하고 도움을 줄 만한 주변 사람들을 찾아보는 것이다. 가족들이 따뜻하게 대하고 어긋난 행동들을 빨리 잊어주면서 잘했을 때 아낌없이 칭찬해 주는 것이 필요하다. 이때 아버지의 역할이 중요하다. 또한 전문상담자, 학교나 학원 선생님, 주변의 이웃들, 전업주부 엄마들, 가까운 친지들 중 이 일에 도움을 줄 만한 사람이 없는지 찾아봐서 도움을 요청하도록 돕는다.

넷째, 그동안 부모님 걱정하실까 봐 동생을 다독여 온 누나의 수고에 대한 칭찬과 앞으로 동생을 더욱더 사랑으로 보살필 수 있도록 격려해 주면서 이 문제를 가족 간의 정서적인 유대감이 더욱 깊어지는 전화위복의 기회로 삼도록 하는 것이 중요할 것이다.

3) 상담자의 답장

똘이 엄마 님, 안녕하세요. 두 자녀를 기르면서 직장 다니느라 애 많이 쓰시네요. 열심히 살아 보려고 직장생활 하시는데, 아이들이 엄마 기대만큼 해 주지 않을 때는 답답하고 화도 나시지요?

분주하고 경황이 없으실 텐데, 자녀교육 방법을 의논하시려고 전문상담 사이트까지 찾으시다니 정말 자녀교육에 열심이신 엄마이신 것 같아요. 의논 대상으로 우리 사이트를 찾아 주셔서 반갑습니다.

이 편지 한 장으로 현재의 자녀분에게 적절한 지도방법을 효과적으로 전달하는 데는 한계가 있을 것 같군요. 아이들마다 차이가 있고, 또 똘이 엄마 님이 보내 주신 편지만으로는 현재 자녀분의 상태가 어느 정도 심각한 것인지 확실히 알기는 어려운 것도 사실입니다. 그래서 오늘 이 편지에서는 초등학교 3학년 자녀가 컴퓨터 게임에 몰두해 있을 때 부모가 할 수 있는 일반적인 유의사항들을 전달해 드리겠습니다. 그러니 저희가 보내 드린 편지 보시고, 궁금한 점이 있으면 언제든지 다시 메일 주십시오.

초등학교 3학년이면, 한참 재미있는 것을 추구할 나이입니다. 바람직한 것보다 재미있는 것을 추구합니다. 재미있는 활동에 대하여 스스로 자제력을 발휘하기에는 아직 이릅니다. 그래서 똘이가 학업생활을 충실히 하면서 컴퓨터 게임을 적절히 즐기도록 돕기 위해서는 꾸준한 관심과 돌봄이 필요합니다.

어머님도 매를 드시고 속상하셨다는 것이 충분히 이해가 됩니다. 매를 드시거나 심한 꾸중을 하시고 나서 그 효과는 어떤지 잘 헤아려 보실 필요가 있습니다. 아동들에게 심한 꾸중이나 매를 들면 아이들이 대개 다른 방법으로 자기욕구를 채우려 할 뿐 부모 마음이 제대로 전달되기는 어려운 것 같습니다.

그래서 자녀분이 학교와 학원가기, 숙제하기 등 자신에게 주어진 일을 성공적으로 해내도록 돕기 위해서는 꾸중이나 매 보다는 부모가 함께 꾸준한 관심과 사랑을 보이고, 인내심 있게 설득하며, 가르치고, 모범 보이며, 대안행동을 개발해 주는 것이 중요하는 생각이 듭니다. 가능한 한 이런 일을 행하실 때 아이 아빠와 협동하여 행하십시오. 부모가 한 가지 사안에 대하여 한 방향의 말을 할 때 영향력이 더 커집니다. 그러니 먼저 부부 사이에 이 일에 관하여 충분한 문제의식을 공유하고 방법을 함께 짜는 것이 중요하겠지요.

그리고 꾸준히 아드님에게 관심을 보이시면서, 작은 것이라도 칭찬할 것이 있으면 칭찬과 격려를 적극적으로 해 주십시오. '오늘 하루 건강하게 보냈구나.' '급식은 잘 먹었어?' '그래, 기특하다.' '어, 엄마 힘들까 봐 밥그릇 넣어 놓은 거야?' '우리 ㅇㅇ 덕분에 엄마가 큰 힘이 돼." 등 작은 일에 대해서도 관심을 갖고 발견하여 진심 어린 칭찬을 많이 해 주십시오.

다음은 인내심 있게 설득하는 것인데요. 컴퓨터는 적절히 하는 것이 좋다. 컴퓨터를 하기 위해 학교나 학원을 빼먹는다는 것은 지나친 것이다. 그러지 않도록 노력하자 라고 끊임없이 설득하는 것입니다. 유의할 사항은 잔소리가 되거나 언성 높이기가 되지 않도록 간명하고 상냥한 말투를 끝까지 유지하는 것입니다. 말을 듣고 실천하지 않았더라도 화내지 마시고 반복적인 설득만 하시는 것입니다.

다음은 부모와 자식 사이에 공감대를 형성하기 위하여 아이가 좋아하는 오락이 무엇인지 함께 체험해 보십시오. 부모와 함께 오락하는 아이들의 중독 가능성이 적다는 연구결과도 있습니다. 빨리 변화시키려 하기보다는 이것도 하나의 여가 생활이며, 내 자녀가 즐기는 것이니 나도 함께 즐겨 보자라는 생각으로 임하십시오. 즐기며 체험하다가 다른 일이 있을 때는 아무리 재미있는 순간이라도 오락을 중단하고 그 일을 하는 본보기를 보여 주실 기회가 자연스럽게 올 것입니다.

다음으로는 오락 대신에 할 수 있는 일, 즉 대안행동을 개발해 주는 것입니다. 많은 부모님들이 공부가 그 대안행동이라고 생각하시는데, 사실 그것은 말로는 쉽지만 아이들은 좀처럼 공감하지 않습니다. 대안행동은 가급적이면 재미있는 것이어야 하고, 초등학교 3학년 아이들에게는 가급적이면 활동적인 것일수록 좋을 듯합니다. 공부를 많이 시키거나 숙제를 주는 학원보다는 즐기면서 체력을 신장시킬 수 있는 레크리에이션이나 스포츠 계통이 좋을 듯합니다. 자녀분이 오락을 가장 많이 하는 시간에 다른 재미있는 활동을 할 수 있게 해 준다면 그 시간 동안 오락을 하지 못하며, 집에 돌아와서도 피로해서 잠을 자게 되므로 좋은 효과를 거둘 것입니다.

초등학교 3학년이므로 자기 혼자 해내도록 맡기기보다는 누군가 옆에서 꾸준히 거들어 주는 것이 중요합니다. 부모님이 직장생활 하시니까 그 부분이 어려우실 텐데요. 이럴 때일수록 집에 전화도 자주 하시고, 애정을 많이 표현해 주시고, 그리고 가급적 아이를 대신 돌보는 선생님, 사교육 선생님들의 협조를 많이 이끌어 내셔서 아이가 스스로 생활의 기틀을 세워 나갈 수 있도록 환경을 조성해 주시는 일에도 관심을 많이 가지시는 게 좋을 것 같습니다.

여러 가지 말씀 드렸는데요. 제가 드리고 싶은 말씀이 온전하게 전달된 것인지 궁금하기도 합니다. 이해 안 되는 부분에 대하여는 꼭 질문편지 다시 주시고요. 실천하다가 예상대로 되지 않거나 더 심도 깊은 논의가 필요하다면 다시 연락 주십시오. 전화상담실(02-730-2000)을 이용하셔도 좋고요. 시간 되실 때 전화로 사전 예약하신 후(02-730-2000) 대면상담을 병행하셔도 좋습니다.

언제든 열린 마음으로 똘이 엄마 님의 의논 상대자가 되기 위해 노력하겠습니다.

– 사이버상담실 드림

요 약

1. 사이버상담에서 상담자의 응답은 내담자가 보내 준 방법에 맞추어 전송된다. 그래서 내담자가 채팅상담으로 상담을 요청하면 채팅상담이 이루어지고, 내담자가 이메일을 보내 상담을 요청하면 이메일로 응답을 하는 등 상담의 메뉴도 결국은 내담자가 결정하는 셈이다. 이 글에 제시된 사례들에서도 상담자는 내담자가 상담을 요청한 바대로 내담자와 동일한 메뉴를 사용하여 상담을 진행하고 있다.
2. 사이버상담은 단회로 이루어지지만 이 글에 제시된 자살충동을 호소하는 게시판상담 사례는 3회의 상담이 이루어졌다. 사이버상담이 몇 회로 진행이 될지는 이 사례에서처럼 내담자가 얼마나 더 접속을 시도하느냐에 따라 달려있다. 그래서 결과적으로는 3회의 상담이 이루어졌으되 상담자가 미리 3회 상담을 구조화하지는 못한다.
3. 자살충동을 호소하는 게시판상담 사례는 내담자 스스로가 명백히 그 원인을 밝힐 수 있는 집단 따돌림의 문제를 다루고 있다. 이 사례에서 내담자는 친구들로부터 극심한 공격을 받고 괴로워하고 있지만, 내담자의 대인관계 문제가 만성적이라기보다는 실수를 명확히 규정할 수 있는 급성적인 성질의 것이기 때문에, 사이버상담으로 다루기에 적절했던 것으로 보인다.
4. 이메일 진로상담 사례와 중도탈락 문제에 대한 이메일상담 사례는 진로에 관한 폭넓고 정확한 정보제공을 시도할 수 있게 해 주는 사이버상담의 특성을 잘 보여 주고 있다. 대면상담에서 내담자에게 진로정보를 제공해 주려면 많은 경우 내담자를 다음 회기까지 기다리게 하거나 내담자 스스로 찾아보게 하거나 경우에 따라서는 심리적인 문제로 환원시키게 된다. 사이버 진로상담에서는 내담자가 요구하는 바에 충실하게 정보를 줌으로써 내담자의 문제해결에 도움이 될 뿐 아니라 내담자로 하여금 상담자가 자신에게 우호적임을

느끼게 하는 데 도움이 된다.

5. 성폭력 피해 경험에 대한 채팅상담 사례는 사이버상담의 익명성으로 인한 자기노출의 순기능을 잘 보여 주는 상담 사례다. 성폭력 피해경험으로 인한 자존감 저하, 산부인과적 신체 증상 등은 대면상담으로는 털어놓기 어려운 문제며, 특히 아무리 고민이 되도 이런 문제를 가지고 전문상담자를 찾기는 쉽지 않았음을 고려할 때, 내방상담으로는 원활하게 이루어지기 어려운 영역에 사이버상담으로는 접근이 가능함을 보여 주는 사례이기도 하다.
6. 교우관계 문제에 대한 채팅상담사례는 일상생활 과정에서 대인관계 문제에 부딪혔을 때, 정리할 수 있는 기회를 제공하는 사이버상담의 유용성을 보여 주는 사례다. 청소년기 특성상 정서적 경험 강도의 폭이 커서 이러한 문제에 부딪히면 다음 생활에 주의를 전환하기가 어렵다는 점을 고려할 때, 청소년들이 쉽게 부담 없이 접근해서 당면 정서적 문제를 해결할 수 있는 출구를 열어 주는 사이버상담의 역할을 잘 보여 주고 있다.
7. 사이버매체를 활용한 컨설팅 사례는 맞벌이로 바쁜 부모에게 자녀교육방법을 의논할 수 있도록 하는 사이버상담의 유용성을 보여 주고 있다. 이와 같은 상담과정을 통해 부모들은 자녀교육상의 문제에 대한 통찰을 얻거나 새로운 교육방법을 얻을 수 있다. 사이버상담만으로 소화가 되지 않을 경우, 대면상담에서 나눌 상담 주제를 명료화하는 데 사이버상담을 보조적으로 활용하는 것도 대안이 될 수 있다. 사이버상의 접촉을 통해 상담자-내담자의 관계를 형성하고, 문제를 명료화해 가다가 대면상담으로 상담과정을 이어 가는 것도 현대인의 분주한 생활에 어울리는 상담방법일 수 있다.

과제

1. 본문에 제시된 각각의 사례에 대한 상담자의 개입방법에 대하여 의견을 달리하는 부분이 있는지 토론해 보자.
2. 자살충동을 호소하는 게시판상담 사례에 대하여 다음을 논의해 보자.
   (1) 상담자의 개입이 내담자의 문제 해결에 어떤 영향을 미쳤는가?
   (2) 상담자는 내담자와 현실적으로 접촉하기 위한 사적정보를 편지에서 묻지 않았고, 내담자로 하여금 자신의 사적정보를 안전하고 비밀스럽게 전달할 연락처도 주지 않았다. 이 점에 대하여 어떤 의견을 가지고 있는지 서로 의견을 나누고, 대안적인 방법을 논의해 보자.
   (3) 내담자가 내린 결론은 내담자의 문제 해결에 어느 정도 도움이 되었다고 보는가? 내담자의 마지막 편지에 대하여 상담자가 또 다른 개입을 시도한다면, 어떤 개입이 있을까?
3. 이메일 진로상담사례에 대하여, 상담자의 긍정화 작업이 충분히 진행되었다고 보는가? 상담자가 여러 개의 진로정보 사이트를 언급하였는데, 내담자가 그것들을 충분히 탐색하고 활용할 것으로 여겨지는가? 그렇지 않다면 내담자가 진로정보를 더욱 활발히 탐색하도록 하기 위해 어떤 개입을 더 할 수 있을 것인가?
4. 중도탈락 문제에 관한 이메일상담사례에서 내담자는 자신의 표현대로 이미 자퇴를 결정했다고 여겨지는가? 상담자가 답변에서 내담자에게 자퇴를 만류하고 있다고 여겨지는가? 그렇다면 상담자의 그런 개입이 내담자의 결정에 어떤 영향을 미칠 것이라고 여겨지는가?
5. 성폭력에 대한 채팅상담을 검토하고 사이버상담의 익명성이 갖는 상담효과에 대해 나누어 보자. 상담자는 상담 후반부에 역할연습을 시도하고 있는데, 그것이 내담자의 문제해결에 어느 정도 기여했다고 보이는가?

9장

사이버상담의 효과

사이버상담은 일반인들에게 '상담활동'의 성격에 대한 정확한 정보를 제공하며 대면상담을 거부하는 내담자를 상담으로 인도하고, 내담자가 필요로 하는 정보를 제공하며, 안전하고 깊이 있는 관계를 형성할 수 있는 기회를 준다. 아울러 사이버상담의 증상별 적용 효과도 입증되어 왔다. 외상 후 스트레스 장애, 신체상과 섭식장애, 불안장애와 공포, 자살의도가 있는 내담자, 불면증, 체중조절, 교정상담 등을 중심으로 소개하였다. 마지막으로 상담자 훈련과 슈퍼비전에서 사이버매체의 활용효과를 연구한 예를 제시함으로써 사이버상담의 가능성과 필요성을 제시하였다.

> 사이버상담이 전통적인 치료를 대치할 수는 없다. 그럼에도 불구하고 사이버상담이 현실에서 이루어지는 치료는 아니라 할지라도 매우 유익하다는 점에는 의문의 여지가 없다. 사람들은 계속해서 인터넷으로 조언을 찾을 것이다. 윤리적이고 자격을 갖춘 명망 있는 사이버상담자에게 접근할 수 없다면, 아무에게라도 조언을 구할 것이다. 어떤 사람들에게는 사이버상담 이외의 다른 방법으로 상담을 받을 수 있는 선택의 여지가 없을 것이다. 이러한 현실 때문에 윤리적인 치료자들이 인터넷에서 상담서비스를 제공해야 한다.
>
> (Ainsworth, 2002: 214)

사이버상담의 효과에 대한 현재의 논의는 사이버상담이 전통적인 대면상담을 대치할 것이냐에 모이는 것이 아니다. 전통 대면상담은 익명성, 단회성, 문자를 통한 의사소통 등의 측면에서 사이버상담이 가지는 한계를 갖고 있지 않다. 내담자의 전체적인 모습을 보면서 내담자의 신분을 신뢰한 상태에서 표정의 변화까지도 감지하며 진행되는 의사소통의 가치와 효과는 어떤 다른 방법으로 대치될 수 있는 것이 아니다. 그래서 사이버상담이 전통적인 심리치료를 대치할 것이라는 예측은 불가능하다(Ainsworth, 2002). 오히려 그보다는 사이버상담은 상담이란 어떤 것인지 널리 홍보하고 많은 내담자들이 어려움을 겪을 때 전문상담자를 통해 도움을 받을 수 있다는 가능성을 실제 사례를 통해 알리고, 여러 가지로 대면상담을 보완하는 역할을 하고 있다.

게다가 최근에는 사이버상담의 특징인 문자 기반의 치료가 갖는 잠재력을 증명하는 증거들이 축적되기 시작하였다(Barak, 2001). 여러 치료자들에게서 나온 채팅 회기와 이메일 상호작용의 축어록들이 치료적 관계가 형성되어 있고, 치료적 상호작용이 내담자를 위해 긍정적인 결과를 내고 있음을 보여 주고 있다. 초기 연구들은 상담이 긍정적인 성과의 측면에서 면대면 개입에 필적할 만하다는 것을 보여 주고 있다(Stofle & Chechele, 2004).

1. 상담활동의 성격에 대한 정확한 정보 제공

"무슨 전공하셨어요?"
"상담을 전공했는데요."
"상담이 뭐예요?"
"네?"
"무슨 상담하시냐고요. 부동산 상담인지, 결혼상담인지 뭐 그런거요."
"아, 예. 제가 전공한 상담은요……. 영어로 하면 카운슬링이라고 하고요. 그러니까 마음에 고민이 있을 때 그것을 해결하고, 그 경험을 통해서 더 성장하도록 돕는 거예요. 행복해지도록 도와요."

상담을 전공하는 사람들에게는 당연시되는 '상담' 이라는 단어가 일반인들에게는 이해되지 않는 경우가 아직도 많다. 막연하게는 알겠지만 그런 전공이 독립적으로 존재하는지에 대해서도 잘 모르는 사람들이 있다. 필자는 전주대학교에서 상담학 전공에 재직하고 있다. 학생들이 명절을 지내고 오면 자주 하는 질문이 상담이 무엇인지에 대하여 친지들에게 대답하느라고 혼났다는 것이다.

사이버상담은 기하급수적으로 늘어나는 우리나라의 네티즌에게 '상담' 이 무엇인지를 제대로 알리는 역할을 하고 있다. 상담을 하면 고민을 해결하는 데 도움을 받을 수 있다는 막연한 인상이 상담 사이트를 방문하면서 상담에 대한 구체적인 기대로 바뀔 수 있다. 사이트 디자인이나 기관 소개 등이 내담자에게 상담이란 무엇인지 알리는 역할을 하고, 보다 확실하게는 공개상담 사례들을 보면서 상담기관을 통해 받을 수 있는 서비스가 어떤 것들인지를 구체적으로 알게 된다. 거기서 해소되지 않은 궁금증에 대해서는 자신이 직접 문의할 수 있다. 인터넷으로 묻는 것이기 때문에 부담이 없다. 그러다가 자신의 고민도 하나 공개해 본다. 공개한 경험이 유쾌하고 도움이 된다고 여겨지면 본격적으로 상담을 하게 된다.

상담을 '제대로 홍보'하는 사이버상담의 이 기능은 차세대의 상담 발전에 매우 큰 역할을 할 것으로 기대된다. 사이버상담은 상담을 필요로 하는 많은 내담자들이 상담을 받으러 올 수 있도록 하는 관문의 역할을 할 것이다. 인터넷을 통한 생활이 당연시되어 세심한 취향이 반영되어야 하는 구매행동이나 금전 거래까지도 온라인으로 하고 있는 상황에서 유독 상담만은 오프라인으로 진행되어야 한다고 고집한다면, 상담을 받으러 가는 활동은 인간생활의 일상적인 목록 속에 포함되기 어려울 것이다. 대개의 잠재적 내담자들은 시간과 공간, 돈을 투자해야 하는 상담에 자신을 직접 참여하기 전에 상담활동에서 자신이 얻을 수 있는 게 무엇이고, 상담에서 얻을 수 있는 그것이 오프라인으로의 공간이동을 감수해야만 하는 것인지에 대하여 일단은 의문을 제기할 것이다. 대개는 정보화시대의 다른 생활영역이 그러하듯이 상담도 온라인에서 해결하려는 경향이 있을 것이다. 컴퓨터 인터넷 사용에 점점 익숙해지고 기계적인 오류가 적어질수록 "제가 꼭 가야 하나요? 제가 지금 있는 이 자리에서 이야기하면 안 될까요?"라고 묻는 내담자가 점점 많아지고 있다.

2. 대면상담을 거부하는 내담자를 상담으로 인도하기

이러한 생활양식의 변화로 인하여 사이버상담이 상담활동을 홍보하는데 큰 역할을 하는 것 이외에도 사이버상담이 아니고서는 자신을 위한 상담을 시도하기 어려운 내담자들에게 사이버상담은 스스로를 위해 상담을 할 수 있는 대안을 마련해 주고 있다. 페니셀(Fenichel, 2000)에 따르면 1999년 5월의 조사에서 총 619명의 응답자 중 68%인 307명은 이전에 치료를 받아 본 적이 없는데, 인터넷으로는 상담자와 접촉하였다. 대면으로는 상담을 원하지 않을 내담자들이 온라인상담을 받을 수 있고 원할 수 있다. 온라인 작업에 흥미도 있고 능력도 갖춘 상담자들은 면대면 개입기술을 문자기반의 치료에 적용할 수 있다. 결과적으로 온라인 내담자들은 상담 서비스를 받기가 더 좋아질 것이다(Stofle & Chechele, 2004). 사이버상담이 비록 '심리치료'로서 부족함이 있다 할지라도 보살핌을 제공하는 매우 유효한 방법인 것이다. 가장 중요한 것은 이러한 인터넷 상호작용이 전통적인 심리치료에는 접근하지 않았던 사람들에게도 실제적으로 상담서비스를 이용하도록 용기를 주고 있으며, 상담의 결과로 실제적인 도움까지 주고 있다는 것이다.

3. 내담자가 필요로 하는 정보 제공

내담자가 사이버상담을 통해 얻게 되는 정보에는 여러 가지가 있다.

위에서 언급한 상담 자체에 관한 정보 이외에도 다른 사람들이 고민하는 내용에 관한 정보, 상담자가 제시하는 전문가의 견해에 대한 정보, 여러 가지 유형의 상담 서비스에 대한 정보, 이용 가능한 상담기관과 이용방법에 대한 정보, 자신의 고민을 해결하는 데 필요한 자료, 각종 사이버상담메뉴를 통해 개별 상담자로부터 직접 응답받은 맞춤형 정보(customized information) 등이다.

다른 사람들이 무엇을 고민하는가에 대한 정보는 내담자로 하여금 자신의 처지나 문제에 대한 '보편성'을 갖게 해 준다. 절친한 사이에서나 또는 집단 상담을 할 때 구성원들끼리만 공개하는 각자의 고민들이 사이버 공개상담 코너에는 문제별로 풍부하게 늘 게시되어 있다. 사이버상담이 시간의 제약을 초월하여 자신의 감정이 가장 예민해 있고 가장 힘이 들 때 글을 작성해서 그런지, 사이버상담에 내담자들이 표현한 글 하나하나의 내용은 매우 섬세하다. 예컨대 한국청소년상담원의 사이트를 방문해 보면 청소년들에게서 가장 빈번하게 발생되는 문제인 교우관계의 집단따돌림 문제들에 대한 사례는 매일 몇 건씩 올라오는 정도다. 각 내담자들이 스스로를 '왕따'나 '은따'라고 하면서 자신의 어려움을 세심하게 호소하고 있다. 이외에도 성문제, 학업문제, 가정문제, 진로문제 등에 대하여도 각각의 상황에서 어려움이 제시되어 있어서 내담자들 각자는 자신과 비슷한 처지에 놓여 고민하는 다른 사람의 생생한 이야기를 들으면서 공감대를 형성할 수 있다.

사이버상담 사이트에 올라온 다른 사람의 고민내용을 본 후 1~2일 기다리면 그에 대한 상담자의 답변도 볼 수 있다. 내담자는 이러한 답변을 보면서 자신의 문제를 해결해 나가는 데도 힌트를 얻을 수 있다. 물론 그 답변의 내용을 얼마나 깊이 있게 읽고 소화하고 활용하느냐는 각 내담자들마다 다를 것이다. 검색엔진을 사용할 수 있는 내담자는 자신의 문제와 동일한 유형의 사례들을 검색하여 집중적으로 읽을 수 있다. 상담자가 각 문제에 제시한 조언들을 보면서 위로와 용기를 얻을 수 있고 행동변화의 필요성을 느끼고, 실행에 옮길 대안을 찾을 수 있다.

상담 사이트에서 얻을 수 있는 또 다른 정보는 다양한 상담메뉴에 관한 정보들이다. 상담 사이트는 오프라인에서 이루어지는 프로그램에 대한 홍보와 기관소개 및 이용안내를 함께 제시하고 있다. 내담자는 프로그램의 시간, 일정, 내용에 대한 상세한 안내를 검토하면서 자신의 상황에 맞게 오프라인 서비스를 받을 것인지, 온라인 서비스를 받을 것인지를 결정할 수 있다. 오프라인 서비스를 받고자 한다면 집단 상담을 받을 것인지 개인상담을 받을 것인지 결정할 수 있다. 온라인 서비스를 받는다면 자신에게 잘 맞는 메뉴가 게시판상담인지, 이메일상담인지, 채팅상담인지, 상담자료의 열람 인지, 영상상담 인지 등을 선택할 수 있다. 상담방법을 선택할 때 인터넷으로 안내를 받으면 상황에 따라 융통성 있게 심리적 부담 없이 시간이나 방법상의 조절이 가능하다.

각 상담 사이트에 제시된 관련 사이트를 보면 다양한 유관 상담기관의 사이트를 링크해 놓고 있기 때문에 자신의 문제에 더욱 전문성을 갖춘 기관에 상담을 요청할 수도 있다. 예를 들어 성에 관한 고민이 생겨서 종합상담 사이트에서 서핑을 하던 내담자는 링크된 사이트들 중 성 전문상담기관에 접속하여, 더욱 정확하고 세부적인 정보를 얻을 수 있을 것이다.

혼자서 서핑을 하거나 자료들을 열람해서도 풀리지 않는 문제가 있을 수 있다. 내담자마다 문제가 다르고, 동일한 문제를 가진 내담자라 하더라도 문제의 정도와 현재의 처지가 다르기 때문에 이미 올려져 있는 자료에서는 자신에게 꼭 맞는 해결책을 발견하지 못할 수도 있다. 또 너무나 많은 자료에 오히려 압도되어서 스스로 자료 찾기를 포기하는 내담자도 간혹 있다. 이런 경우 자신의 고민을 담아서 공개 또는 비공개로 상담을 요청하면 된다. 상담자는 여러 가지 자료들을 종합하여 개별 사례에 적절한 맞춤형 정보를 가공하여 내담자를 위해 게시하게 된다. 사이버상담을 통한 정보획득의 효과는 임은미, 김지은, 박승민(2000)의 연구에서 채팅상담의 여러 성과 항목들 중 제1 요인으로 추출된 바 있다.

4. 안전하고 깊이 있는 관계형성의 기회 제공

온라인상담에 대한 좀 더 심도 깊은 연구가 필요하다는 인식으로 인해 정신건강을 위한 국제 온라인 협회(International Society for Mental Health Online, ISMHO)의 사례연구 그룹(Case Study Group)이 1990년대에 형성되었다. 사례연구 그룹의 창시자와 촉진자인 슐러(J. Suler)와 페니셀(M. Fenichel)은 온라인상담의 효과에 대한 체계적인 검토를 임상사례들을 통해 실시하였다. 이메일과 같은 비동시적 테크놀로지를 사용하여 의사소통할 때는 상담자와 내담자 모두 말로 할 때보다 더 사려 깊고 초점을 맞추는 것을 발견하였다. 또 채팅상담과 온라인 문자 의사소통 사용의 효과에 관하여 다음과 같은 몇몇 이슈들을 지적하였다(Fenichel, 2000).

- 사이버상담의 주된 의사소통인 문자 의사소통에서는 면대면 단서들이 부족해서 내담자를 탈억제시킬 수 있다. 이러한 탈억제는 내담자들로 하여금 평소보다 개방적이고 정직하게 표현하도록 격려

한다.

- 글쓰기는 자기표현, 자기반성 그리고 인지적 재구조화를 촉진하여 글 쓰는 것 자체로 치료적일 수 있다.
- 대인관계에서 어려움을 많이 겪어 온 내담자들은 치료자와 함께하는 문자기반의 의사소통을 통해 예측 가능하고 안전한 관계를 경험할 수 있다.
- 문자기반의 의사소통은 사람들로 하여금 거리를 유지하면서도 정직과 친밀을 경험하게 하는 역설적인 특성이 있기 때문에 친밀한 관계에 대한 내담자의 양가감정이 치료적으로 드러나고 표현될 수 있다.
- 수치나 죄책감에 관한 이슈로 괴로워하는 내담자는 자신들이 노출되지 않는 문자기반 치료를 선호한다.
- 신체적으로 장애가 있는 내담자들은 문자기반의 의사소통이 갖는 말을 하지 않아도 되는 특성, 만질 수 없는 특성을 선호한다.
- 문자기반의 의사소통은 내담자의 생각을 재구조화하기 위한 지속적이고도 계속되는 노력일 수 있다.
- 면대면 단서들이 부족함으로 인해 문자기반의 의사소통은 모호하고, 따라서 오해와 투사가 일어날 수 있는 표적이 된다. 상담의 효과는 이러한 오해와 투사를 어떻게 극복하고 활용하느냐에 따라 달라진다.

한편 상담자와 내담자 사이의 대면접촉이 없는 온라인상담을 통해서도 친밀한 관계형성이 가능하다는 사례연구 보고서들이 나오고 있다. '탈억제' 현상은 내담자로 하여금 신분노출에 대한 불안감에서 해방시켜 주고, 자신을 노출시키는 데서 편안함을 느끼게 한다(Maheu &

Gordon, 2000; Ritterband, et al., 2003). 에이즈 바이러스의 위험에 노출되어 있으면서 정맥 주사를 통한 약물 투여를 하고 있는 내담자에 대한 연구들은 그들이 면대면 상담에서보다 컴퓨터로 진행되는 상담에서 더욱 많은 개인정보 노출을 보여 주었다(Liss, Glueckauf, & Eckland-Johnson, 2002).

심리적 진단에 대한 여러 연구를 보면, 지필검사나 면대면 면담에서보다는 온라인으로 응답을 할 때 자신에 대한 정보를 더욱 정확하게 제공한다는 것이 밝혀졌다. 정보의 내용이 보다 개인적으로 민감한 것일수록 이러한 경향은 더해졌다(Richman, Kiesler, Wiseband, & Drasgow, 1999).

문자기반의 컴퓨터 매개 상담은 사회적 위험, 기대, 구속, 억제를 줄일 수 있는 온라인 프라이버시를 제공하며 논쟁의 여지가 더 크거나 숨겨왔던 사고와 감정들을 현실 생활에서 일어나는 판단, 거부 또는 직면에 대한 두려움 없이 표현할 수 있게 해 준다(Liss, Glueckauf, & Eckland-Johnson, 2002).

5. 증상별 적용 효과

1) 외상 후 스트레스 장애

인터넷을 통한 심리교육, 구조화된 글쓰기 숙제 그리고 자기-인도 치료(self-guided)를 포함하는 컴퓨터 매개 치료는 외상 후 스트레스 증상을 줄이는 데 의미 있는 성과를 보였다. 또한 외상과 관련된 사고의 인지적 재평가를 위해 인터넷을 사용하는 것도 효과적이었고, 글쓰기 숙제와 기타 상호작용적 컴퓨터 매개 활동들은 참가자가 외상적 사건에 대한 역기능적 자동적 사고에 도전하고 그 경험에 대하여 새로운 상징적 의미를 창출하도록 하는 데도 도움이 되었다(Lange, Van de Ven, Schruken, & Emmelkamp, 2001; Lange, Rietdijk, et al., 2003).

2) 약물/알코올 중독

약물이나 알코올 중독자와 그들의 가족들은 전통적인 치료보다 온라인 치료에서 더 안전감을 느낀다. 중독으로 인한 수치심 때문에 온라인 상담이 주는 프라이버시는 중독자로 하여금 숨겨진 이슈들에 대하여 작업하기 시작하는 장을 마련해 줄 수 있다. 약물과 알코올 중독자의 성인 자녀가 갖는 수치심, 낮은 자아존중감, 자기 보호능력의 부족, 신뢰와 친밀감의 문제, 자신의 욕구에 대한 감지 부족 등을 다루는 데 온라인 치료가 효과적으로 사용될 수 있다. 인지 행동적 개입과 이야기치료에서의 숙제와 일기작성 같은 과제들은 알코올 중독자와 그 자녀들을 위한 온라인 개인 상담과 집단 상담에서 효과를 발휘한다(Derrig-Palumbo & Zeine, 2005).

3) 신체상과 섭식장애

치료자들은 거식증과 폭식증을 호소하는 내담자들이 온라인상담을 시작해서 도움을 받았다는 보고를 하고 있다. 컴퓨터를 통해 치료받도록 내담자를 설득하는 것이 전통적인 면대면상담에서 설득하는 것보다 훨씬 쉬웠다. 치료자들은 많은 내담자들이 치료자가 그들을 볼 수 없을 때 그들이 어떻게 보일까에 대하여 부끄러워하거나 판단 받을 것에 대하여 두려워하는 정도가 줄어든다고 보고한다.

많은 연구들이 컴퓨터를 통해 이뤄지는 심리교육적 프로그램들이 섭식장애 치료를 위한 여러 치료계획의 일부로서 효과적임을 증명한다 (Celio, et al., 2000; Winzelberg, Eppstein, et al., 2000). 윈젤버그 (Winzelberg, 2000)는 인터넷을 통한 개입을 면대면 접촉과 함께 사용하면 면대면상담만 하는 것보다 긍정적인 신체상을 증진시키고, 부적응적인 태도와 행동을 개선시키는 데 더욱 효과적이라고 주장한다. 인터넷을 통한 개입은 또한 섭식장애를 위한 위험 요소를 줄이는 데도 중요한 영향력을 갖는다(Winzelberg, Eppstein, et al., 2000). 리바(Riva, 2003)는 22세 여대생의 사례를 들어서 섭식장애와 비만문제를 치료할 때, 사이버상담과 인지-행동적 치료를 통합해서 사용할 것을 제안하고 있다.

4) 불안장애와 공포

광장공포, 불안장애, 패닉 또는 사회 공포증 때문에 집을 나설 수 없는 사람들에게 온라인상담이 효과적으로 적용될 수 있다. 때로는 사이버상담이 이들 내담자로 하여금 치료를 시도하게 만드는 유일한 방법일 수 있다. 자신의 집에서 안전하고 안락하게 있으면서 상담을 받을 수 있기 때문이다. 이들 내담자들이 사람의 면전에서 자신의 이야기를 꺼내 놓는 것보다는 컴퓨터를 통해 자기개방을 하는 것이 훨씬 쉽다. 정신건강 전문가와 내담자 사이에 온라인상의 관계가 강화되면, 현실 세계에서의 관계 또한 강해진다(Derrig-Palumbo & Zeine, 2005). 이들에게 인지적 과제와 온라인 처치를 함께 사용하는 것은 이들의 사회 불안을 다루는 데 효과적이다. 관계 개선, 자기 자각 그리고 스트레스 대처 또는 위기 상황에서 온라인 치료는 효과를 발휘할 수 있다. 채팅상담과 게시판에서 참가자들의 자각과 사회적 관계가 증진되면서 실제적인 결혼관계도 개선되었다는 보고가 있다(Fenichel, 2000).

5) 자살의도가 있는 내담자

인터넷은 동시적 의사소통 또는 면밀하게 관찰된 비동시적 의사소통을 통해 위기에 처해 있거나 자살을 고려하는 내담자들에게 지지를 제공할 수 있다. 인터넷 채팅과 메신저는 직접적이고 즉각적인 의사소통을 하게 한다는 점에서 위기 전화 상담과도 같다. 인터넷은 자살 경향성이 있는 많은 사람들에게 도움을 줄 수 있는 유용한 방법이다. 정신건강을 위한 온라인국제협의회(International Society for Mental Health OnlineI, SMHO)의 사례연구에 따르면 온라인 지지그룹은 신분노출의 위협 없이 쉽게 접근할 수 있기 때문에 위기개입과 자살예방에 효과적이다. 이스라엘의 온라인 위기 서비스인 사하르(Sahar)의 사례조사 결과에 따르면 사이버상담을 통해 자살이 효과적으로 예방되고 있고, 위기에 놓인 개인과 심한 디스트레스는 전적인 온라인 활동으로도 도움을 받을 수 있다(www.sahar.org.il). 실제로 사하르는 온라인 지지를 수천 명의 이스라엘 국민에게 제공하였고, 그들 중 자살의도가 있었던 상당수의 사람들이 도움을 받았다. 사하르는 자국 내에 거주하는 사람들에게만 도움이 된 것이 아니라 해외에 거주하는 이스라엘 국민들에게도 부담 없이 서비스를 제공할 수 있었다. 인터넷 기반 지지는 국경이 없고, 동시성은 원격으로부터도 편리하게 상호작용을 할 수 있게 해 준다. 국경 없는 인터넷 지지는 여러 가지 이유로 해외거주자가 많아지고 또 거주기간이 길어지는 우리나라 국민들에게도 큰 도움이 될 수 있다.

6) 불면증

몇몇 학자들(Ström, Petterson, & Anderson, 2004)은 불면증을 위한 인터넷 기반 개입의 효과를 검토하였다. 190명의 참가자들이 인지-행동적 자조 처치 또는 대기자 통제집단에 무선 할당되었다. 연구기간 5주 동안 실험집단은 증상 변화를 측정하기 위해 수면 억제, 자극 통제, 인지적 재구조화로 구성된 수면 일기를 작성하였다. 연구결과 실험집단은 수면시간, 침대에서의 각성시간, 수면 효율성을 포함하는 많은 성과측정치에서 의미 있는 증상개선을 보였다.

7) 체중조절

실시간 채팅과 게시판을 통해 집단원 및 영양/정신건강 분야 전문가들과 계속적으로 접근할 수 있는 기회를 얻을 수 있었던 집단원들은 경험, 숙제, 정보들을 공유하면서 도움을 받았다. 인터넷을 통한 활동은 회기 사이에 제공되는 이메일 상담과 지지적인 집단채팅을 통해 받았기 때문에 내담자들은 안정감과 개인적으로 긍정적인 관심을 받는다는 느낌을 가지게 되었다. 내담자들은 자신의 개인적 욕구가 충족되는 것을 느꼈고, 안전하고 사생활이 보호되는 환경에서 증상개선이 이루어졌다고 보고하였다. 매 시간을 면대면으로 진행하는 것보다 온라인을 활용한 것이 안전감을 주어 개인적인 정보들을 좀 더 개방적으로 공유할 수 있었다. 면대면 만남은 수치, 거절에 대한 두려움, 친밀감의 회피 또는 개인적인 감정표현의 부담이 있기 때문이다(Fenichel, 2000).

8) 교정상담

마가레타(Magaletta, Fagan, & Peyrot, 2000)에 따르면 행동주의적 원격 건강 서비스는 수감자, 교도관, 교도소 그리고 지역사회에 실질적으로 유익하였다. 수감자들은 신체적 정신적 건강 서비스에 더 많이 접근하였고, 그들에게 질 높은 서비스를 할 수 있었다. 수감자 75명을 대상으로 수행한 연구에서 대부분의 수감자들은 원격 건강 자문 과정으로 진행된 초기 상담에 만족감을 표현하였고, 시간이 지나면서 더 편안해졌으며, 추수상담에도 기꺼이 참여하였음을 보여 주고 있다. 다만 사고장애나 기분장애를 가진 수감자들은 원격 건강서비스에 만족하면서도 좌절과 분노를 표현하였다.

6. 훈련과 슈퍼비전

인터넷은 시간적 제약과 공간적 제약을 초월한 의사소통을 가능하게 함으로써 정신건강 상담자들에게 심리적 서비스를 지도 감독하고 받을 수 있는 기회를 넓혀 주었다. 이는 특히 충분한 슈퍼비전에 접근하기 어려운 상담자들에게 좋은 소식이다. 그러나 인터넷을 통한 슈퍼비전이 유익하다해도 컴퓨터 공학, 윤리적 이슈, 온라인 슈퍼비전을 수행하는 방법들에 대하여는 더 많은 고려를 해야 한다.

칸츠(Kanz, 2001)는 인터넷이 슈퍼비전의 중요한 도구로서의 잠재력은 있지만 윤리적 고려사항과 관계상의 문제들이 있을 수 있음을 지적하였다. 비밀보장, 내담자가 알고서 동의하는 것, 자격 그리고 관계와 같은 실제적 윤리적 쟁점들이 있다.

온라인으로 진행되는 훈련은 점점 더 많이 이루어지고 있다. 치료자들은 충분한 훈련을 받지 않은 영역의 이슈나 내담자들을 직면할 수 있음을 인정하면서, 쟁점들에 대한 다문화적 훈련이 APA-인증 심리학 프로그램에서 다루어질 필요가 있음을 주장한다.

컴퓨터 공학은 지역적 장벽을 초월할 수 있게 해 주었고 그럼으로써 전문적 공동체가 발전하는 데서의 장애물들을 극복할 수 있게 되었다. 인터넷의 발전은 구성원간의 잦은 면대면 접촉을 하지 않고도 공동체가 형성되고 발전될 수 있게 해 주었다.

요 약

1. 사이버상담은 전통 상담을 대치하기보다는 전통 상담을 보완하는 접근방법이라고 보는 것이 타당하다. 사이버상담의 효과를 종합적으로 논하기에는 아직 사이버상담의 효과에 관한 연구가 부족한 실정이다. 특히 사이버상담의 대상인 내담자들을 대상으로 한 사이버상담에서의 경험 및 효과에 관한 연구가 풍부하게 이루어져야 한다. 그럼에도 불구하고 대면으로는 상담서비스를 이용하지 않을 내담자들을 상담서비스의 수혜자들로 포함시키는 데는 사이버상담의 공로가 큰 것으로 보이며, 이런 공로는 앞으로도 더욱 확장될 전망이다.

2. 사이버 채팅상담은 내담자들에게 필요한 정보를 얻었고, 상담자를 신뢰하는 가운데 자신의 감정을 표현하게 해 주며, 마음에 여유를 갖고 자신의 문제를 해결하려는 의지를 갖게 해 주고, 자신을 객관적으로 바라보게 해 주며, 자신을 긍정적인 시각으로 바라보게 해 주는 것으로 나타났다.
3. 사이버상담의 효과는 대면상담과 다른 의사소통 매체의 특성에서도 비롯된다. 대면단서가 없음으로써 내담자의 탈억제와 자유로운 자기노출을 요구한다는 것, 인지적 재구조화를 촉진한다는 것, 전달하려는 바를 분명히 표현할 수 있도록 해 준다는 것 등이 있다.
4. 이 외에도 사이버상담은 글쓰기 작업을 통해 외상 후 스트레스 장애 내담자의 증상을 줄이는 데, 중독자 가정이 안전감을 느끼는 가운데 숨겨진 이슈들에 대한 작업을 시작하도록 하는 데, 신체상이나 섭식장애 내담자가 치료 장면에 나타나도록 하는 데, 불안장애 내담자가 사회적 공포를 가지고도 스스로를 위해 작업하도록 하는 데 도움이 되는 것으로 나타났다.
5. 또한 사이버상담은 자살의도가 있는 내담자가 위기의 상황에 상담자와 접촉할 수 있도록 해서 자살을 방지하고, 불면증 내담자들의 인지적 재구조화와 수면일지 작성을 도와주고, 비만 · 섭식장애 내담자가 부담 없이 치료자와 접촉하게 하며, 수감자가 자문을 받도록 하는 데, 원거리에 있는 슈퍼바이저와 슈퍼바이지가 상담훈련과 슈퍼비전을 진행하는 데 유용하게 활용될 수 있음이 밝혀졌다.
6. 사이버상담의 효과 연구는 아직 초보적 단계이기 때문에, 사이버상담의 효과를 단언하기는 어렵다. 지금까지는 대면상담의 보완책으로서 대면상담이 더욱 효과를 거두고 대면상담의 존재를 알리는 데 큰 도움이 된다는 것이 잠정적인 결론이다. 그러나 수많은 내담자가 대면접촉을 시도하지 않은 채 사이버상담 사이트를 통해 자신들의 욕구충족을 이루고 있음을 고려할 때, 사이버상담만으로 문제를 해결하려는 내담자의 욕구와 그들이 상담 사이트에서 얻는 경험들에 대한 체계적인 연구가 이루어져야 한다.

과 제

1. 사이버상담이 대면상담을 보완하면서 효과를 발휘하도록 하는 방법에는 어떤 것들이 있는가?
2. 사이버상담이 독자적으로 사용될 때는 내담자에게 어떤 효과를 발휘할 수 있는가? 사이버상담을 받아 본 경험이나 실시한 경험을 토대로 사이버상담의 효과를 논의해 보자.
3. 문자기반의 의사소통은 글 쓰는 이로 하여금 논지를 분명하게 하라는 압력을 주고, 그로 인해 사이버상담을 할 때는 내담자나 상담자 모두 자신의 생각을 가다듬어 의사를 표현한다. 이러한 문자기반 의사소통의 특성이 상담 관계에 미치는 영향에 대해 논의해 보자. 직접 만나서 대화하는 것보다 분명하게 메시지가 전달되어 내담자를 더 잘 이해할 수 있을 때는 언제였는가? 또는 많은 것이 생략된 메시지라서 해석상의 혼란이 있었던 때는 언제였는가?

10장

사이버상담의 과제

사이버상담에 대한 상담전문가들의 논의는 아직도 시초단계에 불과할 정도로 사이버상담 분야는 그동안 축적한 일들보다 앞으로 해 나가야 할 일들이 많다. 본문에서는 사이버상담의 과제를 사이버상담자들이 수행해야 할 과제, 사이버상담 연구자들이 수행해야 할 과제, 사이버상담 운영 시에 고려되어야 할 과제 등으로 나누어 제시하였다.

사이버상담 분야에서 가장 우선되어야 할 현실적인 과제는 사이버상담 실무자와 전문가들의 지속적인 모임을 통해 현안과제를 정리하는 것이라고 여겨진다.

1. 사이버상담자의 과제

1) 사이버 문화에 대한 개방적 태도

사이버 문화는 인간의 생활방식에 많은 변화를 가지고 왔다. 컴퓨터를 다룰 줄 아는 사람들은 사이버 문화가 가져다주는 신속함과 편리함에 익숙해지면서 저절로 사이버문화에 동화되어 일상생활, 경제생활의 수준을 넘어서 대인관계와 사고방식까지도 사이버 문화에 젖어들고 있다. 반면 인터넷 중독, 불법 정보의 오남용, 명의도용, 언어의 파괴 등을 비롯하여 네티켓의 부재 등으로 인한 심리적인 피해까지 사이버 문화의 폐단도 적지 않다. 그럼에도 불구하고 사이버 문화는 빠르고 전반적으로 인간 생활에 파급되고 있다.

사이버상담자는 이러한 사이버 문화의 흐름을 개방적인 태도로 경험하면서, 거기에서 생겨나는 여러 가지 현상들에 적극적으로 관심을 가져야 한다. 면대면상담보다 사이버상담실을 선호하는 내담자, 면대면상담 회기 사이사이에 사이버매체를 통해 상담자와 접촉을 시도하는 내담자 등의 유형과 특성, 그들이 가지고 있는 독특한 욕구들을 이해하기 위해서다.

상담의 매체가 달라지면 내담자나 상담자의 태도와 기대도 달라질 수 있기 때문에 사이버 문화와 이용자의 심리상태를 정확히 이해하려는 상담자의 노력이 필요하다. 다만 이러한 노력은 사이버 문화에 대한 개방적인 태도를 전제로 하여 시도되어야 한다.

2) 사이버상담 실무에 대한 노하우 축적

사이버상담의 역사는 짧다. 물론 '사이버상담의 역사' 에 제시되어 있듯이 사이버상담의 전조는 1950년대부터 있어 왔고, 그 이전에도 사랑의 전화 또는 개인에 의해서 PC 통신을 통한 상담이 시도되어 왔다.

우리나라에서 전문 인력에 의해 사이버상담이 시도되고, 지면상으로 사이버상담의 현상에 대해 본격적으로 논의되기 시작한 것은 1998년 한국청소년상담원에서 '사이버청소년상담센터' 를 개설하면서부터라고 할 수 있다.

아직도 사이버상담을 정확히 이해하기 위해서는 사이버상담 실무에 대한 노하우가 축적되어야 한다. 사이버상담은 새로운 이론이나 접근이 아니고 기존의 면대면상담에서 쌓아 온 노하우를 사이버매체를 빌려서 시도하는 것이다. 그래도 사이버매체는 이미 상담 이외의 다른 분야에서도 면대면의 문화와는 매우 다른 모습들이 출현하도록 문화 전반에 걸쳐 큰 영향을 미치고 있다.

국내외에서 축적된 사이버상담 실무 경험들을 통해 상담자들은 이미 사이버 상담이 익명성, 문자 기반의 의사소통, 비동시성, 편의성 등으로 인해 상담자와 내담자로 하여금 면대면상담에서와 다른 경험도 하게 한다는 것을 알게 되었다. 차후에는 이러한 현상에 대한 더욱 깊은 이해와 함께 이러한 현상들 각각이 내담자의 도움추구행동, 상담과정, 상담의 중간목표나 최종 목표의 달성, 내담자의 장기적 변화에 어떤 영향을 미치는지에 대한 논의도 심도 깊게 진행되어야 할 것이다.

3) 상담전문영역으로서의 정보커스터마이징에 대한 인식

'커스터마이징(customizing)'은 제품을 사용자의 사정이나 주문에 따라 맞추는 과정을 나타낸다. 사이버상담에서의 정보커스터마이징은 인터넷에 연결되어 있는 무수한 종류와 내용의 정보를 내담자의 필요와 수준에 맞게 수집, 분석, 정리하는 것을 의미한다.

인터넷을 사용하다 보면 인터넷에 정말로 다양하고 많은 정보가 연결되어 있음을 발견할 수 있다. 검색엔진 두세 개를 자유롭게 사용하다 보면 웬만한 정보는 쉽고 풍부하게 검색할 수 있다.

인터넷의 이러한 특성이 사이버상담자들에게 혼란스러운 경험을 하게 한 기억이 있다. 혼란의 내용은 인터넷에 이렇게 정보가 풍부하게 탑재되어 있는데, 굳이 사이버상담자가 내담자에게 진로나 성에 대한 정보를 주어야 할까에 대한 의문이었다. 내담자가 검색엔진에 검색어만 입력하면 얻을 수 있는 정보를 굳이 상담전문가가 나서서 찾아주어야 하는 것이다. 이러한 의문은 이메일이나 게시판의 진로상담과 성상담 답장을 쓰면서 더욱 크게 일었다.

그러나 시간이 지나면서 사이버상담을 이용하는 내담자들의 특징과 요구를 점점 깊이 이해할 수 있게 되었고, 정보커스터마이징은 내담자들에게 꼭 필요한 작업임을 알 수 있었다. 사이버상담실을 노크한 내담자는 대개 다급한 상태이기 때문에 인터넷에 탑재된 수많은 정보를 주의깊게 읽고 자신에게 필요한 정보를 추릴 만큼 여유가 없다. 이런 경향은 내담자의 문제가 복잡할수록 강해진다. 같은 내용을 담고 있는 정보라 할지라도 정보를 가공하여 게시한 사람의 시각이나 필요에 따라 다른 관점에서 다른 어투로 기술되어 있기 때문에 내담자가 다양한 구성과

필체 중에서 일관된 내용을 추려 내는 게 쉬운 일이 아니다. 또한 사이버상담실에 탑재된 정보들은 정보 가공일이나 탑재일이 명시되어 있지 않은 경우가 많다. 내담자가 찾는 정보가 특히 시간이나 상황에 따라 달라질 수 있는 것이라면 정보의 최신성에 대한 점검을 해야 하는데, 그 작업을 스스로 해내기에 역부족인 내담자가 많다. 또한 흔히 인터넷을 정보의 바다라 하는데, 바다에는 진주도 있으나 쓰레기도 많이 있다. 쓰레기 중에는 유해한 것들도 있다. 어떤 정보가 진실된 것이고 유익한 것인지를 정확히 판단하기 어려운 내담자의 경우에는 전문상담자의 도움이 필요하다.

사이버상담에서 정보커스터마이징은 인터넷에 탑재된 수많은 정보들 중 내담자의 현재 필요에 적절한 것들을 찾아내어 정보의 진위와 최신성을 판별하고, 내담자의 눈높이에 맞게 재구성하는 것이다. 인터넷에 아무리 많은 정보가 있다 할지라도 내담자 혼자서 이 작업을 해내기 어려운 경우가 많이 있다. 내담자의 다급한 필요를 채워주기 위해서 사이버상담자가 해야 할 영역이다.

4) 정보화 시대에 새롭게 등장하는 문제의 발견 및 처치방안 마련

인터넷은 정보화시대의 인간이 필수적으로 익숙해져야 하는 의사소통 수단임에도 불구하고 인터넷에 탐닉하는 것이 정서적으로 좋지 않은 영향을 미친다는 연구들이 발표되어 왔다(Kraut et al., 1998; 임은미, 2000 재인용).

인터넷 이용시간이 길어진다는 것은 곧 실제적 공간에서 대인교류를 갖는 시간이 줄어든다는 것을 의미한다. 혹자는 그로 인해 소외와 부정적인 정서의 문제가 등장할 것이라고 예측한다. 인터넷을 통해 맺게 된 관계는 급속도로 친밀감을 느끼게 해 주기 때문에 인터넷에서 대인관계를 갖는 것은 현실 세계에서 관계를 발전시킬 때 필연적으로 겪게 되는 갈등과 갈등극복의 중요성에 등에 대한 의문을 불러일으켜 이용자들을 혼란스럽게 만들 것이라고 주장하기도 한다(Greenfield, 2000).

사이버상담자는 면대면상담을 주로 하는 상담자보다 컴퓨터와 인터넷을 자주 접하게 된다. 그래서 컴퓨터와 인터넷 매체를 통해서 발생되는 여러 가지 현상을 전통적인 상담자보다 먼저 접하고 이해할 수 있게 된다. 예를 들어 인터넷 중독으로 고통받는 내담자의 문제와 심리상태는 인터넷을 사용해 본 상담자, 더 나아가서는 인터넷의 매력에 몰입되어 본 상담자가 더 정확하게 이해할 수 있을 것이다.

이와 유사한 일이 사이버매체로 인한 가정 붕괴 현상이나 일명 번개팅에 뒤이은 성폭력 등의 문제에도 적용될 수 있다. 이메일이나 채팅 등 문자 기반의 의사소통은 단말기에 쓰인 메시지에 집중하게 만드는 특성이 있다. 그로 인해 단말기에서 다루어지는 내용이 고독, 외로움, 그리움 등의 정서적인 것일 경우 인터넷을 통한 대화가 서로의 정서를 몰입시키는 경향이 있음을 체험을 통해 알게 된 상담자는 그러한 문제의 본질에 대한 이해도가 높아질 것이다.

사이버상담자는 사이버매체를 통한 의사소통을 빈번하게 하므로, 이러한 문제들을 빠르고 정확하게 인지할 수 있을 것이다. 그러므로 정보화시대에 새롭게 등장하는 문제를 발견하고 교육, 자문 또는 처치방안을 발견하고 마련하는 일은 상담 전문가 중에서도 사이버상담자의 임무가 될 것이다.

5) 다양하고 복합적인 상담메뉴의 개발 및 보급

사이버상담은 사이버매체의 발달에 의존한다. 사이버매체의 발전은 변화의 양상을 이해하기조차 어려울 정도로 빠르게 일어난다. 필자가 사이버상담사이트를 운영할 때 회의 도중 컴퓨터 공학 전문가들이 상담전문가들에게 요구한 것은 '정확한 주문'이었다. 산출물을 명확히 지정해 주면, 기술개발은 자신들이 해낼 수 있다는 것이다. 그들에게는 기술은 아이디어를 따라갈 수 있다는 자신감이 있었다. 그들의 자신감이 현실적이라는 것은 IT기술의 혁명적인 발달이 증명하고 있다.

사이버상담자가 컴퓨터 공학이나 인터넷 기술의 전문가가 되기는 쉽지 않은 일이다. 상담자들 중에서도 간혹 기계나 네트워크에 관심이 많은 사람들이 있겠지만 대개는 상담전공자들이 복잡한 네트워크나 컴퓨터 언어를 이해하고 활용한다는 것은 매우 시간이 오래 걸릴 뿐더러 효과도 극히 미미할 것이다. 필자 또한 사이버상담을 운영하면서 전산 분야 전문가들과 회의를 하고 홈페이지 제작이나 네트워크, T1, 광통신, 위성통신, 서버, OS, 소프트웨어 프로그램, 플래시 애니메이션 등의 많은 용어들에 익숙해지고자 노력했지만 노력만큼 지식의 수준은 증가하지 않아 좌절감을 느꼈다. 더구나 컴퓨터 관련 기술의 발전은 어찌나 빠르고 다방면에서 일어나고 있는지, 지난 주의 회의 내용을 겨우 이해한다 싶으면 전혀 처음 듣는 신기술의 명칭이 등장하여 좌절을 넘어 자괴감을 느끼기도 했다.

매체의 기술적인 측면에 취약한 상담전문가가 사이버상담의 메뉴개발 및 보급에서 어떤 역할을 담당할 수 있을 것인가. 의외로 해답은 어렵지 않은데, 상담전문가나 기술전문가나 서로 자신의 장점에 집중하여 원만한 의사소통을 하면 된다는 결론을 얻었다. 상담자가 일상적인 용어를 사용하여 구체적으로 사이버상담의 메뉴에 대한 자신의 아이디어를 이야기하면, 전산 전문가는 상담자의 아이디어를 기술로 옮기는 것이다.

다만 이때 주의해야 할 것은 의사소통의 효과를 높이기 위해서는 전산 전문가의 디지털 대화방식을 상담전문가가 이해하고 맞추어 주려고 노력해야 한다는 것이다. 상담자들의 대화방식은 아날로그적이어서 애매모호한 것들이 많이 있다. '양가감정', '애증', '사랑과 미움', '괴롭지만 외로운', '갈등', '너무나 그리운 나머지 미운' 등등 분명치 않은 단어들이 내담자의 감정을 묘사하기 위해 많이 사용된다.

그러나 전산 전문가들이 이것들을 프로그램화하기 위해서는 '이다' 또는 '아니다'가 분명한 디지털 언어로 변환시켜야 한다. 이 과정이 길고 복잡하다. 수많은 의사결정이 필요하다. 시간에 쫓기는 작업 현장에서는 서로 적당히 넘어가고 싶은 부분이다.

그러나 사이버상담 프로그램의 메뉴의 구현 가능성은 이들 아날로그식 표현들을 의미의 손상 없이 디지털 방식으로 전환시킬 수 있느냐에 달려 있다. 인간의 마음은 아날로그식인 경우가 대부분이고, 기계는 그 아날로그를 소화할 수가 없기 때문이다. 괴로움 반, 외로움 반이 인간의 마음에는 있지만, 기계에는 존재하지 않는다. 디지털 기계인 컴퓨터는 0과 1밖에 모른다. 전혀 없거나 아니면 완전히 존재하는 것이다.

미래에는 스타크래프트나 카트라이더, 메이플스토리처럼 3차원의 공간에서 상담이 흥미진진하게 펼쳐질 날이 올지도 모른다. 그렇게 된다면, 게임의 세계에 빠져든 사용자들의 마음까지 사로잡아 N 세대의 성장과 발달을 도울 수 있을 것이다. 이런 프로그램은 상담전문가가 발의하여 전산 전문가와의 길고 긴 대화를 통해 언젠가는 완성될 수 있을 것으로 기대된다.

2. 사이버상담의 연구과제

1) 사이버상담의 구조에 대한 논의

사이버상담의 진행에 대한 적절한 기준이 필요하다. 상담 빈도, 상담 기간, 상담 비용, 상담 방법(게시판, 메일, 일대일대화, 대화방), 상담의 종류 등에서 내담자에게 적절한 틀이 제공되어야 한다.

지금까지 이 책에서 논의된 내용들 또한 아직 초기적 짐작과 가설의 형태를 벗어나지 못하고 있기 때문에 효과적인 사이버상담의 모습을 파악하기 위한 노력은 이제부터 본격적으로 시작되어야 한다. 특히 다음과 같은 점들이 사이버상담이 전문화되는 과정에서 시급히 다루어야 할 주제로 보인다.

- 사이버상담에서 장기상담을 전제로 한 시간구조화가 가능한가?
- 사이버상담은 어떤 문제 또는 어떤 내담자 유형에 적합한가? 사이버상담에 적합한 내담자를 진단하는 방법에는 어떤 것들이 있는가?
- 사이버상담의 어떤 모듈이 어떤 문제 혹은 내담자에게 더욱 효과적인가?
- 사이버상담의 익명성에도 불구하고 비밀보장에 취약하다는 역설적인 현상은 어떻게 이해되어야 하는가?
- 사이버 응급상담을 위한 후속조치와 연계체제가 어떻게 마련되어야 하며, 사이버상담기관에 그러한 조치를 의무화할 필요가 있는가?

• 사이버 상담의 효과는 어떻게 평가되어야 하는가?

2) 사이버상담의 과정에 대한 논의

사이버공간에서 상담을 할 때 어떻게 질문을 할 것인가, 상담 내용을 어떻게 파악할 것인가, 어떤 방식으로 접근하여 공감할 것인가, 글로 표현된 진술을 어떻게 받아들일 것인가, 그 내용을 어떻게 분석하고 해석해 줄 것인가 등에 대해 앞으로 많은 연구가 있어야 할 것이다.

면대면상담의 환경과는 다른 사이버상담에서 상담자와 내담자 간에 수용, 신뢰감, 공감적 이해를 어떻게 하면 효과적으로 구사할 수 있는지에 대하여 탐구해야 할 것이다. 이 외에도 대면상담에서 개발된 많은 상담기법들을 사이버상담에서 구현했을 대 내담자의 경험과 상담효과에 미치는 영향이 대면 상담에서의 그것들과 같은지, 다르다면 얼마나 다른지에 대한 연구도 진행되어야 한다. 대면 상담에서도 내담자에게 상담자를 신뢰할 수 있도록 하는 일이 그리 쉽지 않으므로, 하물며 문자만을 통한 상담의 과정에서 내담자에게 신뢰를 구축하는 일은 그리 용이하지 않을 것이기 때문이다(박성익, 1998).

3) 사이버상담의 성과에 대한 논의

사이버상담에 대한 다양한 평가를 통해 사이버상담의 성과에 대한 논의가 더욱 발전될 수 있어야 할 것이다. 사이버상담을 통해 어떤 도움을 받았는가, 상담 과정 동안 경험한 성과는 무엇인가, 상담 직후에 얻은 성과는 무엇인가, 상담하고 난 뒤 일정기간이 경과된 후에 성과는 어떠하였는가, 사이버상담이 문제해결에 얼마나 도움이 되었는가 등을 구체적으로 평가하여 직접 대면하는 상담과 차이점을 구체적으로 파악하고 발전시켜야 한다.

사이버상담의 사용방법별 성과에 관한 논의도 지속될 필요가 있다. 사이버상담만으로 상담을 했을 때 내담자가 얻은 성과와 사이버상담으로 시작해서 대면 상담으로 연계되었을 때의 성과, 반대로 대면상담으로 시작하여 사이버상담으로 연계되었을 때의 성과, 대면상담과 사이버상담을 병행하여 시행한 성과 등이 비교되어 논의되어야 한다.

3. 사이버상담 운영상의 과제

1) 사이버상담전문가의 양성

사이버 세계에서 이루어지게 되는 상담의 독특성을 전문적으로 이해하고 전문적 기능을 수행할 수 있는 사이버상담전문가의 양성이 시급히 요청되며, 이를 위해 사이버상담전문가 양성 프로그램을 개발하여야 한다. 특히 사이버상담전문가는 사이버 세계라는 독특한 환경에서 내담자와 능률적, 지속적으로 대화할 수 있는 기능을 필수적으로 갖추어야 한다(박성익, 1998).

사이버상담은 대면상담보다 제한적인 만남 속에서 이루어지기 때문에 피상적인 상담이 될 우려가 있다. 문자나 화상을 이용하는 상담은 익명성을 보장하여 내담자가 보다 자유롭게 자신을 표현할 수 있다는 장점은 있지만 감정의 포착, 공유 그리고 문제의 파악과 개입에 있어서 제한되기 쉽다. 또한 신세대 청소년들의 문화가 제한 없이 표현되는 상황에서 얼굴을 보지 않고 그들을 파악하고 보조를 맞춘다는 것은 충분히 훈련되지 않은 상담자로서는 극복하기 어려운 과제다. 즉시적인 채팅과 같은 순발력을 요하는 상담이 성공적으로 진행되기 위해서는 아주 숙련된 전문적 상담자가 많이 배출되어야 한다(김병석, 1998).

사이버상담 기관에서의 자체 연수를 강조하는 입장도 있는데, 한정선(1999)은 컴퓨터 테크놀로지(computer technology)나 인포메이션 테크놀로지(information technology)는 급속한 속도로 변화하고 있어서 새로운 정보에 빨리 접하기란 쉬운 일이 아니기 때문에 필요시 기관은 연구원 및 직원을 위한 연수를 실시하는 것도 바람직할 것임을 주장하였다.

2) 사이버상담 운영상의 지침

온라인 관계에서 상담자와 내담자의 상호 신뢰는 필수적이다. 내담자는 상담자가 진실한 상담자이기를 바라고 상담자는 내담자가 진짜 내담자이기를 바란다. 불행히도 사이버공간에서는 이런 것들이 속임수인 경우가 더러 있다. 내담자들은 상담자가 실제로 누구며, 자격을 갖춘 사람인지를 알고 싶어 한다. 상담자가 그들의 마음을 편안하게 해 주기 위해서는 상담자의 자격을 입증하고 오프라인으로 접근할 수 있는 충분한 정보를 제공해주어야 한다. 상담자가 웹사이트에 제시해야 할 정보들은 다음과 같다(Ainsworth, 2002).

(1) 상담자 자신에 대한 정보공개

- 상담자의 경력
- 상담자의 실명 공개(여부는 기관의 방침에 따른다.)
- 거주지(최소한 주요 활동무대가 되는 지방/국가까지)
- 상담실의 전화번호
- 학위(예, 교육학, 심리학, 상담학, 진로직업상담학, 아동 · 청소년 상담학, 결혼가족상담학, 사회사업학, 목회상담학 등)
- 자격사항(자격증, 면허증, 등록증 등)

(2) 서비스에 대한 정보 공개

① 투명한 비용청구

사이버상담을 전문가가 수행하기 위해서는 그에 따른 비용이 청구되어야 한다. 내담자가 기꺼이 그만큼의 비용을 지불할 만큼 사이버상담의 질이 높아져야 하고, 액수 산정도 합리적이고 투명하게 이뤄져야 한다. 우리나라에는 아직 사이버상담에 비용을 청구하는 사이트는 없는 듯하다. 에인스 워쓰는 사이버상담의 비용에 대하여 다음과 같이 말한다.

- 상담료에 대한 결정이 필요하다. 사이버상담실을 충실하게 운영하기 위해서는 운영에 소요되는 인력, 시설감가상각, 공공요금 등을 계산하여 합리적인 상담료 책정이 이뤄져야 한다. 내담자에게 상담료를 부과하지 않으려는 공공기관의 경우 운영에 소요되는 예산 확보방안이 명시화되어야 한다.
- 이메일에 응답하는 데 소비한 시간을 환산해서 요금으로 매긴다면 전체 비용이 얼마 정도 될지를 미리 말한다. 각 이메일에 대하여 가

장 큰 금액을 매길 때 얼마인지를 설정한다. 예상 외로 큰 비용이 청구되면 내담자들은 불만스러워한다. 비용에 대하여 투명해져야 한다.

• 지불방법에 대하여 설명한다(예, 수표, 현금, 카드, 인터넷뱅킹, 폰뱅킹 등). 신용카드를 받는다면 보안서버를 통해 지불하거나 전화 또는 팩스로 지불할 수 있도록 해 주어야 한다. 내담자에게 카드정보를 이메일로 보내 달라고 하거나 비 보안 웹서버를 사용하도록 해서는 안 된다. 안전한 지불방법에 대한 정보가 내담자에게 제공되어야 한다.

사이버상담을 유료화하는 문제는 신중하고도 적극적으로 추진될 필요가 있다. 국내의 현황을 보면 사이버상담을 유료로 진행하는 곳은 거의 없다(〈표 10-1〉 참조). 사이버상담이 유로로 운영된다면 그것은 사이버상담이 전문적인 활동이 되었음을 선포하는 것이고, 그에 따른 전문성과 책임성이 요구되기 때문이다.

● 〈표 10-1〉사이버상담의 유료화 정도의 국내외 비교

(단위: 비율, %)

이용료	무료	유료	계
국내사이트	99	1	100
해외사이트	29	71	100

자료: 임은미, 김지은(1999).

전문성과 책임성을 기르기 위한 노력이 계속된다는 전제하에 국내에서도 사이버상담은 유료화되어야 한다. 유료화하면 전문인력이 투입될 것이고, 전문인력이 투입되면 수익이 창출되어야 할 것이고, 수익을 창

출하기 위해서는 상담자의 서비스 마인드와 전문성 향상을 위한 노력이 지속적으로 증진될 것이다. 그러는 가운데 사이버매체를 상담에 효과적으로 사용하는 방법들이 치밀하게 논의되고, 치밀한 논의를 통해 사이버상담이 전통상담의 보조적인 역할뿐 아니라 전통 상담이 해내지 못하는 효과도 발휘할 수 있을 것이라 기대한다.

② 명확한 상담지침

면대면상담에서도 상담초기에 상담의 진행절차에 대한 오리엔테이션이 있듯이 사이버상담에서도 상담의 지침을 가급적 명확하게 줌으로써 내담자가 앞으로의 상담절차를 예상하고 안정된 마음으로 상담에 임할 수 있도록 도와야 한다.

- 편지를 보낸 지 얼마 만에 답장을 받을 수 있는지를 사이트에 명시한다(예, 24시간, 38시간, 3주 등). 이에 대하여 사이버상담기관은 응답에서 누락되는 사례가 발생하지 않도록 사례에 관리번호를 부여하여 응답 여부를 체크하는 란을 만들어 관리하는 등 나름의 사례관리 대책을 수립하고 있어야 한다.
- 어떤 방법으로 의사소통 할지를 설명한다(예, 이메일, 실시간 채팅, 비디오컨퍼런싱, 웹메시지, 인터넷폰 등). 암호를 부과할지에 대하여도 이야기한다.
- 여러 명의 상담자가 한 사이트에서 일하고 있다면 내담자로 하여금 어떤 상담자와 상담할지를 선택할 수 있게 해 주는 것도 중요하다. 한 명의 상담자와 지속적으로 접속하고자 하는 내담자의 욕구를 채울 수 있는 방안도 검토되어야 한다.

- 사이버상담이 다룰 수 없는 문제가 무엇인지를 알리고, 비밀보장의 한계(예, 아동학대, 자해, 타살, 자살의 시도)와 온라인의 한계(예, 해킹 피해 등)를 공지한다.
- 사이버상담을 시작하려고 할 때는 전문가들 간에 노하우를 공유하고 공동시설 및 정보를 활용하여 시너지 효과를 낼 수 있는 단체에 가입하는 것이 좋다. 1997년에 창설된 온라인 정신건강 국제협의회(International Society for Mental Health Online, ISMHO)는 온라인 의사소통의 이해, 사용, 발달 증진을 위한 것이며, 세계적인 정신 건강 공동체를 위해 정보와 기술 개발을 증진하기 위한 공동체이다. 현재 사이버상담 분야의 많은 연구와 토론들이 이 공동체의 구성원들로부터 나오고 있다.

③ 사용자 친근성과 최신화(update)의 용이성

상담에 새로운 테크놀로지를 도입할 때는 그것을 통해 상호작용이 얼마나 가능하고 용이하며, 사용자가 이용하기에 편리한가를 고려해야 한다. 인터넷을 통해 사용자들은 실시간 채팅상담, 게시판 상담, 전자우편 상담, 데이터베이스를 활용한 상담 등 시공을 초월한 여러 가지 메뉴의 상담을 받을 수가 있다. 사용자의 편의에 따라 취사선택할 수 있으며, 어떤 메뉴를 선택하느냐에 따라 상호작용의 유형이나 빈도가 달라질 수 있다. 어떤 유형의 상담을 이용하든 간에 내담자가 이용하기에 편리한 방법으로 상담이 이루어져야 하며, 내담자가 필요로 하는 도움을 실제로 받을 수 있어야 한다. 개발자 입장에서 볼 때는 동영상이나 그래픽을 화려하게 사용하여 사용자의 관심을 끌고 싶어지겠지만, 대다수 이용자가 가지고 있는 컴퓨터나 네트워크의 사양을 고려하여 이용자의 컴퓨터 용량을 넘어서서 불편을 초래하는 일이 없도록 유의해야 한다.

사이버상담실에 올려 있는 자료들은 최신화가 용이해야 한다. 시간이 지나도 자료가 바뀌지 않은 채로 있다면 이용자들이 식상하여 더 이상 그 사이트를 찾지 않을 것이다. 더 나아가서는 시간이 지남에 따라 정보 자체에 오류가 발생할 수 있다. 진로정보의 경우 교육제도나 입시제도가 변화함에 따라 내담자의 지역에 따라 차이가 있으며, 상담실에서 제공하는 정보는 내담자가 이용하는 시점에서 최신의 정확한 정보가 확보되어 있지 않은 경우 오히려 내담자에게 해를 미칠 수가 있다. 이에 상담 메뉴의 최신화가 수시로 자유롭게 이루어질 수 있도록 만전을 기해야 한다. 최신화의 용이성에는 기술적인 용이성뿐만 아니라 경제적인 요소, 시간적인 요소도 모두 포함이 된다(한정선, 1999).

요약

1. 사이버상담 분야는 지금까지 해 온 일보다 앞으로 해야 할 일이 더 많다. 특히 상담의 전문가들은 사이버매체를 자연스럽게 활용하기 이전의 세대에 속한 사람이 대부분이고, 사이버매체를 자연스럽게 활용하는 신세대들은 아직 상담전문가로서의 훈련을 받고 있는 중인 사람이 대부분이다. 시간이 지나면서 사이버매체에 활용에 능숙한 상담전문가가 배출되기 시작하면, 사이버상담의 많은 과제들이 수행될 것으로 보인다.
2. 사이버상담자는 사이버 문화에 대한 개방적인 태도를 가져야 한다. 사이버 문화의 특성에 대하여 개방적으로 이해할 수 있을 때, 사이버상담의 내담자에 대한 이해도 깊어지며, 아울러 점차 사이버매체와 친숙한 세대들로 구성

되고 있는 대면상담 내담자에 대한 이해도 깊어질 것이다.

3. 사이버상담 분야가 아직 발달의 초창기에 있는 만큼 사이버상담자는 사이버상담 실무에 대한 노하우를 축적해 가야 하고, 정보커스터마이징에 능숙해져야 하며, 정보화 시대에 새롭게 등장하는 문제들에 대하여도 넓은 시각으로 이해하고 해결방안을 모색하는 적극적인 자세를 가져야 한다. 다양하고 복합적인 상담메뉴를 개발하고 보급하기 위해 컴퓨터 분야 전문인력과 적극적으로 의사소통해 나가야 한다. 사이버상담이 상담의 전문영역으로 자리매김하기 위해서는 과학적인 연구들이 뒷받침되어야 한다. 사이버상담의 구조에 대한 연구, 사이버상담의 과정 및 성과에 대한 연구 등이 기초연구와 응용연구를 막론하고 풍부하게 진행되어야 한다.
4. 사이버상담의 전문가 양성 또한 시급한 과제이다. 사이버상담 전문가는 대면상담에서 확보할 수 있는 많은 맥락단서들과 장기간의 회기 진행이 없이 내담자의 변화를 일으켜야 하기 때문에 상담과정에 대한 통제능력과 통찰력을 대면상담자보다 더 갖추고 있어야 한다. 민첩한 판단력, 사이버매체 활용능력, 글솜씨 등 사이버 상담자만이 독특하게 갖추고 있어야 할 능력들이 있기에 사이버상담 전문가는 대면상담 전문가와 별도로 양성되어야 한다.
5. 사이버상담의 운영 또한 전문적이고 체계적으로 이루어져야 한다. 익명의 내담자에게 상담자를 얼마나 공개할지, 상담 서비스를 어떤 형태로 전달할지, 전문상담에 대한 비용청구는 어떻게 시도되어야 할지, 사용자 친근성을 어떤 방식으로 확보해야 할지 등이 사이버상담의 효과적인 운영을 위해 고려되어야 할 내용들이다.

과 제

1. 사이버문화에 대한 자신의 태도를 점검해 보자. 네트워크나 장비 등 새로운 사이버매체가 등장하거나 새로운 방식의 사용법이 요구될 때 호기심을 느끼고 적극적으로 사용하는 편인가? 정서적으로 불편하고 이전 계기를 사용하던 방식을 고수하려는 편인가?
2. 정보커스터마이징이란 무엇인가? 인터넷에 정보가 많이 있으므로 내담자 스스로 자신을 위해 정보를 찾아 활용하도록 내버려 두는 것이 효과적이라고 생각 하는가? 상담자가 찾아서 내담자에게 직접 도움이 되도록 정리해 주는 것이 효과적이라고 생각하는가? 정보커스터마이징의 필요성에 대하여도 토론해 보자.
3. 사이버상담이 좀 더 많은 사람들에게 보급되기 위해서 어떤 점들이 개선되어야 할지를 사용자 친근성의 측면에서 검토해 보자. 어떤 메뉴들이 어떤 방식으로 운영되면 내담자가 사이버상담 사이트를 더 자주 활용할 수 있게 될 것인가? 필요하다면 관심 있는 사이버상담 사이트를 비판적으로 검토할 수도 있다.
4. 사이버상담 사이트에서 상담자의 실명과 연락처를 공개하는 것에 대한 의견은 어떠한가? 익명의 내담자이지만 상담자-내담자 관계형성을 위해 상담자의 개인정보를 공개하는 것이 좋다고 생각하는가? 또는 상담자 보호를 위해 상담자 개인신상정보를 공개하지 않는 것이 좋다고 생각하는가?
5. 사이버상담이 유료로 진행되는 것에 대한 독자 각각의 의견은 어떠한가? 사이버상담 사이트를 유료로 운영한다면 어느 정도의 상담료가 적절하다고 생각하는가?

11장

사이버상담의 전망

이 장에서는 사이버상담의 전반적 전망과 학교 사이버상담의 가능성을 논의한다. 사이버상담이 학문적으로 발전하지 않더라도 정보화사회가 진행되면서 사이버상담의 양적팽창은 가속될 전망이다. 사이버상담은 현대인들에게 상담의 역할을 정확하게 홍보하는 역할도 톡톡히 할 것이다. 대면상담을 받으러 오는 모험을 감행하기 전에 사이버상담을 통해 상담의 효과를 시험 삼아 검증해 보려는 내담자들도 늘어날 것이다. 이런 점에서 볼 때 정보화 시대 잠재적 내담자들과 대면상담 활동을 연결하는 출구로서의 기능을 담당하는 것도 사이버상담의 중요한 역할 중의 하나가 될 것이다. 사이버상담 사이트를 잘 가꾸고, 체계적이고 질 높은 서비스로 내담자들을 맞이하도록 전문가들이 관심을 갖는 것은 사이버상담의 전망을 밝게 할 뿐 아니라 대면상담을 통해 사람들을 도울 수 있는 길도 넓히는 방법임을 인지해야 할 것이다.

> 온라인상담은 계속적으로 성장하고 있고, 더 많은 치료자들이 온라인상담을 제공하는 데 경험을 쌓고 있으며, 온라인상담으로 도움을 받았다는 사람들이 늘어나고 있다. 심리학적 공동체는 사람들에게 온라인상담을 가장 최선으로 제공하는 방법을 지속적으로 탐구해야 한다.
>
> (Derrig-Palumbo & Zeine, 2005: 115)

1. 사이버상담의 전망

시간이 지날수록 정보화 사회가 성숙되고 정보화 사회에서 태어난 세대들이 성장하고 있다. 사이버상담의 존재와 자연스러운 사용에 대한 인식은 점차 증대될 것이며 따라서 사이버상담의 수요도 자연스럽게 증가하게 될 것이다. 그런 점에서 본다면 사이버상담의 사업적 전망은 낙관적이다.

일단 수많은 상업사이트들에서 각기 상담 코너를 마련하여, 고객들의 고민을 상담하면서 회사 이미지 제고를 고려하고 있다. 이런 경우는 논외로 하더라도 각 의료기관 및 상담기관에서 사업 아이템 중 하나로 사이버상담 사이트를 운영하고 있다. 각급 학교에서는 학교수업과 사교육으로 인해 바쁜 우리나라 청소년의 현실을 고려하고, 학교상담이 갖는 프라이버시 보장의 한계를 극복하기 위하여 사이버상담코너를 마련하고 있다. 미국에서는 많은 상담자들이 사이버상담자로서의 직업을 갖고 있으며, 이들 개인 상담자에게 상담 소프트웨어를 제공하는 회사가 등장하고 있을 정도다.

그러나 사이버상담이 면대면상담의 보조도구로서 또는 면대면상담보다 효과는 덜 하지만 편의성 때문에 사용되는 '어쩔 수 없는 방법' 으로 남을 수도 있다. 사이버상담이 전통상담의 보조수단으로서 존재할지 또는 독자적인 상담영역으로서 전통상담으로는 해결하기 어려웠던 문제들을 해결하는 데 탁월한 효과를 낼 수 있는 방법으로 증명될 것인지는 사이버상담자들의 꾸준한 노력의 정도에 따라 달라질 것이다. 첨단 과학기술의 발전을 적극적으로 활용하여 사이버상담이 갖는 독특성을 발휘함으로써 면대면상담에서 접근하기 어려웠던 문제들에 접근하여 해결하고 내담자의 성장을 도와줄 수 있을 것임을 예견할 수 있는 예들은 적지 않다.

현재 빠른 속도로 발전되고 있는 가상공간의 3차원 영상과 음성 투입기술 또한 사이버상담에 큰 영향을 미칠 것이다. 예를 들어 가상의 파티에서 사회 공포증 환자의 상태를 진단하고 처치를 할 수 있을 것이다. 고소 공포증 환자를 가상의 승강기에서 치료할 수 있을 것이다(Hodges et al., 1995). 집단따돌림과 같은 문제들에 대하여 피해자를 위한 자기존중감 증진 및 자기주장 프로그램과 가해자를 위한 공감력 증진 프로그램을 다채롭게 개발하여 인성교육 프로그램으로 보급할 수 있을 것이다.

이미 컴퓨터공학의 발달로 인해 NASA는 우주 정거장 같은 격리된 작업공간의 영향을 검토할 수 있게 되었고, 격리로 인한 심리적 붕괴를 검토하고 막기 위하여 가상공간에 인간의 모습을 출현시키는 실험을 하고 있다(Goss & Anthony, 2003). 촉각을 느낄 수 있는 의상들(Haptic bodysuit: 몸에 꼭 붙는 가상 촉각이 가능한 옷)이 멀리 떨어져서도 동일한 가상공간을 점유하는 것을 가능하게 해 주어서 촉각적인 피드백이 있는 가상 환경에 전적으로 몰입할 수 있게 해 줄 것이다. 예를 들어 외상 후 스트레스 장애를 겪고 있는 베트남 전쟁 퇴역군인에 대한 연속 기록을 제공함으로써 가상공간은 그들의 신체적 심리적 과정에 대한 연구를 할 수 있게 해 줄 것이다. 내담자에게 체계적 감감법을 실시하면서 신체적 반응과 호흡조절을 평가할 때 불안 유발 자극들에 대한 반응이 진전되고 있는지를 측정하는 데도 활용될 수 있다.

아바타(avatars) 또한 컴퓨터가 만들어 낸 다양한 자기표상으로서 정신건강 환경에서의 사용가능성이 유망하다(Anthony & Lawson, 2002). 아바타 치료의 발전은 어떤 내담자들은 익명의 안전하고 편리한 서비스를 전통적인 면대면 치료보다 좋아할 것이라는 전제에 기초한다. 원격 치료자가 실시간으로 아바타를 조종할 수 있고, 내담자에게 아바타를 통해 말하면서 온라인 치료회기를 가질 수 있다는 것이다.

공학 발달의 가속화는 상담과 심리치료 분야에서 그것이 어떻게 활용되고 접근될 수 있을지에 대한 새로운 생각들을 끊임없이 하게 해 준다. 이러한 공학적 업적을 사용하여 상담과 심리치료에 긍정적인 효과를 얻느냐 하는 것은 기술 자체가 아니라 그것으로 인한 의사소통을 얼마나 잘 발달시키느냐에 있음을 잊어서는 안 된다. 기술공학은 의사소통을 촉진할 수는 있지만 창조하지는 못한다. 언어적 치료가 기술공학 분야의 발달로 인해 어떻게 변화될 것인지 예측할 수는 없다. 적절한 상황에서 전문적이고 책임감 있는 윤리적인 방식으로 공학적 서비스를 제공할 책임이 사이버상담자들에게 있다. 공학적 발전의 성과가 상담활동에 긍정적이고 유익하게 사용될 수 있는 방법을 탐색하는 연구기반을 확실히 하는 것이 필요하다(Anthony & Goss, 2003: 207).

2. 학교 사이버상담의 전망

1) 사이버상담의 학교적용 가능성

과중한 업무시간, 늘어 가는 내신비중, 성과 내지는 성적 위주의 평가문화가 지배적인 학교 장면에서 사이버상담의 시간 초월성, 공간 초월성, 익명성 등 여러 특징들은 학생상담의 한 가지 대안이 될 것으로 보인다.

시간 초월성은 매일 만나면서도 개인적인 대화를 나눌 시간은 내지 못하는 교사와 학생의 상황에 적절하다. 교사와 학생은 매일 만난다. 그러나 주로 교과교육을 위해 만나는 것이고, 학생 다수 대 교사 1명이 만나게 되니 서로에 대한 개인적인 관심은 표현할 기회가 없다. 학생이 용기를 내어 선생님을 찾아가면 일과 중일 때가 많다. 교사가 열심을 내어 수업 후에 학생상담을 하려다 보면 이제는 학생 쪽에서 집으로 또는 사교육장으로 향해야 한다. 학생에게 관심이 있어도 상담해 주지 못하고, 교사에게 의논하고 싶어도 마음을 터놓지 못하는 일이 시간적인 제한으로 인해 비일비재하게 일어난다.

공간 초월성은 교사와 학부모 간의 상호작용을 가능하게 한다. 특히 맞벌이 부모가 많은 요즈음에는 자녀에 관한 상담을 위해서 직장을 휴가 내야 하는 부담에서 벗어나게 해 준다. 이혼율의 증가로 어느 한쪽 부모와 떨어져 살아야 하는 가정의 경우 사이버상담의 공간 초월성은 멀리 있는 부모와도 자녀에 대한 대화를 나눌 수 있게 해 주기도 한다.

익명성은 학생이나 교사의 입장 모두에서 이중관계를 극복하는 좋은 방법이다. 학생은 선생님이 자신의 약한 면들을 알게 되면 평가에 영향을 받을까 봐 두려워하다 보니 선생님 앞에서는 꾸며진 모습을 보이려 하게 되고, 이러한 상호작용은 상담의 기본조건인 심리적 '접촉'을 방해한다. 사이버상담을 할 때는 ID로 접속을 하게 된다. 물론 실명 회원제라서 ID를 사용한다 할지라도 학생의 이름을 얼마든지 알 수 있다. 그러나 글을 작성할 때 자신의 이름을 직접 사용하는 것이 아니라 ID라는 간접적인 표현방식을 사용할 때의 표현의 자유에는 차이가 있다. 또한 글로 쓰다 보니 작성하는 사람의 노력에 따라 감정을 정제하여 기술할 수 있다. 진솔하게 마음을 터놓으면서도 예의를 지키거나 전달해야 할 말을 충분히 기술했는지를 검토하기가 유리하다.

2) 사이버상담 적용의 장애

그러나 정작 어느 학교든 학교 홈페이지가 활성화되는 곳은 거의 없다. 홈페이지 상에 상담실 메뉴는 가지고 있지만 정작 방문해 보면 단 한 편의 글도 없는 경우가 대부분이다. 교사도 학생도 상담실은 단지 홈페이지를 장식하는 하나의 메뉴에 불과하다고 여기는 상황이다. 여기에는 사이버상담 또한 과중한 업무 부담을 늘리는 또 하나의 작업이라는 것, 익명성의 부작용, 사이버상담 방법이 아직 많이 보급되지 않았다는 것 등이 원인으로 작용한다.

사이버상담이 시공을 초월하는 방법으로서, 교사들의 업무시간 외에도 응답할 수 있다는 점은 장점이다. 그러나 응답을 언제 작성하든 그것은 교사의 노력을 요구한다. 근무시간 외에 상담내용을 읽고 답을 작성해야 한다는 것은 적지 않은 부담이다. 일단 여가, 자기개발 내지는 가족과 함께 보낼 수 있는 시간을 학교 일에 들여야 하는가에 대한 갈등이 생긴다. 또 상담의 내용들은 대개 단순하지가 않기 때문에 읽고 나면 마음을 무겁게 하기도 한다. 게다가 맡고 있는 학생 여러 명의 갈등과 연루된 내용이면, 연루된 학생 여러 명 각각의 심리상태를 추리하고 보살펴야 하는 부담이 적지 않게 생긴다. 시간적으로나 심리적으로나 사이버상담실을 지속적으로 운영하는 것은 결코 쉽지 않은 일이다.

간혹 익명성을 오용하여 사이버상담실이 사실과 다르게 학교 비리나 교사의 비리를 폭로하는 장으로 사용되는 경험이라도 하게 되면 마음의 부담을 느끼는 정도가 아니라 상처를 받게 된다. 학교에서 있었던 부정적인 경험을 학생 입장에서 나름대로 잘못 해석하여 교사의 탓으로 돌리고, 그것의 현실성 여부를 헤아리지 않은 채 무분별하게 공개 게시판에 올려 버리는 학생들로 인하여 고통받는 교사들도 간혹 있다. 이쯤 되면 교사 개인의 측면에서나 교육적인 측면에서나 사이버상담 서비스는 노력을 들여 유지할 필요가 없는 일로 여겨질 수 있다.

또한 교과교육을 전공한 교사들은 상담에 익숙하지 않다. 사이버상담의 응답결과는 서버에 저장되고, 메뉴에 따라서 많은 사람들에게 공개될 수 있다. 자신의 상담결과를 공개하고 공개 상태를 오래 유지하는 것 또한 적지 않은 부담이다. 결국 사이버상담실을 학교에서 운영하는 것은 고생스럽고, 부담스럽고 마음에 상처까지 줄 수 있는 일을 일부러 벌이는 셈이 된다.

3) 여전히 필요한 사이버상담 활동

그럼에도 불구하고 학교에서 사이버상담실은 운영되어야 한다는 게 필자의 생각이다. 교사와 학생은 가장 가까이에 있으면서도 가장 먼 사이라는 것이 발견될 때는 특히 그렇다. 몇 가지 예를 들어 보면 사회 상담기관 상담자들이 진행한 학생상담 사례협의회에 교사들이 참석하는 경우가 있다.

그 자리에서 간혹 벌어지는 일은, 교사들은 학생들이 그런 고민을 하고 있는지를 전혀 알지 못했다는 것이다. 가정불화로 인해 극심한 심리적 고통에 시달리는 학생, 성폭행의 아픈 기억 속에서 갈등하는 학생, 집단따돌림의 대상이 되어 죽음까지도 생각하는 학생, 학교 다니기를 포기하고 자퇴하거나 전학 가는 학생 등의 사례가 논의된다. 물론 학교 현장에서 하나의 사건 목록들로는 다뤄져 왔던 것들이라 한다. 그러나 한 줄짜리 '사건 목록' 하나하나에 숨겨진 큰 고통들이 적나라하게 드러나는 사례들을 보면서는 매우 생소해한다.

각각의 사례가 발표되는 장면에서 참석자들이 보이는 주관적 반응들은 여러 가지다. 교사들의 무관심에 대한 비판, 인성지도의 중요성에 대한 강조, 자책감의 호소, 과중한 행정업무 부담이 점점 늘어가는 체제에 대한 비판, 왜 교사만의 책임이냐는 방어 등 모두들 마음은 착잡하지만, 발표된 사례가 가공이 아닌 현실의 내담자를 다룬 것인 만큼 이에 대한 이해와 대책, 예방책을 마련하기 위한 노력이 반드시 있어야 한다.

그리고 그 대안 중 하나가 사이버상담일 수 있다는 것이다. 일상에서는 교사가 바쁜 일과에 밀려서 자칫 학생 개개인에 대한 관심이 소홀해질 수 있다. 특히 학생의 고통이 신체적인 외상이나 명백한 비행 등으로 드러나지 않을 때는 일일이 관심을 기울이는 것이 불가능하다. 학생들도 이 사실을 안다. 다른 일로 바쁜 선생님을 보면서 개인적인 이야기를 꺼내는 것이 쉽지 않다. 사이버상담은 학생들로 하여금 편안한 자기노출을 가능하게 해 준다. 선생님 시간이 나실 때 글을 읽으실 것이라는 생각에 부담 느끼지 않고 말할 수 있다.

개개의 학생들이 자신의 이야기를 올리지만, 교사 입장에서는 많은 학생들이 올린 글을 읽을 수 있기 때문에 어느 정도 상황의 객관성을 확보할 수 있다. 올린 글에 대하여 교사가 신중하게 읽고 응답하며, 비밀보장을 해 준다는 확신이 선다면 더 많은 학생들이 사이버상담실을 이용하게 될 것이다. 사이버상담은 마음의 대화가 이뤄지기 어려운 물리적, 심리적 여건에 놓인 공교육의 현장에서 교사와 학생을 이어 주는 또 하나의 통로가 될 수 있다.

4) 학교 사이버상담 운영방안

현재 교직원 구성으로는 그 일을 감당하는 것이 어렵다면 효과적인 대안들을 찾아볼 수 있겠다. 웹프로그램 관련기술의 발달로 인해 사이버상담 사이트를 제작하는 작업은 손쉬워졌다. 그러나 사이버상담 사이트를 운영하는 일은 여전히 상담자들의 지속적인 관심과 손길을 요한다. 일단 사이트를 열었으면 매일 들어가서 상담요청에 응해야 한다. 탈억제 상태에서 학생들이 무분별하게 올린 글을 삭제하고 해당 학생에게 비공개 답변을 실시해야 한다. 실사작업과 대응을 요하는 글일 경우 사후 관리에 적지 않은 시간과 노력을 들여야 할 수도 있다. 사이트 최신화 작업도 지속적으로 진행해야 한다. 이런 여러 가지 일들은 교사들이 현재 업무를 소화하면서 덧붙여서 사이버상담 사이트를 운영하는 것은 현실적으로 무리한 작업일 수 있다. 더구나 사이버상담은 대면 대화에 비하여 아직 생소한 작업일 수 있고, 말로 하던 내용을 글로 작성해야 하며, 상담기록이 사이트에 저장될 것까지 염두에 두어야 하므로 부담스러운 작업일 수 있다. 각급 학교에 전담상담교사가 배치되지 않는 한 사이버상담실을 충실하게 운영하는 일은 현실적으로 쉽지 않은 일이다.

현재로서는 같은 지역의 학교끼리 연대하여 하나의 사이트를 만들고 운영하는 것도 하나의 방법이다. 현재 교육청에 배치된 순회상담사들이 해당 교육청 관내의 학교들을 위하여 사이버상담을 실시할 수도 있을 것이다. 각 학교에서는 현재와 같은 방식으로 학교 홈페이지 메뉴에 사이버상담실을 열되, 여러 학교의 홈페이지에 있는 사이버상담실 관리는 한 사람이 맡는 것이다. 사이버상담 담당자는 개인적인 응답이 필요한 사례의 경우 개인적인 응답을 해 주고, 학교측과의 협의가 필요한 사례의 경우 각 학교의 상담선생님과 의논하여 조치를 취하고, 비방이나 명예훼손에 해당하는 글일 경우 그에 합당한 조치를 취하는 것이다. 이러한 사이버상담의 작업을 통해 얻게 된 각 학교 학생들의 심리적 현실들을 사이버상담 보고서로 작성하여 학교장에게 피드백하면 학교에서는 인성지도의 참고자료로도 활용할 수 있을 것이다.

또는 학교상담 자원봉사자들을 활용할 수 있을 것이다. 교육청별로 몇 개의 학교에 대하여 상담자원봉사자를 활용할 수 있는 예산을 지원하고 있는데, 자원봉사자를 상담 전공 출신이거나 현재 상담을 배우고 있는 대학원생들로 선발하여 사이버상담실 운영을 맡길 수도 있다. 물론 자원봉사자는 권한이나 의무를 전적으로 질 수 없는 신분이기 때문에 각 학교의 진로상담부장이 자원봉사자의 작업을 관리하고 지지하면서 작업의 질을 통제해야 한다.

현재의 학교 체제에서 사이버상담실을 원활하게 운영하는 데는 여러 가지 무리가 따르고 별도의 노력이 필요하다. 그러나 사이버상담의 익명성, 탈억제성, 시공의 초월성, 문자기반 의사소통 등은 학생들로 하여금 자신의 심리상태를 가장 편안하고 솔직하게 털어놓게 하는 매체다. 교사로서는 사이버상담 자체가 학생들을 위한 인성지도일 뿐 아니라 학생들의 심리상태와 집단역동을 깊이 있게 이해할 수 있는 인성지도 자료를 얻게 하는 방법이다. 그래서 현실적으로 어렵다 할지라도 교사-학생 간의 대화를 촉진하고, 학생들을 충분히 이해한 상태에서 지도할 수 있기 위해 사이버상담은 각급 학교에서 운영되어야 한다. 사이버상담을 친근하게 느끼고 편안하게 소화할 수 있는 여건이 마련된다면, 사이버상담실 운영에 따르는 현실적인 장벽들을 극복해 나갈 수 있을 것으로 여겨진다. 이를 위해서는 학교 운영자와 교사들을 대상으로 상담교육과 사이버상담 기법 교육의 장을 풍부하고 꾸준하게 마련해 주어야 한다.

요 약

1. 사이버상담의 양적인 팽창에 대한 전망은 밝다. 사이버매체의 사용이 생활화된 세대들이 자라나고 시간의 흐름에 따라 점점 더 많은 사회 구성원들이 사이버세대로 채워지게 될 것이다. 이들에게 상담서비스가 필요하다면, 대면상담보다 먼저 사이버상담을 찾게 될 것이다. 사이버상담은 심리적 부담도 덜하고 시공의 초월성으로 인해 저항 없이 상담서비스에 접근하게 하는 힘이 있기 때문이다.
2. 사이버상담의 질적인 향상에 대한 전망은 상담분야 종사자들이 어떻게 대처하느냐에 따라 달라질 것이다. 사이버매체의 활용은 실생활에 일반적으로 파급되어 있지만, 사이버상담이 삶의 질 향상·주관적인 안녕감 증진, 긍정적인 변화 등 인간이 필요로 하는 여러 가지 요구에 부합하느냐에 따라 많은 잠재적 내담자들이 사이버상담에 접근할 수도 있고 외면할 수도 있을 것이다.

3. 그럼에도 불구하고 시대변화의 자연스런 흐름은 사이버상담이 점차 보편화 되는 추세로 갈 것이기 때문에, 사이버상담은 상담전문가들에 의해 질적인 도약을 이루고, 21세기 인류의 삶의 질 향상에 공헌하는 전문영역으로 성장해 가야 할 것이다.
4. 사이버상담은 시공의 제약을 초월하게 해 주고 익명적인 특징으로 인해 교사와 학생 간의 개인적 상호작용을 확보하게 해 주며 학교에서의 인성지도를 위한 기초자료를 확보하는 효과적인 방법이다.

과제

1. 사이버상담과 대면상담의 관계는 어떠하다고 보는가? 사이버상담이 대면상담을 대치할 수 있다고 보는가? 또는 사이버상담은 상담활동을 인터넷 이용자들에게 널리 알리는 효과가 있다고 보는가? 사이버상담이 오프라인 상담에 미치는 영향은 어떠하다고 보는가?
2. 대면상담으로는 달성하기 어려운 상담효과 중 사이버상담으로 달성 가능한 것은 어떤 것들이 있을지 각자가 생각해 본 후 세 가지 이상씩 발표해 보자.
3. 사이버매체를 통한 슈퍼비전은 대면상담과 어떠한 차이가 있는지 논의해 보자. 실제 경험이 있는 사람은 경험을 토대로 하여 이야기한다. 사이버매체의 익명성, 비언어적 단서의 부재, 기록 용이성, 문자기반의 의사소통 등이 슈퍼바이저와 슈퍼바이저의 경험에 어떤 영향을 미칠 것인가 ?
4. 사이버상담자가 갖추어야 할 자질에는 어떤 것들이 있는가? 본문의 내용을 토대로 점검하고, 본문에 나타난 것 이외에 어떤 것들이 있을지 더 발굴해 보자.
5. 각급 학교에서 사이버상담실을 활성화시키기 위한 방법을 구체적으로 논의 해 보자. 운영인력 확보방안과 사이버상담 운영 시 상담자가 유의해야 할 사항에는 어떤 것들이 있는가?

사이버상담 사이트 자료

1. 국내 사이버상담 사이트

1) 청소년상담

www.kyci.or.kr: 한국청소년상담원. 청소년 종합 사이버상담 사이트. 청소년위원회 산하 한국청소년상담원에서 운영하고 있는 전문상담 사이트. 이 외에도 14개 시도 시군구 청소년상담실에서는 사이버상담사이트를 운영하고 있음.

2) 종합상담

www.counpia.com: 카운피아. 남녀노소 누구나 이용할 수 있는 종합상담사이트. 민간 사업체며, 각종 상담관련 연수사업을 병행하고 있음. 해외 진로상담 사이트

3) 성상담

www.ppfk.or.kr: 인구보건복지협회에서 운영하는 전문가 상담사이트. 청소년을 대상으로 피임, 임신, 성발달 관련 정보들을 제공한다. 전문가들이 중심이 되어 청소년 성의 건전한 발달을 위하여 상담 서비스를 실시하고 있다. 이 외에도 청소년을 위한 성상담 사이트 들은 다음과 같다(김현정, 2004).

* 구성애의 아우성(www.ausung.net)
* 내일청소년상담소(www.youth-n.com)
* 성교육 전문 사이트(www.ahsex.org)
* 소아청소년정신건강클리닉(drchoi.pe.kr)
* 아! 섹스(www.ahsex.org)
* 아하! 청소년 성문화센터(aha.ymca.or.kr)

* 알고 싶은 성(www.guidance.co.kr/newsite/clinic/sex05.asp)
* 정광자의 성상담교실(www.niceyou.pe.kr)
* 청소년 세계(www.youth.co.kr)
* 청소년폭력예방재단(www.jikim.net/jikim/indexintro.asp.)
* 한경숙의 청소년상담실(www.myrest.co.kr/htm/frm_main.htm)
* 한국성문화연구소(www.yline.re.kr)
* 한국성폭력상담소(www.sisters.or.kr)
* 한국여성의 전화 연합(www.hotline.or.kr)
* 한국청소년상담원(www.kyci.or.kr)
* 한국성폭력위기센터(www.rape119.or.kr)
* 함께 풀어가는 성이야기(www.edugender.or.kr)

4) 응급상담

www.lifeline.or.kr: 생명의 전화 사이버상담실. 자원봉사 상담원을 주요 인력으로 하여 게시판 상담 중심의 사이버상담을 시행하고 있다. 생명의 전화 사이트에 게재된 호소 문제를 전국의 지부의 자원봉사자에게로 발송하여 응답내용을 수합하고, 수합된 응답메일의 질을 검토하여 중앙생명의 전화에서 내담자에게 발송한다.

5) 진로상담

www.careernet.re.kr: 커리어넷. 한국직업능력개발원이 운영한다. 학교급별 진학정보, 진로관련 무료 표준화 심리검사를 제공하며, 진로상담 서비스도 실시한다.

www.work.go.kr: 워크넷. 중앙고용정보원이 운영한다. 성인을 위한 구인 · 구직 사이트에서 출발하여, 현재는 대상을 청소년과 노년에게까지 확대시켰으며, 구인 · 구직뿐 아니라 무료 표준화 심리검사와 심리상담 서비스도 제공한다.

6) 인터넷 중독 예방상담

http://www.iapc.or.kr: 인터넷중독예방상담센터. 한국정보문화진흥원이 운영한다. 인터넷 중독 자가진단척도를 비롯하여 인터넷 중독관련 정보들을 폭넓게 제시한다. 전국 체신청에 지부를 설치하여 내방 상담서비스와 함께 학교 파견 집단상담을 실시하기도 하고, 사이버 인터넷 중독 치료센터를 운영하기도 한다.

2. 해외 사이버상담 사이트

* Association of Computer-Based Systems for Career Information (http://www.acsci.org)
* Competencies in Assessment and Evaluation for School Counselors (http://www.aac.uc.edu/aac/Resources/documents/atsc_cmptncy.htm)
* Ethics in Assessment (http://www.ed.gov/databases/ERIC_Digests/ed391111.html)
* Guidelines for the Use of the Internet for the Provision of Career Information and Planning Services (http://ncda.org/about/polnet.html)
* Multicultural Assessment Standards (http://www.aac.uc.edu/aac/Resources/documents/mcult_stds.htm)
* National Board for Certified Counselors Code of Ethics (http://www.nbcc.org/ethics/nbcc-code.htm)
* National Career Development Association (http://ncda.org)
* National Career Development Association Career Software Review Items (http://ncda.org/about/polsrg.html)
* National Career Development Association Ethical Standards (http://ncda.org/about/poles.html)
* Services by Telephone, Teleconferencing and Internet: A Statement by the Ethics Committee of the American Psychological Association

(http://www.apa.org/ethics/stmnt01.html)

* Standards for the Ethical Practice of Web Counseling

(http://www.nbcc.org/ethics/wcstandards.htm)

출처: Zunker. V. G. (2002). *Career Counseling: Applied Concepts of Life planning*(6th ed.) (pp. 612-613). CA: Brooks/cole.

용어정리

가상공동체(virtual community) 컴퓨터 통신망이 낳은 현존하지 않는 가입자 간의 사회를 지칭한다. 컴퓨터 통신망 자체를 가리키기도 한다.

가상현실(virtual reality, VR) 현실의 3차원 공간이라는 착각을 불러일으키기 위한 진보된 형태의 3차원 그래픽. 가상현실감(컴퓨터가 만들어 낸 현실과 흡사한 환경의 체험과 그 장치).

대면(face to face, f2f) 사이버스페이스와는 반대로 실제 세계에서 발생하는 개인 간 상호작용을 말한다.

광통신 (텔레비전이나 전화 따위의) 전기 신호를 레이저 광선에 실어 광섬유 케이블을 통해서 보내는 통신으로서 빛을 이용하여 정보를 주고받는 통신방식이다. 광통신은 구리선(銅線)보다 훨씬 양호한 상태의 정보내용을 수만 배까지 동시에 처리할 수 있어 통신망 확대에 결정적인 변화를 초래하였으며, 이에 광통신은 차세대 정보통신망의 핵심적인 기술이 되고 있다.

동시적(synchronous) 동시에 발생하는 것. 인스턴트 메시지(쪽지)나 채팅은 온라인에서 동시적으로 발생한다. 각 참가자들의 의사표현이 전달되는 그 속도만큼만 의사교환이 지체되고, 참가자들은 의사교환 당시에 모두 정보의 발신처와 수신처에 현존해야 한다.

램(random access memory: RAM) 정보를 기록하고 판독할 수 있는 반도체 기억장치인 고밀도 직접 회로 기억장치를 가리키는 용어다.

리스트서브(listserv) 미국의 L 소프트 인테내셔널사가 판매하는 우편 목록 관리자의 이름. 가장 인기 있는 우편 목록 관리용 소프트웨어의 하나. BITNET, 유닉스, 윈도우즈판 등 3종류의 판으로 판매되고 있다.

LAN(locan area network) 동일한 건물이나 인접한 건물에 있는 컴퓨터들이 서로 정보를 교환하고 공유할 수 있도록 연결시켜 주는 체계다.

메인 프레임(main frame) 중앙컴퓨터. 전통적으로는 중앙집중식으로 구성되었지만 오늘날에는 대형 서버를 통해 분산되어 있는 사용자들과 네트워크상의 소형 서버들을 지원할 수 있다.

문자기반 의사소통(text-based communication) 청자와 화자가 문자를 통해 서로 메시지를 주고받는 것. 음성 단서나 비언어적 단서가 배제된다.

비디오 컨퍼런싱(video-conferencing) 모니터에 상담자와 다른 사람들이 나올 수 있어서 구성원들이 대화하면서 서로의 모습을 볼 수 있다. 텔레비전의 원격 뉴스 리포터와 비슷하다(Bellafiore, Colón, & Rosenberg, 2004).

BBS(Bulletin Board System) 이용자들이 이메일이나 공개적 메시지를 서로 교환할 수 있도록 한 컴퓨터 장치. 일반 대중들이 인터넷에 접근할 수 있기 전 1990년대 초반에 널리 사용되었었다. Message Board 또는 Forum이라고도 한다.

비실시간(asynchronous) 동시에 발생하지 않는 것. 이메일이나 게시판 같은 비동시적 의사소통은 참가자들로 하여금 수신자와 송신자의 동시접속 가능성 여부에 구애받지 않고, 편리한 시간에 자신의 메시지를 작성하고 읽을 수 있도록 해 준다.

비언어적 의사소통(nonverbal communication) 말하는 언어를 제외하고 의사소통하는 모든 것과 신체언어를 말한다. 포즈, 몸짓, 의상, 인상, 표정 등이 속한다. 비언어적 의사소통은 서로를 정확히 읽고 이해하기 위해 중요한 방법이다. 전체적인 메시지를 이해하는 데서도 중요하며, 문자기반의 의사교환에서는 존재하지 않는다.

사용자 친근성(user-friendliness) 사용자의 편리성을 도모하기 위해 사용자 입장에서 서비스를 제공한다는 개념이다. 서버 컴퓨터에서 어떤 프로그램이나 정보를 제작할 때 내담자 컴퓨터의 사양을 적극 고려하여 내담자의 입장에서 가장 사용하기 용이한 사양에 맞추어 제작한다는 의미로 사용된다.

사이버상담(Cyber counseling) 사이버세계에서 이루어지는 상담. 실제 공간에서 이루어지는 대면상담과 대조되는 말로 인터넷에서 형성된 가상공간에서 이루어지는 상담이다.

사이버스페이스(cyberspace) 가상현실로서 컴퓨터 시스템을 활용해 연출해 내는 현실과 같은 상상의 3차원 세계인 사이버 공간이다. 인터넷, 컴퓨터 통신망이 만들어 내는 가상 사회며, 인터넷 · 컴퓨터 통신망 그 자체를 가리키기도 한다.

사이버테라피(cybertherapy) 이메일, 채팅 또는 화상회의(videoconferencing)를 통해 온라인에서 이루어지는 상담(Stofle & Chechele, 2004)이다.

서버(server) 클라이언트와 대응되는 개념으로서 클라이언트는 자료를 요청하는 컴퓨터고, 서버는 자료를 제공하는 컴퓨터다. 어떤 개인이 컴퓨터를 켜고 특정 사이트에 정보제공을 요청하였다면 그 개인의 컴퓨터는 클라이언트가 되고, 상대편 사이트가 가진 정보가 들어 있는 컴퓨터는 서버가 된다.

소프트웨어(software) 컴퓨터를 동작시키고 컴퓨터에 어떤 일을 처리할 순서와 방법을 지시하는 명령어의 집합인 프로그램과 프로그램의 수행에 필요한 절차, 규칙, 관련 문서 등을 총칭하는 용어다. 통상적으로 사용되는 프로그램과 같은 의미의 용어다. 컴퓨터 구성 요소 중에서 형체를 갖고 있는 하드웨어를 제외한 보이지 않는 무형의 부분을 소프트웨어라고 한다.

스마일리(smiley) 이모티콘이 사용되기 시작한 시기에는 웃는 모습이 대부분이었기 때문에 스마일리라고 부르기도 한다. 인터넷 채팅이나 이메일을 주고받을 때 자주 등장하는데, 의미를 모르면 상대방의 의도를 알 수 없다. 청소년들 사이에서 주로 이용되며, 사람의 얼굴 표정에서부터 인종, 직업, 인물, 동물에 이르기까지 종류와 형태가 다양하다.

CP(contents provider) 인터넷을 통해 고객에게 제공되는 정보의 내용을 제작하는 사람이나 기관. 주로 해당 분야의 전문가로 구성된다.

CPU(central processing unit) 컴퓨터 프로그램의 명령을 해독하고 실행하는 장치. 컴퓨터의 기억, 연산, 제어기능을 종합하는 것이다.

아날로그(analogue)**와 디지털**(digital) 어떤 수치를 길이나 각도 또는 전류 등의 연속된 물리량으로 나타낸 신호체계. 디지털은 손가락이란 뜻의 라틴어 디지트(digit)에서 온 말로서 어떤 수치를 0과 1로 표현할 수 있도록 한 신호체계다. 디지털 신호에서는 분명히 그 양을 측정할 수 있으나 아날로그 신호체계에서는 그 양을 분명히 가늠하기 어렵다. 디지털 신호의 대표적인 예로 막대그래프를 들 수 있고, 아날로그 신호의 대표적인 예로 곡선그래프를 들 수 있다.

아바타(avatar) 시각단서를 확보하기 어려운 컴퓨터 의사소통 공간에서 자신에 대한 시각적 표현을 가능하게 하는 상징적 표현을 말한다. 사전적 의미로는 인터넷의 음성 대화형 디지털 인물 화상이다. 인터넷 가상 세계(Virtual Community)에서 자신을 나타내기 위해 사용하는 애니메이션캐릭터. 고대 인도에서 신의 화신을 지칭하던 말로서, 사이버 공간에서 사용자를 대신하는 일종의 자기 상징 캐릭터다. 기존의 2차원으로 된 그림의 아바타에 현실감이 떨어지는 문제점을 보완하여 3차원 캐릭터가 등장하였다. 아바타는 현실세계와 가상공간을 이어 주며, 익명과 실명의 중간 정도에 존재한다. 그래픽기술이 향상되면서 서비스 제공자가 이미 만들어 놓은 기성품(ready-made)을 이용하는 것이 아니라 문자 ID처럼 사용자가 자신만의 개성 있는 아바타를 직접 만들 수 있는 아바타도 등장하였다.

IP(informaation provider) 각 분야의 정보를 수집하고 가공하여 통신망을 통해 고객에게 제공하는 사람이나 기관을 말한다.

ISP(internet service provider) 웹호스팅과 같은 인터넷 서비스를 제공하는 회사, 대개는 인터넷에의 접근권을 판매한다.

IT(information technology) 인터넷의 성장으로 이해 발달된 새로운 영역. 정보를 창조하고, 저장하고, 전시하며, 탐색하고, 사용하기 위해 온라인에서 의사소통하는 것과 컴퓨터를 사용하는 것을 포함한다.

암호(encryption) 인가받은 사람들에 의해서만 읽힐 수 있도록 만들어진 정보의 부호다.

HDD(hard disk drive) 하드디스크의 위치, 읽기, 쓰기, 저장 등을 제어하는 기억장치다.

HTML(hyper text markup language) 웹문서를 만드는 언어로서 오늘날 모든 웹문서는 HTML 형식을 따라 만들어졌다. HTML은 Hyper Text Markup Language

의 약자로 일반적인 문서를 하이퍼텍스트 문서로 만들어 주기 위한 정보가 포함되어 있다. 웹문서는 곧 HTML문서의 모음이라고 볼 수 있고, 웹서버는 HTML문서가 저장된 컴퓨터라고 볼 수 있다. 텍스트를 어떻게 구성할 것인지, 이미지를 어떻게 배치할 것인지, 또 하이퍼링크를 어떻게 만들 것인지 하는 부가적인 정보가 포함된 문서다.

오퍼레이션 시스템(operational system, OS) 시스템은 컴퓨터에서 필요한 기능을 실현하기 위하여 관련 요소를 어떤 법칙에 따라 조합한 집합체를 말한다. 오퍼레이션 시스템은 컴퓨터 프로그램의 관리체계로서 소프트웨어를 컴퓨터에서 구동시키기 위한 기본적인 구조로서의 역할을 하는 상위 개념의 소프트웨어를 말한다.

온라인 상담/온라인 테라피(online counseling/therapy) 컴퓨터나 전화 등 원격 의사소통 매체를 활용하는 상담과 치료를 말한다.

웹 브라우저(web browser) WWW로부터 내용을 받고 요청하는 목적으로 만들어진 응용 프로그램. 브라우저의 예로는 마이크로소프트 인터넷 익스플로러, 넷스케이프, 모질라 그리고 애플 사파리 등이 있다.

월드 와이드 웹(world wide web, www) 문서 사이의 이동을 자유롭게 하는 일종의 정보교환망이다. 현재 인터넷에서 하이퍼링크를 사용하여 문서 간 이동을 하는 기능을 많이 사용하는데, 그것이 바로 www다. 1990년 CERN에 근무하던 연구원들이 같은 분야를 연구하는 수많은 연구원들이 서로의 연구 성과와 정보를 더욱 쉽게 공유할 수 있다면 연구 성과는 훨씬 높아질 것이 분명하다고 확신하였다. 연구원들의 연구 자료와 정보들은 대개 텍스트와 그래픽이 혼합된 문서로 되어 있었으며, 한 가지 주제를 다룬 여러 개의 문서가 짝을 이루고 있었다. 따라서 이들은 문서를 바탕으로 하며, 문서 사이의 이동이 자유로운 웹서비스를 필요로 하였다. 이에 www 서비스를 만들어 냈고, 인터넷이 이로 인해 갑자기 폭발적인 인기를 끌게 되었다.

웹 상담(web counseling) 개별 단말기 간 통신망이 연결된 인터넷을 거미줄로 표현을 한 데서 웹이란 말이 사용되며, 웹 상담은 거미줄처럼 얽힌 통신망인 인터넷을 통한 상담을 가리킨다.

위성통신 중계소로 인공위성을 활용하는 장거리 통신 방법이다. 대기권 밖의 상공에 쏘아 올린 인공위성에 통신 중계기능을 가지게 하여 지구상의 어떤 지점에서나 통신을 할 수 있도록 하는 통신방법을 말한다. 이 방법을 사용하면 통신가능 구역이 넓어지고 고주파수대의 전파를 이용한 초고속 전송이 가능해진다. 지형에 구애받지 않고 넓은 지역에 동시에 전송할 수 있다는 장점이 있지만 전파 왕복 시간으로 인해 통신이 지연되고 보안성이 떨어지며, 태양전지 사용으로 인해 위성이 햇빛과 차단되면 순간적 통신두절 현상이 나타나기도 한다.

URL(uniform resource locator) 서버, 파일, 웹페이지, 뉴스그룹과 같은 인터넷상의 자원을 확인하기 위해 사용되는 부호(예: http://www.jj.ac.kr/index.html)다.

유즈넷(usenet) 인터넷 상의 뉴스그룹을 말한다.

이모티콘 컴퓨터 통신에서 자신의 감정을 나타내기 위해 사용하는 기호. 감정(emotion)과 아이콘(icon)을 합성한 말이며, 키보드에 있는 각종 기호와 문자를 조합하여 만든다. 예를 들어 웃는 얼굴(smiley face)은 :) 또는 :-)로 나타낼 수 있는데, 시계 방향으로 90도 돌려 보면 웃는 얼굴이 나타나게 된다. 일일이 글로 쓰기에는 쑥스럽거나 부끄러울 때 사용하면, 받아 보는 쪽에서는 재미를 느낄 수 있을 뿐 아니라 뜻을 빠르게 이해할 수 있다. 자칫 딱딱해지기 쉬운 컴퓨터 통신을 부드럽고 재미있는 분위기로 이끌 수 있다. 예를 들면 '^_^'는 웃는 얼굴, '*^^*'는 반가운 표정, '^^;'는 쑥스럽게 웃는 모습, '^0^'는 크게 웃는 표정, '?.?'는 황당하다는 표현, ':-)'는 기분이 좋다는 뜻, ':-('는 기분이 나쁘다는 뜻이다.

e-테라피(e-therapy) 내담자에게 온라인으로 정신건강 전문가에게 접근할 수 있는 기회를 주는 심리치료의 한 유형이다. 사이버상담의 또 다른 표현이기도 하다. 익명성, 자기성찰, 즉시성, 편의성, 낮은 비용을 강조 하므로 치료자와의 이메일 의사소통이 가장 자주 이용된다(Grohol, 2004).

이야기치료(narrative therapy) 내담자의 문제 상황 기술에 참여하여 긍정적이고 적극적인 관점으로 자신의 이야기를 재저술하거나 사건을 재평가하도록 돕는 치료적 접근방법이다.

인스턴트 메시지(instant message) 두 개인 간 동시적 온라인 의사교환으로서, 웹사이트와는 별도로 이루어지는 개인 컴퓨터 단말기로부터의 접근이다. 즉흥적으로 문자기반의 의사소통을 개인끼리 나누는 것을 말한다.

인터넷(internet) 인터넷은 전세계의 컴퓨터가 서로 연결되어 TCP/IP 규약을 이용해 정보를 주고받는 공개적인 컴퓨터 통신망이다. 최초의 인터넷은 1969년 미국 국방성 고등연구계획국(Advanced Research Projects Agency)이 주도한 알파넷(ARPANET)으로 처음에는 군사적 목적에 입각하여 패킷 교환 방식의 통신망을 연구하기 위해 개발되었다. 1982년에는 미국 국방부의 공용 네트워크인 국방 데이터 네트워크로 선정되었고, 1983년 1월 1일에 공식적으로 TCP/IP 프로토콜을 채택하였다.

컴퓨터 조력 상담(computer assisted counseling) 상담자와 내담자가 서로 같은 공간에서 만나 대화를 하는 것이 아니라 각자의 컴퓨터를 이용하여 서로 멀리 떨어져서 상담에 참가하는 것이다.

클라이언트(client) 서버와 네트워크로 연결되어 서버로부터 이메일, 저장된 파일, 서비스를 얻는 컴퓨터를 말한다.

탈억제(disinhibition) 학습이론, 행동주의 심리학, 신체 진단 등에서 나온 용어. 온라인에서는 이용자들이 자기보다 힘이 센 사람 또는 새로 사귀게 된 사람들에 대하여도 빠르게 자신을 개방하며 노출하게 되는 현상을 지칭한다. 타인이 심리적 세계에 쉽게 도달하는 데서 오는 흥분과 자유감의 조합이 탈억제를 타당화시키고 격려하며, 자기노출을 강화한다.

텔레헬스(telehealth) 내담자를 위한 서비스나 정보가 인터넷을 통해 전달되는 것을 대표적인 예로 하며, 원격으로 제공되는 의료-건강상의 논의와 관련된 활동을 기술하기 위해 사용되는 용어다(Kraus & Jack, 2004).

TCP/IP 인터넷이 기반으로 하고 있는 프로토콜. 정보에 접근하기 위한 네트워크층에 있는 IP(Internet Protocol)와 정보를 분해하고, 주소를 달고, 전송하고, 수신하며, 재통합하는 전송층에 있는 TCP(Transmission Control Protocol)가 있다.

플라토(PLATO) 자동화된 수업프로그램의 논리를 말한다.

PC통신 상담 인터넷이 성행하기 전 개별 단말기 간의 통신 연결작업을 PC 통신사들이 대행했었다. 개인들은 각자 통신사에 유료 회원으로 가입하여 통신사 서버를 통해 통신사 회원들의 단말기와 접속할 수 있었다. 상담자와 내담자도 통신사 서버가 제공하는 공간에서 상담할 수 있었다.

하이퍼텍스트(hyper text)　www의 사용법을 쉽게 한 연결자. 다른 문서를 연결하고 있는 문서의 일부분을 하이퍼텍스트라고 하며, 개별 단말기에서는 하이퍼텍스트에 밑줄이 그어지거나 다른 색깔로 표현되어 있다. 하이퍼텍스트를 이용하면 현재 읽고 있는 문서에서 다른 문서로 이동하기 위해 불편하게 문서의 이름을 입력하거나 기억하고 있을 필요가 없다. 단지 화면에 나타나는 다른 문서의 이름을 마우스로 클릭하기만 하면 된다. 윈도우 프로그램을 사용하면서 늘 만나게 되는 도움말 역시 하이퍼텍스트 기능을 응용한 것이다.

참고문헌

강신덕, 금명자, 김진숙, 김혜숙, 박경애, 유성경, 임은미, 최은영(1998). 청소년 개인 상담 실습교재. 청소년대화의광장.

고윤정(2000). 사이버상담에 대한 태도 연구: 여중생들을 대상으로. 한양대학교 석사학위논문.

구본용, 김병석, 이재규(1995). 전화상담 모형개발 연구. 청소년대화의광장.

구본용, 김병석, 임은미(1996). PC통신을 통한 청소년 정서교육 프로그램. 청소년대화의 광장.

금희라(2001). 가상공간에서의 또래상담 유용성 연구: 사이버또래상담 만족도 조사를 중심으로. 가톨릭대학교 석사학위논문.

김계현(1992). 단회 상담의 원리와 기술. 학생연구 27(1). 서울대학교 학생생활연구소.

김계현(2000). 상담심리학 연구: 주제론과 방법론. 서울: 학지사.

김계현, 최윤미, 구본용, 김진희, 임은미(2000). 청소년 매체상담. 한국청소년상담원.

김병석(1998). 청소년 사이버 상담의 방향. 사이버세계와 청소년 상담, 65-83. 청소년대화의광장.

김봉섭(1998). PC통신에서의 언어폭력에 관한 연구. 경희대학교 언론정보대학원 석사학위논문.

김옥순(2002). 사이버 스트레스 관리 프로그램이 대학생의 A유형 행동양식과 스트레스 감소에 미치는 효과. 전북대학교 석사학위논문.

김현정(2004). 인터넷 게시판 성 상담사례에 나타난 초등학생의 성 상담 문제분석. 전주대학교 석사학위논문.

김혜숙, 공윤정, 박한샘(1996). 청소년상담모형개발연구 II: 비협조적 내담자의 상담. 청소년대화의광장.

김혜윤(2000). 사이버상담의 효용성에 관한 연구: e-mail 상담사례에 의한 만족도 분석을 통하여. 이화여자대학교 석사학위논문

노재성(1996). 정보통신망을 통한 Beck Depression Inventory 시행. 신경정신의학, 35(2), 356-365.

문성원(1998). 컴퓨터에 의해 매개되는 사회적 유능성 증진 프로그램의 개발 및 효과검증.

문성원, 한종철 (1998). 컴퓨터 매개 의사소통을 활용한 집단 프로그램 모형의 개발. 한국 심리학회 1998연차대회 학술발표 논문집, 669-678.

박성익(1998). 사이버 세계와 청소년상담. 사이버세계와 청소년상담, 7-23. 청소년대화의광장.

박영숙, 강미경(2003). 상호작용성 가상체험 기법을 이용한 청소년 사이버 성교육 프로그램 개발 및 효과 검증 연구. 청소년상담연구, 11(1), 42-55.

박재황(1999). 청소년사이버상담의 효율적 운영을 위한 제언. 사이버상담을 통해 본 청소년의 세계, 151-160. 한국청소년상담원.

송현종 역(2001). Gerald B. Sklare (1997). 단기상담: 학교 상담자를 위한 해결 중심적 접근, *Brief Counseling That Works*. 학지사, Corwin Press, Inc.

송현종 역(2005), J. Winsdale & G. Monk(1999). 이야기상담, *Narrative Counseling in School*. 학지사, Corwin Press, Inc.

옥복연(2001). 사이버 성상담에 나타난 청소년 성고민 유형과 실태. 서강대학교 석사학위논문.

은선경(1998). PC통신상담의 운영실태와 문제점에 대한 연구: 서울 · 경기 · 인천지역을 중심으로. 숭실대학교 석사학위논문.

이미영(2001). 사이버 공간을 이용한 청소년 성상담에 관한 연구. 동국대학교 석사학위논문.

이영은(2000). 사이버상담의 성과측정도구 타당화: 단회 온라인 채팅상담을 중심으로. 서울대학교 대학원 석사학위논문.

이자영(2000). 사이버상담에서 상담자의 언어반응이 초기상담협력관계에 미치는 영향. 한양대학교 석사학위논문.

이혜자(2001). 가상환경에서 아바타를 이용한 실시간 상담에 관한 연구. 연세대학교 석사학위논문.

임은미(1999). 사이버상담의 현황과 발전방안. 사이버상담을 통해 본 청소년의 세계, 9(32). 서울: 한국청소년상담원.

임은미(2000). e-mail을 통한 사이버진로상담분석, 오늘의 청소년 10월호, 36-40. 한국청소년단체협의회.

임은미(2001). 사이버상담 이론과 실제. 상담교육 기본과정, 167-189. 한국인성교육협회: 크레듀 원격교육연수원.

임은미, 김지은, 박승민(1998). 청소년사이버상담의 실제와 발전방안. 청소년상담연구, 6, 115-132. 서울: 청소년대화의광장.

임은미, 김지은, 이영선(2000). 채팅상담 성과 측정도구 개발. 서울: 한국청소년상담원.

임은미, 박승민, 김지은, 서진숙(1998). 컴퓨터 매개상담의 활용을 위한 제언. 학생생활연구, 1, 37-59. 대진대학교 학생생활연구소.

임은미, 이영선, 김지은(2000). 사이버진로상담지침서: 이메일 상담을 중심으로. 한국청소년상담원.

전주(2001). 우리나라 청소년 사이버상담에 관한 연구. 경희대학교 석사학위논문.

조민자(2000). 사이버상담에 나타난 청소년의 문제 연구. 고려대학교 석사학위논문.

조영신(1998). '공적영역' 으로서의 PC통신 '토론방' 에 관한 연구. 연세대학교 대학원 석사학위논문.

최승국(2001). 실시간 사이버상담실 시스템 구현: 쪽지 상담실 구현을 중심으로. 아주대학교 석사학위논문.

최연선(2001). 청소년 사이버상담에 관한 내용분석: 성 상담을 중심으로. 목포대학교 석사학위논문.

최영미(2001). 사이버상담 이용 실태에 관한 비교연구. 한남대학교 지역개발대학원 석사학위논문.

하헌진(1999). 내담자 호소 유형에 대한 상담자의 상담전략에서 보이는 언어반응 연구: 전화상담과 PC통신상담의 비교를 통하여. 이화여자대학교 석사학위논문.

한정선(1999). 사이버청소년 상담센터의 문제점과 발전방안. 사이버상담을 통해 본 청소년의 세계, 137-150. 한국청소년상담원.

허운나, 유영만(1995). 교육공학개론. 한양대학교 출판원. 230-232.

황상민(1997). 사이버공간 속에서의 인간관계의 심리. 대학생활연구, 15, 35-48. 한양대학교 학생생활연구소.

Ainsworth, M. (n.d.). Confidentiality: Is it safe to talk?〔Online〕. Available at: www.metanoia.org/imhs/safety.htm.

Ainsworth, M. (2002). My life as an E-Patient. In R. C. Hsiung (2002). *e-Therapy: Case studies, guiding principles, and the clinical potential of the internet*. NY: W. W. Norton & Company.

Ainsworth, M. (2004). The future of online counseling. In R. Kraus, J. Zack, & G. Stricker (2004). *Online counseling*. NY: Elsevier.

Anthony, K., & Goss, S. (2003). Conclusion. In S. Goss & K. Anthony (2003). *Technology in counselling and psychotherapy*. NY: Palgrave MacMillan.

Anthony, K., & Lawson, M. (2002). The Use of Innovative Avatar and Virtual Environment Technology for Counselling and Psychotherapy. Available at: http://www.btexact.com/ideas/whitepapers.

Anthony, K. (2003). The use and role of technology in counselling and psychotherapy. In S. Goss & K. Anthony (2003). *Technology in counselling and psychotherapy*. NY: Palgrave MacMillan.

Applegate, G. (1985). *Happiness: It's your choice*. Los Angeles: Berringer.

Baekeland, F., & Lundwall, M. A. (1975). Dropping out of treatment: A critical review. *Psychological Bulletin, 82,* 738-783.

Barak, A. (1999). Psychological applications on the Internet: A discipline on the threshold of a new millennium. *Applied and Preventive Psychology, 8,* 231-246.

Barak, A. (2001). Online therapy outcome studies. Retrieved August 30, available at: http://www.btexact.com/ideas/whitepapers.

Bateson, G. (1972). *Steps to an ecology of mind*. New York: Balantine.

Bateson, G. (1979). *Mind and nature: A necessary unity*. New York: Dutton.

Bellafiore, D. R., Colón, Y., & Rosenberg, P. (2004). Online Counseling Group. In R. Kraus, J. Zack, & G. Stricker (2004). *Online counseling-A handbook for mental health professionals*. NY: Elsevier Academic Press.

Beck, A. T. (1979). *Cognitive therapy and the emotional disorders*. New York: Meridian Books.

Bloom, B. L. (1975). *Changing patterns of psychiatric care*. New York: Human Sciences Press.

Bradac, J. J., Bowers, J. W., & Courtright, J. A. (1979). Three language variables in communication research. *Human Communication Research, 5,* 257-269.

Bruner, J. (1986). *Actual minds, possible worlds.* Cambridge, MA: Harvard University Press.

Bruner, J. (1990). *Acts of meaning. Cambridge.* MA: Harvard University Press.

Buchanan, T., & Smith, J. L. (1999). Research on the Internet: Validation of a world-wide web mediated personality scale. *Behavior Research Methods, Instruments, & Computers, 31,* 565-571.

Celio, A. A., Winzelberg, A. J., Wilfley, D. E., Eppstein-Herald, D., Springer, E. A., & Dev, P. (2000). Reducing risk factors for eating disorders: Comparison of an internet and a classroom-delivered psychoeducational program. *Journal of Consulting and Clinical Psychology, 68,* 650-657.

Childress, C. (1998). Potential risks and benefits of online psychotherapeutic interventions[Online]. Available at: www.ismho.org/issues/9801.htm.

Cohen, G. E., & Kerr, B. A. (1998). Computer-mediated counseling: An empirical study of a new mental health treatment. *Computers in Human Services, 15,* 13-26.

Collie, K. R., Mitchell, D., & Murphy, L. J. (2000). Skills for On-line Counseling; Maximum Impact at Minimum Bandwidth: In Bloom, J. W., & Walz, G. R. (2000). *Cybercounseling and cyberlearning,* (pp. 219-236). Alexandria VA: ACA.

Collie, K. (1998). *Art therapy on-line: A participatory action study of distance counseling issues.* Unpublished master's thesis, Universtiy of British Columbia, Vancouver, Canada.

Collie, K., & Cubranic, D. (1999). An art therapy solution to telehealth problem. Art Therapy: *The Journal of American Art Therapy Association, 16*(4), 186-193.

Colón, Y. (1996). Chatter(er)ing through the fingertips: Doing group therapy on-line. *Women and Performance: A Journal of Feminist Theory, 9,* 205-215.

Cowley, G., & Springen, K. (1995, April 17). Rewriting life stories. *Newsweek,* 70-74.

Cristie, B. S. (2002). Counseling Supervisees Experiences of Distance Clinical Supervision. available at: http://cybercounsel.uncg.edu/articals/CHRISTIE%20FINAL.htm

Day, S. X. & Schneider, P. L. (2000). The subjective experiences of therapists in face-to-face, video and audio session. In J. Bloom & G. Walz (Eds.), *Cybercounseling and cyberlearning: Strategies and resources for the millennium* (pp. 203-218). Alexandria, VA: American Counseling Association.

Day, S. X., & Schneider, P. L. (2002). Psychotherapy using distance technology: A comparison of face-to-face, video, and audio treatment. *Journal of Counseling Psychology, 49,* 499-503.

De Jong, P. & Berg, I. K. (1997). Interviewing for solutions. To be published in book form by Brooks/Cole Publishing Co.

De Shazer, S., Berg, I. K., Lipchik, E., Nunnally, E., Molnar, A., Gingerich, W., & Weiner-Davis, M. (1986). Brief therapy: Focused soluton development. *Family Process, 25,* 207-222.

Derrig-Palumbo, K., & Zeine, F. (2005). *Online therapy: A Therapist's guide to expanding your practice.* NY: W. W. Norton & Company.

Dietz-Uhler, B., & Bishop-Clark, C. (2001). The use of computer-mediated communication to enhance subsequent face-to-face discussions. *Computers in Human Behavior, 17,* 269-283.

Durrant, M. (2001). Solution-focused Brief Therapy. available at: http://www.brieftherapysydney.com.au/therapists/papers/fsc12.htm.

Epston, D. (2002). Narrative therapy. available at: www.narrative approaches.com.

Fenichel, M. (2000). Town hall meeting: APA 2000. Retrieved November 16, 2004, available at http://www.fenichel.com/TownHall.shtml.

Fink (1999). *How to use computers and cyberspace in the clinical practice of psychotherapy.* Northvale, NJ: Jason Aronson.

Foucault, M. (1979). *Discipline and punish: The birth of the prison.* Hammondsworth, England: Penguin.

Foucault, M. (1980). *Power knowledge: Selected interviews and other writings.*

New York: Pantheon.

Foucault, M. (1984a). *The history of sexuality*. Hammondsworth, England: Penguin.

Foucault, M. (1984b). The subject and power. In H. Dreyfus & P. Rainbow (Eds.), *Michel Foucault: Beyond*. Chicago: University of Chicago Press.

Frankl, V. (1984). *Man's search for meaning*. NY: Washington Square Press.

Friedman, S. (Ed.)(1993). *The new language of change: Constructive collaboration in psychotherapy*. New York: The Guilford Press.

Gary, J. & Remolino, L. (2000). Coping with loss and grief through on-line support groups. In J. Bloom & G. Walz (Eds.), *Cybercounseling and cyberlearning: Strategies and resources for the millennium* (pp. 95-115). Alexandria, VA: American Counseling Association.

Gary, M. (2001). Impact of Cultural and Global Issues on Online Support Groups. ERIC Digest CG-01-01. http://ericcass.uncg.edu/digest/2001-01.html

Gergen, K. (1985). The social constructionist movement in modern psychology. *American Psychologist, 40*, 266-275.

Gergen, K. (1991). *The saturated self: Dilemmas of identity in contemporary life*. New York: Basic.

Ghosh, A., & Marks, I. M. (1987). Self-treatment of agoraphobia by exposure. *Behavior Therapy, 18*, 3-16.

Ghosh, A., Marks, I. M., & Carr, A. C. (1988). Therapist contact and outcome of self-exposure treatment for phobias: A controlled study. *British Journal of Psychiatry, 152*, 234-238.

Glasser, W. (1998). *Choice therapy*. NY: HarperCollins.

Goss, S., & Anthony, K. (2003). *Technology in counseling and psychotherapy*. NY: Palgrave Macmillan.

Granello, P. F. (2000). Historical Context: The Relationship of Computer Technologies and Counseling. ERIC Digest EDO-CG-00-10. http://ericcass.uncg.edu/digest/2000-10.html.

Greist, J. H., Klein, M. H., & Erdman, H. P. (1976). Routine on-line psychiatric diagnosis by computer. *American Journal of Psychiatry*,

1405-1407.

Greist, J. H., Klein, M. H., Lawrence, J., Cura, V., Madusin, M. A. (1973). A computer interview for psychiatric patient target symptom. *Archives of General Psychiatry, 29,* 247-253.

Grohol, J. M. (1999). Best practice and e-therapy: Confidentiality and privacy [Online]. Available at: Psychcentral.com/best/best2.html.

Grohol, J. M. (1997). Psychotherapy online. Mental Health Net(on-line), April. Available at: http://www.cmcb.com/archives/editor18.htm.

Grohol, J. M. (2004). Online Counseling: A Historical Perspective. In R. Kraus, J. Zack, & G. Stricker (2004). *Online counseling-A handbook for mental health professionals.* NY: Elsevier Academic Press.

Gross, S. J. (2000). Internet characteristics and the ethical issues raised by online counseling〔Online〕. Available at: www.helphorizons.com/vo/library/article.asp?id=89.

Grotjahn, M. (1946). "Case C." In F. Alexander and T. M. French (Eds.), Psychoanalytic unfinished business. *Journal of Consulting and Clinical Psychology, 64,* 439-446.

Gustafson, D. H., Bosworth, K., Chewing, B., & Hawkins, R. (1987). Computer-based health promotion: Combining technological advances with problem-solving techniques to effect successful health behavior changes. *Annual Review of Public Health, 8,* 387-415.

Harrison, P. L., & Robinson, B. (1995). Best Practices in the Assessment of Adaptive Behavior. In Thomas, A. & Grimes, J. (1995). *Best practices in the school psychology* - Ⅲ. Ed. 753-762. The National Association of School Psychologists: Washington, DC.

Hartwell-Walker, M. (2000). Coming soon: Web therapy〔Online〕. Available at: www.helphorizons.com/vo/library/article.asp?id=123.

Hill, C. E., O'Brien, K. M. (1999). *Helping skills: Facilitating exploration, insight, and action.* Washington, DC: American Psychological Association.

Hodges, L. F., Rothbaum, B. O., Kooper, R., Opdyke, D., Meyer, T., North, M., de Graff, J. J., & Williford, J. (1995). Virtual environments for exposure therapy. *IEEE Computer Journal, 7,* 27-34.

Holmes, L. G. (1997). You can't do psychotherapy on the Net, yet [Online]. Available at: mental-health.about.com/health/mentalhealth/library/weekly/aa010499.htm.

Holmes, L. G. (1998). Delivering mental health services on-line: Current issues. *Cyberpsychology & Behavior, 1,* 19-24.

Hsiung, R. C. (2002). *e-Therapy: Case studies, guiding principles, and the clinical potential of the internet.* NY: Norton & Company.

Hufford, B. J., Glueckauf, R. L., Webb, P. M. (1999). Home-based interactive videoconferencing for adolescents with epilepsy and their families. *Rehabilitation Psychology, 44,* 176-193.

Ingram, J. (1996). Cybertherapy: pariah or promise? (on-line). Available at: . com/selfhelp/ppc/viewpoint/cybparpr.html.

Jacobs, E. (1994). *Impact Therapy.* Odessa, FL: Psychological Assessment Resources, Inc.

Joe, S. K. (1997). Socioemotional use of CMC: Factors related to self-disclosure in computer-mediated communication. *Dissertation Abstracts International, 58* (3), 622.

Kanz, J. E. (2001). Clinical-supervision.com: Issues in the provision of online supervision. *Professional Psychology: Research and Practice, 32,* 415-420.

Kiesler, S., Siegel, J., & McGuire, T. W. (1984). Social psychological aspects of computer-mediated communication. *American Psychologist, 39,* 1123-1134.

Kiesler, S., Zubrow, D., Moses, A. M. & Geller, V. (1985). Affect in computer-mediated communication: An experiment in synchronous terminal-to-terminal discussion. *Human Computer Interaction, 1,* 77-104.

King, S. A. (1996). Using the internet to assist family therapy(on-line). Available at: http://www.best.com/~storm/famther.htm.

Kirk, M. A. (1996). *Counseling and counselor education: current perceptions.* Unpublished Masters thesis, Siena Heights College, Adrian, MI.

Kogan, L. S. (1957). The short-term case in a family agency. Part II. Results of Study Plan. *Social Casework, 38,* 296-302.

Kraus, R., Zack, J., & Stricker, G. (2004). *Online counseling: A handbook for mental health professionals*. NY: Elsevier Academic Press.

Kraus, R., & Zack, J. (2004). Online Counseling: A Historical Perspective. In R. Kraus, J. Zack, & G. Stricker (2004): *Online counseling-A handbook for mental health professionals*. NY: Elsevier Academic Press.

Krol, N. P. C. M., De Bruyn, E. E. J., van Aarle, E. J. M., et al. (2001). Computerized screening for DSM classifications using CBCL/YSR extended checklists: A clinical try-out. *Computers in Human Behavior, 17,* 315-337.

Lambert, M. J. (1992). Implications of outcome research for psychotherapy integration. In J. C. Norcross & M. R. Goldfried (Eds.). *Handbook of psychotherapy integration* (pp. 94-192). New York: Basic Books.

Lange, A., Rietdijk, D., Hudcovicova, M., van de Ven, J. P., Schreiken, B., Paul, M. G., & Emmelkamp, P. M. G. (2003). Intherapy: A controlled randomized trial of the standardized treatment of posttraumatic stress through the Internet. *Journal of Consulting and Clinical Psychology, 71,* 901-909.

Lange, A., van den Ven, J., Schrieken, B., et al. (2001). Treatment of posttraumatic stress through the internet: A controlled trial. *Journal of Behavior Therapy and Experimental Psychiatry, 32,* 73-90.

Liss, H. J., Glueckauf, R. L., & Ecklund-Johnson, E. P. (2002). Research on telehealth and chronic medical conditions: Critical review, key issues, and future directions. *Rehabilitation Psychology, 47,* 8-30.

Lucas, R. W., Mullins, P. J., Luna, C. B., & Mclnroy, D. C. (1977). Psychiatrists and a computer as interrogators of patients with alcohol-related illnesses: A comparison. *British Journal of Psychiatry, 131,* 160-167.

Lombard, M., & Ditton, T. (1997). At the heart of it all: The concept of presence. *Journal of Computer Mediated Communication[Online], 3*(2). Available at: www.ascusc.org/jcmc/vol3/issue2/lombard.html

Magaletta, P. R., Fagan, T. J., & Peyrot, M. F. (2000). Telehealth in the

Federal Bureau of Prisons: Inmates' perceptions. *Professional Psychology: Research and Practice, 31*(5), 0735-7028.

Maheu, M. M., & Gordon, B. L. (2000). Counseling and therapy on the Internet. *Professional Psychology: Research and Practice, 31,* 484-489.

Malan, D., et al. (1968). Psychodynamic Changes in Untreated Neurotic Patients, I. *British Journal of Psychiatry, 114,* 525-551.

Malan, D., et al. (1975). Psychodynamic Changes in Untreated Neurotic Patients, II: Apparently Genuine Improvements. Archives of *General Psychiatry, 32,* 110-126.

Mallen, M. J., & Vogel, D. L. (2002, August). Working toward online counselor training: Dynamics of process and assessment. In A. B. Rochlen(Chair). *Appeal and relative efficacy of online counseling: Preliminary findings.* Symposium conducted at the annual convention of the American Psychological Association, Chicago, Illinois.

Mallen, M. J., Day, S. X., & Green, M. A. (2003). Online versus face-to-face conversations: An examination of relational and discourse variables. *Psychotherapy: Theory, Research and Practice, 40,* 155-163.

Maslow, A. (1970). *Motivation and personality*(2nd ed.). NY: Harper & Row.

McFadden, J., & Jencius, M. (2000). Using cyberspace to enhance counselors' cultural transcendence. In J. Bloom & G. Walz (Eds.). *Cybercounseling and Cyberlearning: Strategies and resource for the millenium* (pp. 67-83). Alexandria, VA: American Counseling Association.

McKay, G. H., Glasgow, R. E., Feil, E. G., Boles, S. M., & Barrera, M. (2002). Internet-based diabetes self-management and support: Initial outcomes from the Diabetes Network Project. *Rehabilitation Psychology, 47,* 31-48.

Miller, S. D., Hubble, M. A., & Duncan, B. L. (Eds.) (1996). *Handbook of solution-focused brief therapy.* San Fransisco: Jossey-Bass Publishers.

Miller, W. R., & Rollnick, S. (1991). *Motivational Interviewing: Preparing people to change addictive behavior.* NY: Guilford Press.

Murphy, J. J. (1997). Solution-focused counseling in middle and high schools. available: http://www.counseling.org/enews/volume_1/0101.htm

Murphy, J. J. (1994). Working with what works: A solution-focused approach to school behavior problems. *The School Counselor, 42*(1), 59-65.

Murphy, L. J., & Mitchell, D. L. (1998). When writing helps to heal: E-mail as therapy. *British Journal of Guidance and Counseling, 26*, 21-31.

Myerhoff, B. (1982). Life history among the elderly: Performance, visibility and remembering. In J. Rube (Ed.). *A crack in the mirror: Reflexive perspectives in anthropology*. Philadelphia: University of Pennsylvania Press.

Negroponte, N. (1996). *Being digital*. New York: Vintage/Random House.

Niemiec, R. P., & Walberg, H. J. (1989). From teaching machines to microcomputers: Some milestones in the history of computer-based instruction. *Journal of Research on Computing in Education, 21*, 263-276.

Nocross, J. C., Hedges, M., & Prochaska, J. O. (2002). The face of 2010: A delphi poll on the future of psychotherapy. *Professional Psychology: Research and Practice, 33*, 316-322.

O'Hanlon, W. (1994). The third wave. *Family Therapy Networker, 18*(6), 18-26.

Orlinsky, D. E., & Howard, K. I. (1986). Process and outcome in psychotherapy. In A. E. Bergin, & S. L. Garfield (Eds.). *Handbook of psychotherapy and behavior change* (3rd ed.)(pp. 311-381). New York: Wiley.

Peyrot, M. F. (2000). Telehealth in the federal bureau of prisons: Inmates' perceptions. *Professional Psychology: Research and Practice, 31*, 497-502.

Proudfoot, J., Goldberg, G., Mann, A., Everitt, B., Mark, I., & Gray, J. A. (2003). Computerized, interactive, multimedia cognitive-behavioral program for anxiety and depression in general practice. *Psychological Medicine, 33*, 217-227.

Reynold, R. V. (1987). Computer-automated service delivery: A Primer. *The behavior Therapist, 10*, 115-120.

Richman, W. L., Kiesler, S., Wiesband, S. & Drasgow, F. (1999). A meta-analytic study of social desirability distortion in computer administered questionnaires, traditional questionnaires, and interviews. *Journal of Applied Psychology, 84*, 754-775.

Ritterband, L. M., Gonder-Frederick, L. A., Cox, D. J., Clifton, A. D., West, R. W., & Borowitz, S. M. (2003). Internet interventions: In review, in use, and into the future. *Professional Psychology: Research and Practice, 134*, 527-534.

Riva, G. (2003). Virtual environment in clinical psychology. *Psychotherapy: Theory, Research, Practice, Training, 40*(1-2), 68-76.

Rome, H. P. (1967). Prospects for a Psi-Net. The fourth quantum advance in psychiatry. *Comprehensive Psychiatry, 8,* 450-454.

Rosenbaum, R., Hoyt, M., & Talmon, M. (1990). The challenge of single-session therapies: Creating pivotal moments. In R. Wells and V. Giantetti (Eds.). *The handbook of brief therapies*. New York: Plenum.

Russo, D. C. (1984). Computers as an adjunct to therapy and research in behavioral medicine. *The Behavior Therapist, 7,* 99-102.

Sampson, J. P., Kolodinsky, R. W. & Greeno, B. P. (1997). Counseling on the information highway: future possibilities and potential problems. *Journal of Counseling and Development, 75,* 203-212.

Selekman, M. D. (1993). *Pathways to change: Brief therapy solutions with difficult adolescents*. New York: The Guilford Press.

Selmi, P. M. (1983). Computer-assistedd cognitive-behavior therapy in the treatment of depression. Unpublished doctoral dissertation, Illinois Institute of Thechnology, Chicago

Selmi, P. M., Klein, M. H., Greist, J. H., & Harris, W. G. (1982). An investigation of computer-assisted cognitive-behavior therapy in the treatment of depression. *Behavior Research Methods and Instrumentation, 14,* 181-185.

Selmi, P. M., Klein, M. H., Greist, J. II., et al. (1990). Computer-administered cognitive-behavioral therapy for depression. *American Journal of Psychiatry, 141,* 51-56.

Spoerl, O. H. (1975). single session psychotherapy. *Diseases of the Nervous System, 36,* 283-285.

Sproull, L., & Kiesler, S. (1986). Reducing social context cues: Electronic mail in organizational communication. *Management Science, 32,* 1492-1512.

Stevens, A., Doidge, N., Goldbloom, D., et al. (1999). Pilot study of televideo psychiatric assessments in an underserved community. *American journal of psychiatry, 156,* 783-758.

Stofle, G. S. (2001). *Choosing an online therapist: A step-by-step guide to finding professional help on the Web.* Harrisburg, PA: White Hat Communications.

Stofle, G. S. (2002). Chat room therapy. In Robert, C. Hsiung. (2002). *e-therapy: Case studies, guiding principles, and the clinical potential of the internet.* NY: Norton & Company.

Stofle, G. S., & Chechele, P. J. (2004). Online counseling skills, Part II: Insession skills. In R. Kraus, J. S. Zack, & G. Stricker (2004). *Online Counseling: A handbook for mental health professionals* (Chap. 9). CA: Elsevier Academic Press.

Stofle, G. (1997). Thoughts about online psychotherapy: Ethical and practical implications〔Online〕. Available at: members.aol.com/stofle/onlinepsych.htm.

Stroh, M.(1999). Doctors make modern house calls over the internet. *The Albuquerque Journal,* pp. C1, C2.

Ström, L., Petterson, R., & Anderson, G. (2000). A controlled trial of self-help treatment of recurrent headache conducted via the Internet. *Journal of Consulting and Clinical Psychology, 68,* 722-727.

Suler, J. (2000). Psychotherapy in cyberspace〔Online〕. Available at: www.rider/edu/users/suler/psycyber/therapy/html.

Suler, J. (2004). The psychology of text relationships: R. Kraus, J. Zack, & G. Striker(2004). *Online counseling: A handbook for mental health professionals.* NY: Elsevier Academic Press.

Talmon, M. (1990). *Single session therapy: Maximizing the effect of the first(and often only) therapeutic encounter.* San Fransisco: Jossey-Bass.

Turkel, S. (1984). *The second self: Computers and the human spirit.* New

York: Simon & Shster.

Turkel, S. (1995). Life on screen: *Identify in the age of the Internet*. New York: Simon & Shster.

Wagman, M., & Kerber, K. W. (1984). Computer-assisted counseling: Problems and prospects. *Counselor Education and Supervision, 24*, 142-167.

Walker, W. B. (1987). *Computer-Mediated Communication for Health Behavior Change*. Unpublished doctoral dissertation. Virgina Polytechnic Institute and State University.

Walsh, J. P., Kiesler, S., Sproull, L. S., & Hesse, B. W. (1992). Self-selected and randomly selected respondents in a computer network survey. *Public Opinion Quarterly, 56*, 241-244.

Walther, J. B. (1993). Impression development in computer-mediated interaction. *Western Journal of Communication, 57*, 381-398.

Walter, J. L. & Peller, J. E. (1992). *Becoming solution-focused in brief therapy*. New York: Brunner/Mazel.

Watzlawick, P. (1984). *The invented reality*. New York: Norton.

Weisenbaum, J. (1966). *Computer Power and Human Reason: From Judgment to Calculation*. San Francisco: Freeman.

White, M. (1989). The externalizing of the problem and the reauthoring of lives and relationships. *Dulwich Centre Newsletter*, 3-21.

White, M. (1986). Negative explanation, restraint and double description: A template for family therapy. *Family Process, 25*(2), 169-184.

White, M., & Epston, D. (1990). *Narrative Means to Therapeutic Ends*. New York: Norton.

Wine, J. D. (1981). From defect to competence modes. In Wine, J. D. & Smye, M. D. (Eds). *Social Competence*. The Guilford Press.

Winzelberg, A. J., Epstein, D., Eldredge, K., Wilfley, D., Dasmahapatra, R., Dev, P., & Taylor, C. B. (2000). Effectiveness of an Internet-based program for reducing risk factors for eating disorders. *Journal of Consulting and Clinical Psychology, 68*, 346-350.

Wright, J. H., & Wright, A. S. (1997). Computer-assisted psychotherapy.

Journal of Psychotherapy Practice and Research, 6, 315-329.

Wubbolding, R. (1996). Working with suicidal clients. In B. Herlihy & G. Corey (Eds.), *ACA Ethical Standards Casebook* (pp. 267-274). Alexandria, VA: American Counseling Association.

Wubbolding, R. (2000). *Reality therapy for the 21st century.* Philadelphia, PA: Brunner Routledge.

Wubbolding, R. (2001). Short-term targeted therapy. In R. J. Corisni (2001). *Handbook of Innovative Therapy* (2nd Ed.). (pp. 628-638). NY: John Wiley & Sons, Inc.

Yager, J. (2002). Using e-mail to support the outpatient treatment of anorexia nervosa. In Robert, C. Hsiung. (2002). *e-therapy: Case studies, guiding principles, and the clinical potential of the internet.* NY: Norton & Company.

Zack, J. S. (2004). Online Counseling: A Historical Perspective. In R. Kraus, J. Zack, & G. Stricker(2004): *Online counseling-A handbook for mental health professionals.* NY: Elsevier Academic Press.

Zimmerman, D. P. (1987). A psychological comparison of computer-mediated and face-to-face language use among severely disturbed adolescents. *Adolescence, 22,* 827-840.

Zimmerman, J. L., & Dickerson, V. C. (Eds.)(1996a). Special edition on narrative therapy. *Journal of Systemic Therapies, 15*(1).

Zunker.V. G. (2002). *Career counseling: Applied concepts of life planning.* 6th ed. 612-613. CA: Brooks/cole.

www.brieftherapysydney.com.au/therapists/papers/assump.html 2001-05-15

찾아보기

인 명

내 용

사이버상담 이론과 실제

2006년 9월 13일 1판 1쇄 발행
2018년 9월 20일 1판 5쇄 발행

지은이 • 임 은 미
펴낸이 • 김 진 환
펴낸곳 • (주) 학지사
04031 서울특별시 마포구 양화로 15길 20 마인드월드빌딩 5층
대표전화 • 02) 330-5114 팩스 • 02) 324-2345
등록번호 • 제313-2006-000265호

홈페이지 • http://www.hakjisa.co.kr
페이스북 • https://www.facebook.com/hakjisabook

ISBN 978-89-5891-343-6 93180

정가 **16,000**원

저자와의 협약으로 인지는 생략합니다.
파본은 구입처에서 교환하여 드립니다.